호모구라쿠스

호모구라쿠스
수다쟁이 인류

2018년 01월 10일 초판 1쇄
2018년 03월 10일 초판 2쇄

지은이	장영수·박경은
펴낸이	오용진
펴낸곳	주독야독

편집	이규창·김명선
디자인	남희연
디자인 기획	와이제이앤네트웍스

마케팅	와이제이앤네트웍스
제작·관리	정원형
인쇄·제본	새한문화사

등록	2017년 8월 1일 (제2017-0001호)
주소	서울특별시 송파구 성내천로 8가길 20 (오금동)
전화	(02) 575-9390 팩스 (02) 6280-9382

ⓒ장영수

ISBN 979-11-961964-0-0

호모구라쿠스
Homo Gurakus
수다쟁이 인류

장영수 · 박경은

존경하는 부모님께 이 책을 바칩니다.

딸아이가 중학교 2학년이었을 때의 일이다. 다니던 직장을 그만두고 같이 일하던 후배들과 조그마한 홍보대행사를 차렸다. 아빠가 홍보회사를 차려 당분간은 놀아주지 못하고 바빠질 것이라고 사정을 설명한 자락에 딸아이가 물었다. '아빠, 홍보가 뭐예요?', '자신이 하고 있는 일을 다른 사람들에게 알리는 게 홍보고, 홍보대행사는 기업이나 정부를 위해 대신 알려주는 일을 하는 회사'라고 답했다. 딸아이는 어눌한 설명을 이해하는 듯 했으나, 스스로 반문해 봤다. 그게 정말 홍보인가?

홍보에 관한 책을 써야겠다는 생각은 딸 아이 질문에 대한 나의 어눌한 대답에 대한 불만을 해소해 보자는 욕심에서 시작됐다. 대기업 3곳을 돌아다니며 근 20년 동안 홍보와 관련된 일을 수행했음에도 딸아이의 간단한 질문에 대해서조차도 만족할 만한 답을 내놓지 못했던 데 대한 창피했던 마음을 덜어보려는 욕심에서였다. 딸아이가 올해 대학입시를 치러야하는 고등학교 3학년이 됐으니 벌써 5년 전의 일이다.

몇 개월의 수고 끝에 그해 겨울 홍보에 관한 다른 사람들의 이론과 나의 경험을 접목해 200자 원고지 1천장 분량의 초고를 탈고했었다. 그러나 책으로 출판하기에는 부담스러웠다. 채 여물지 않은 생각을 드러내는 것 아닐까하는 우려가 들었다. 적지 않은 기업들의 사례를 여과 없이 드러내는 것도 부담스러웠다. 나는 원고를 내 컴퓨터 어딘가 깊숙한 곳으로 숨겨놓았다.

그러던 중 1년 전 우연한 기회에 국내 중견기업을 이끌고 있는 후배를 만났다. 그 후배의 기업은 당시 언론의 부정기사로 큰 곤욕을 치르고 있었으며, 나는 홍보대행사로서 위기수습을 도왔다. 자연스럽게 그와 많은 이야기를 나누었는데, 그는 진지하게 변변치 않은 나의 충고를 귀담아 들었다. 그러면서도 그는 항시 '형님은 다른 사람들과는 생각을 다르게 하는 것 같다'며 내 이야기 전개방식을 신기하게 생각했다. 그럴 때 마다 나는 그에게 '나중에 글로 정리해서 주겠다'는 말만 되풀이했었다.

내가 지난해 가을의 어느 날 컴퓨터 어딘가에 처박아 놓았던 원고를 다시 꺼내들었던 것은 그 후배와의 약속을 지키기 위해서다. 지난 원고 파일을 꺼내 들고 때로는 그에게 해줬던 이야기들과 또한 언젠가 그에게 해 주고 싶었던 내용들로 새롭게 이어갔다. 공학도 출신인 그를 위해 다소 지나치다 싶을 정도로 '경영은 과학과 합리적 판단 못지않게 정치적 판단이 요구된다'는 논점을 부각했다.

이 책은 많은 선배 이론가와 학자들의 연구업적을 근거로 하고 있다. 그 가운데에서 중심을 이루는 사고는 과학적 패러다임과 사회과학의 경험주의적 이론과 처방에 대한 자성론이다. 나 스스로도 내가 사회과학 이론의 반대편에 설 수 있는 자격이나 있는 것인지를 수차례 되물어봤다. 학계가 요구하는 학문적 자질을 둘째 치더라도 대학시절에는 아이작 아시모프의 소설 『파운데이션Foundation』에 매료됐었다. 소설 속의 주인공 해리 셀든처럼 심리역사방정식psychohistory을 개발하겠다는 꿈을 품고 실증적 경험주의의 첨단인 계량정치를 공부하겠다고 호기를 부리기도 했다. 대학에서 얻은 알량한 사회과학적 지식을 밑천으로 지난 20여 년 동안 대기업과 홍보대행사를 돌아다니며 밥벌이를 해 왔기 때문이다.

　　나의 지난 사회생활을 돌이켜보면 대학에서 공부했던 사회과학 이론이 현실에 어떻게 적용될 수 있는지를 확인하는 과정이 되지 못했다. 오히려 그 반대였다. 얼마나 많은 현실들이 사회과학의 이론과 이론적 모형의 울타리 밖에서 활개치고 있는지를 확인하는 과정이었다. 기업현장에서 이론은 복잡한 상황을 조리 있게 정리하는 설명력에 있어서나, 적절한 대안을 제시하는 면에 있어서 그리 큰 역할을 수행하지 못하고 있음을 여러 차례 목도했다. 심지어 유명한 대학교수나 경영컨설턴트가 제시하는 처방은 교수의 이름값을 위해 기업이 지불하는 자문료의 대가 이상의 의미도 없는 경우가 비일비재했다. 대체로 최고경영자는 대학교수나 경영컨설턴트의 처방보다는 자신의 직관과 경험을 더 믿고 의존했으며, 여기에 대학교수나 경영컨설턴트의 이름을 붙임으로써 '정책결정의 권위'를 더하려는 경우가 많았다.

　　"이론은 이론이고, 현실은 현실이다." 대체로 능력 있는 최고경영자가 대학교수나 경영컨설턴트의 보고서를 마땅치 않게 넘기며 읊조리는 푸념이자 자조 섞인 넋두리다. 경영현장에서 경영학을 비롯한 사회과학적 이론 모형과 이에 기초한 대안들은 왜 현실대응을 위한 설득력을 갖추지 못하는가? 왜 이들은 적절한 처방을 제시하지 못해 주먹구구식으로 기업을 경영해 왔던 최고경영자에게 마저도 약점을 잡힐까? 좀 더 구체적으로는 사회과학적 이론 모형은 왜 그렇게도 설명하기 애매한 예외적 현상들이 많을까? 하는 문제가 풀리지 않았다.

나는 그 일차적인 원인을 '합리적이지 못한 우리네 사람들'과 '합리성이 결여된 우리사회'에 두려했다. 공자孔子, B.C.551~B.C.479와 노자老子의 제자들로부터 영향을 받아온 사회문화적 전통 속에서 일제식민지와 군사독재와 같은 시련을 겪어 온 우리나라 사람들은 플라톤Platon, B.C.427~B.C.347과 아리스토텔레스Aristoteles, B.C.384~B.C.322의 제자들이 구축한 문화적 전통에 길들여진 서구사회 사람과는 '생각의 지도'가 다르기 때문이라고 애써 자위했다.

이러한 중에 에드워드 윌슨Edward Wilson, 1929~ 박사와의 만남은 충격적이었다. 물론 윌슨 박사와는 일면식도 없다. 우연치 않게 도서관에서 들쳐본 『통섭Consilience : the unity of knowledge』이라는 그의 저서를 통해서였다. 윌슨 박사는 내게 인간을 어떻게 바라봐야 하느냐에 관한 새로운 시각을 갖도록 부추겼다. '이상과 이념을 지닌 인간'과 '합리적으로 행동해야 하는 인간' 양자 사이에서 부대끼던 내게 윌슨은 '새로운 인간'이 있음을 이야기했다. 그 '새로운 인간'이란 개미와 다를 바 없으며 진화라는 굴레 속에서 처절하게 환경에 적응해가며 자신의 유전자를 보전하려는 '진화생물학적 인간'이다.

진화생물학적 인간이 내게 대화를 걸어 온 것은 불과 지난 10여년에 불과하다. 이들은 공히 내게 '사회과학자들이 만들어 놓은 우물 속에서 빠져 나올 것'을 권유했다. "사람을 기계로 바라봐서는 문제에 관한 답을 찾기 위해 한 발자국도 유의미한 진전을 이룰 수 없다." 이는 20여 년 전 대학을 탈출해 사회로 나오기 직전, 애정을 갖고 나를 돌봐주셨던 은사님의 말씀이다. 진화생물학적 인간과 나눈 이야기를 밑천 삼아, 그리고 20여 년 전 선생님께서 해주신 충고를 방패삼아 여태껏 가보지 않았던 새로운 길을 가고 있다.

지금까지의 여행에서 아무런 성과는 없으나 그나마 보람을 느끼는 사소한 즐거움이 있다. '이상과 이념을 지닌 인간'과 '합리적으로 행동해야 하는 인간'에 관한 시각을 '진화생물학적 인간'으로 돌리는 순간, 오랫동안 금과옥조로 기억했던 서양의 전통적 지식철학만으로는 현실대안을 이끌기에는 2% 부족할 수도 있겠다는 생각을 가져본 것이다. 반면에 그 이전까지는 단순한 윤리 경전이나 심신 수양서로 간주해 왔던 동양의 고전 속에서 미처 몰랐던 번득이는 지혜와 대안을 발견할 수 있었다.

이 책은 과학적 실증주의 이론의 대안을 찾는 과정에서 그 눈을 동양 사람들이 전통적으로 지니고 있는 상대주의적인 변증적 사고로 돌리려는 시험적 시도를 포함하고 있다. 이 과정에서 동문 선배이자 오랫동안 교류해 온 중앙대 최영진 교수님의 도움을 많이 받았다. 최 교수님은 나의 이런 도전적인 논의들을 묵묵히 들어주고 지나치거나 잘못된 점을 바로잡아 주셨다. 나는 '매일 해가 뜨거나 바람이 부는 사소한 일처럼' 최 교수님이 항시 곁에서 나를 돌봐주시고 있다는 고마움이 당연하다는 듯이 살아왔다. 이 자리를 빌어서 최 교수님의 남다른 애정과 따뜻한 가르침에 감사를 표한다.

이 책에는 지금까지 다른 저술에서는 다루지지 않은 제법 많은 기업 사례들이 포함돼 있다. 가능한 모든 사례를 익명으로 처리했으나, 그 기업에 깊이 관여했던 사람이라면 능히 가늠할 수 있어 보인다. 이 부분은 글을 쓰는 과정 내내 마음의 큰 부담으로 작용했다. 이 책에서 다루어진 대부분의 기업들이 지난 20여 년간의 사회생활 속에서 내가 근무했거나 애정을 가지고 봐 왔던 기업들이기 때문이다.

추호라도 이 책으로 인해 이들 기업에 누가 생긴다면 이 책을 펴는 이유가 아니다. 오히려 그 반대다. 기존의 기업경영과 홍보 관련 이론적 모델을 기반으로 한 조치가 오히려 기대하지 않았던 역효과를 가져올 수 있었음을 충언하려는 데 그 본연의 취지가 담겨있다. 기업경영을 사회과학이라고 불리는 기존 이론에 억지로 끼워 맞추려하기 보다는, 현실과 잘 맞지 않는 이론과 모델에 대해 한 번쯤은 의심해보길 기대하는 마음에 그 뜻이 있었음을 이해해 주기 바랄뿐이다.

끝으로 이 책을 내는 과정에서 몇 차례 큰 어려움을 겪었고, 이로 인해 책 내는 것을 중단하려는 생각을 했던 적이 있었다. 그 때마다 나를 격려해주고 힘을 북돋아준 후배 이규창 선생과 이 책을 쓰는 과정에서 항시 옆에서 세세한 표현까지 꼼꼼하게 감수했을 뿐만 아니라 회사 최고경영자의 역할 공백마저도 묵묵히 감당해 준 와이제이앤네트웍스의 본부장인 오용진 선생에게도 심심한 감사를 표한다. 또한 김명선 선생, 박효민 선생 등 와이제이앤네트웍스의 모든 구성원들의 지원과 격려에도 감사한다.

2017년 10월의 어느 멋진 날
신당동 작고 아담한 사무실에서
저자 장 영 수

| 길라잡이 |

01
홍보개념

'피알'이라 쓰고 '홍보'로 읽는다?
홍보는 경영행위인가
홍보는 광고인가, 광고가 홍보인가
홍보의 목적은 마케팅인가

"개념은 우리의 생각을 바른 길로 안내하는 지도이자 나침반이
다. 또한 서로 다른 학문 분야를 연결시키는 유일한 연결고리다."

| 01 |
'피알'이라 쓰고 '홍보'로 읽는다?

홍보란 무엇인가? 홍보의 사전적 의미는 소식을 널리 알리거나 보도한다는 뜻이다. 얼마 전 사석에서 청와대에 근무하는 한 친구가 "남북관계 개선을 위해 북한정권을 대화 테이블로 끌어내야 한다"고 말했다. 이에 다른 친구가 웃으며 "너는 현 정권의 대북정책을 '홍보'하는 것 아니냐?"고 토를 달았다. 그가 말하는 홍보는 특정한 사람이나 세력의 생각에 편중된 주장이라는 의미다. 보편적이거나 객관적이지 못한 생각이라는 비판의 의미도 담고 있다.

우리는 일상생활 속에서 홍보라는 말을 여러 가지 의미로 쓴다. 대체로 자신의 생각을 다른 사람들에게 알린다는 뜻을 담아 사용한다. 자신의 주장이나 행동을 자랑한다는 뜻으로도 활용한다. 심지어 개인의 주관을 강요하는 행동으로 해석하기도 한다.

학계에서도 홍보의 개념규정과 용어표현을 둘러싸고 다양한 해석이 제기되고 있다. 우리나라의 관련학자들은 홍보를 학술적 용어로 활용하기에 바람직하지 않다고 말한다. 우리말에서의 홍보라는 표현은 1920년대 일본 황실의 홍보실에서 유래한 용어며, 미국피알협회Public Relations Society of America 등이 제시하는 퍼블릭릴레이션즈public relations의 뜻을 온전히 담을 수 없기 때문이라는 이유에서다.[1] 학자들은 퍼블릭릴레이션즈를 피알PR이라는 용어로 사용할 것을 권한다. 이러한 취지를 반영해 국내에서 가장 권위 있는 학회의 이름도 한국피알협회라고 명명했다. 적절한 학술용어는 홍보가 아니라 피알이라는 것이다.[2]

이러한 논의는 우리를 혼란스럽게 만든다. 홍보와 이를 둘러싼 현상에 대해 '장님 코끼리 만지기 식 논쟁'에 빠져 있다는 생각까지 든다. 우리는 홍보라는 말을 일상적으로 쓰고 있다. 홍보가 퍼블릭릴레이션즈를 대체하는 우리말 표현으로 이해한다. 그럼에도 학자들의 생각은 다르기 때문이다.

퍼블릭릴레이션즈라는 용어를 우리말로 어떻게 표현하는 것이 바람직할까? 이를 홍보로 번역하면 안 되는 것일까? 이는 홍보와 어떻게 다른가? 학자들은 왜 이를 홍보라는 말로 사용하는 데에 거부감을 표출하고 있나? 이번 장에서는 이를 간략하게 정리해 본다.

은근슬쩍 넘어간
학자들의 진실들

국내 학자들은 대체로 다음의 세 가지의 이유로 퍼블릭릴레이션즈를 홍보로 대체해서는 안 된다고 설명한다. 학술적 표현으로 적절치 않다는 점, 홍보가 퍼블릭릴레이션즈의 이론적 취지를 포괄하지 못한다는 점, 퍼블릭릴레이션즈를 19세기 이후 발생한 독특한 사회현상으로 간주하는 미국의 학계 주장을 따라야 한다는 점 등이다.

첫째, 홍보가 학술적으로는 부적절한 용어라고 주장한다.[3] 홍보는 일방적 커뮤니케이션 행위를 지칭하는 반면, 퍼블릭릴레이션즈는 양방향 커뮤니케이션을 지향하는 행위라고 보기 때문이다. 이에 홍보는 일본 말에 연원을 둔 한자어라는 점에서 홍보를 무분별하게 사용하는 것에 대한 정서적 반감도 실려 있다.

둘째, 홍보는 퍼블릭릴레이션즈의 이론적 취지를 포괄하지 못한다고 주장한다. 미국 학자들은 지난 세기에 걸쳐 퍼블릭릴레이션즈를 정치학이나 사회학과 구분되는 별개의 학문영역으로 정립하려 노력했다. 선전행위의 틀을 벗어나 새로운 학문적 연구 대상으로 퍼블릭릴레이션즈 이론을 구축했다. 이들은 퍼블릭릴레이션즈를 기존의 보도자료 배포publicity, 선전propaganda, 대중 연설speech에는 없는 새로운 행위로 포장했다. 쌍방향적 커뮤니케이션이라는 점에 주안을 둔다. 정보전달자가 수용자의 의견과 반응을 수용하고 반영하는 커뮤니케이션이라는 독특한 사회관계로 정리했다. 정보전달자와 수용자간의 상호작용을 관리하는 행위라는 것이다.

셋째, 국내 학자들은 용어사용을 통해 미국 학계의 전통을 따르려는 의지를 표출한다. 미국의 학자들은 대체로 퍼블릭릴레이션즈를 근대 이후 등장한 독특한 사회 현상으로 보려한다. 이 현상은 1850년 이후 미국사회에서 전문적인 홍보대행업자들이 출현했던 시점을 전후해 등장했다고 믿는다. 이에 국내 학자들은 한국에서의 퍼블릭릴레이션즈 현상도 1960년에서

1970년대를 거치면서 가시화됐다고 설명한다.[4]

    퍼블릭릴레이션즈를 홍보로 번역해서는 안 된다는 주장은 본질적으로 이 고정관념에 뿌리를 두고 있다. 퍼블릭릴레이션즈 현상을 미국사회에서 처음 등장한 독특한 사회 현상으로 인정하고, 이를 의심할 필요가 없는 역사적 사실로 인정해야 한다는 관념이다. 이 관념은 다시 다음과 같은 세 가지 이론적 가설들을 통해 '과거에는 없던 새로운 행위'로 인정받으려는 권위를 갖췄다.

    첫째는 퍼블릭릴레이션즈의 정보소통은 쌍방향적이라는 전제다. 이는 다른 설득 커뮤니케이션 방식과 다르다는 전제다. 선전은 일방향의 정보전달인 반면에 퍼블릭릴레이션즈는 쌍방향적인 상호의사소통이라고 규정한다. 퍼블릭릴레이션즈를 정보 전달자와 수용자가 서로 이해를 높이고 호의를 구하는 과정으로 보기 때문이다.

    둘째는 퍼블릭릴레이션즈는 전달자와 수용자 사이의 지속적인 관계관리라는 전제다. 이 점이 다른 설득 커뮤니케이션 행위와 구별된다는 전제다. 선전 행위는 전달자가 광고문구나 기사를 전파하는 자체에 주안을 두는 지엽적 행위로 간주한다. 반면에 퍼블릭릴레이션즈는 수용자가 이해와 호감을 높일 수 있도록 관계 혹은 친밀도까지도 관리하는 행위로 규정한다.

    셋째는 퍼블릭릴레이션즈는 수용자의 영역을 소비자에서 일반 공중public으로까지 확장한다는 전제다. 퍼블릭릴레이션즈를 단순히 상품이나 서비스를 선전하는 데 활용했던 다른 설득 커뮤니케이션 행위와 구별한다. 수용자 대상을 제품이나 물건을 팔기위한 선전행위처럼 소비자 영역에 국한하지 않는다. 퍼블릭릴레이션즈의 영역은 소비자뿐만 아니라 사회공동체의 정치적 의사에 영향을 미치는 공중의 영역으로까지 확장한다는 점에서 새롭다는 것이다.

그래도 꿋꿋이
돌아가는 지구

　　이러한 전제들은 결국 퍼블릭릴레이션즈 행위가 과거에는 존재하지 않았던 사회적 행위라는 점을 이론적으로 뒷받침하는 성격이 짙다. 자본주의와 대중매체의 확산이라는 19세기 이후의 특수한 사회적 환경 속에서 등장한 행위라는 것이다. 이 기초 위에 퍼블릭릴레이션즈를 홍보로 부르면 안 된다는 국내 학자들의 주장이 터전을 잡고 있다. 그런데 퍼블릭릴레이션즈가 대중매체가 활성화된 자본주의 사회에서 새롭게 등장한 행위라고 특정하기에는 무리가 따른다. 퍼블릭릴레이션즈의 앞선 세 가지의 이론적 전제는 다음과 같은 세 가지 논리적 의문에 맞닥뜨리기 때문이다.

　　첫째, 순수한 일방향의 설득이 존재하느냐하는 문제다. 공보나 선전, 교화나 대중연설, 보도 자료 배포 등 전통적인 설득방식이 수용자의 입장이나 예상반응을 고려하지 않은 일방적인 설득이라는 사실을 경험적으로 확인하기 어렵다.

　　아리스토텔레스는 오래전부터 『수사학』[1]을 통해 이야기 내용뿐만 아니라 이야기를 듣는 사람들의 입장을 미리 잘 고려해야 한다고 강조해 왔다. 한비자韓非子, B.C.280~B.C.233[2]는 『한비자韓非子』[3]의 첫 편 「난언難言, 말하기 어려움」을 통해 이야기는 이야기 내용에 앞서 말하는 사람과 듣는 사람간의 관계가 더 중요함을 역설했다. 순수한 일방향의 설득 혹은 기계적 전달형태의 커뮤니케이션은 실상 현실세계에서 찾기 어려울 뿐 아니라, 특정한 설득 행위가 어떻게 일방향적인지를 검증하기 또한 어렵다.

둘째, 모든 전통적 커뮤니케이션 행위가 정보전달자와 수용자간의 호의적 관계를 고려하지 않는 게 아니다. 이를 경험적으로 입증할 수 없다. 교화와 설교, 심지어는 공보와 광고마저도 전달자와 수용자간의 호의적 관계를 기반으로 하며, 설득은 그 안에서 이뤄지곤 한다.

공자와 맹자는 왕도정치의 교화를 실현하기 위해 왕과 백성이 어진 마음을 공유해야 한다는 점을 강조했다. 교회 또한 신의 국가City of God를 세속사회에 실현하기 위해 교리 설파에 앞서 적선과 봉사와 같은 사회참여와 사회공헌을 전개한다. 이야기 전달에 앞서 수용자인 신도와의 관계를 중시했던 것이다.

셋째, 전통적인 설득이 재화와 용역의 판매만 집중돼 있었다고 볼 수도 없다. 인류역사를 통틀어 사람들이 물건판매를 위해 커뮤니케이션했던 비중은 오히려 높지 않다. 그보다 많은 커뮤니케이션은 가정을 꾸리고 유지하며 자신의 사회적 존재감을 확인하고 공동체의 유지와 발전을 위한 데에 있다.

동서양의 고금을 막론하고 잔존하는 많은 역사적이거나 인문학적 기록물들은 대체로 수신제가치국평천하修身齊家治國平天下[4]에 집중돼 있다. 이는 인류역사 대부분의 사회담론을 지배해 왔다. 기업과 소비자와 판매에 관한 이론적 논의나 담론은 적어도 18세기 이후부터 공론화됐을 뿐이다. 전통적인 설득은 오히려 소비자보다는 공중에 관한 비중이 높았다.

다시 정리해보자면 제2차 세계대전 이후 미국의 관련학계가 퍼블릭 릴레이션즈를 전문 연구 분야로 발전시킨 점은 명확하다. 그러나 인간의 퍼블릭릴레이션즈 행위가 근세 이전까지는 존재하지 않다가 19세기 이후 혹은 좀 더 구체적으로는 20세기에 들어서 발원된 독특한 현상이라고까지 주장하기에는 다소 무리가 따른다. 인간의 커뮤니케이션 행위 영역에서 선전도 아니고, 광고도 아니고, 교화나 설교 혹은 연설도 아닌 영역, 즉 순수한 퍼블릭릴레이션즈가 뭔지를 경험적으로 추출하는 것이 쉽지 않기 때문이다.

홍보는 홍보다. 기업을 비롯한 수많은 개인들과 조직, 단체와 정부가 대중매체를 통해서든, 아니면 다른 방식의 매체를 통해서든 자신의 뜻을 다른 사람들과 소통하고 있다. 우리는 이를 포괄해 홍보행위라고 표현한다. 우리 학계가 학술적으로 홍보라는 단어의 연원이 일본말에서 비롯됐고, 기업의 선전행위를 대변하고 있으니 쓰지 말자고 합의했던 것과 관계없이, 우리는 홍보라는 용어를 다른 사람을 설득하는 행위를 포괄해 지칭한다. 미국사람들이 개념화한 퍼블릭릴레이션즈 혹은 피알이 내연하는 행위를 우리말홍보가 포괄하고 있다는 것이다.

이 책은 홍보에 관한 내용을 담고 있다. 보다 구체적으로는 인간의 홍보적 본성이 무엇인가에 관한 문제를 다룬다. 언어의 사용은 불이나 도구의 사용과 함께 인간을 인간답게 만드는 요소다. 인간은 언어를 활용해 자신의 의사를 다른 사람에게 전달하고 다른 사람의 의사를 받아들이는 독특한 소통 방식을 진화시켜 왔다. 언어를 매개로 자신이 지니고 있는 느낌과 생각을 다른 사람에게 전달하고, 다른 사람의 느낌과 생각을 전달받는다. 이를 의사소통 행위라고 규정한다. 심리학자들이 지적하는 설득 행위 혹은 사회학자들이 지목하는 설득 커뮤니케이션 행위가 곧 인간의 의사소통 행위를 추상하고 있는 것이다.

다른 사람을 설득하기 위한 의사소통 행위가 곧 홍보다. 교화나 설교, 유세나 연설 혹은 담화와 훈계 등 설득을 위한 의사소통 행위는 홍보라는 개념의 범주에 포함된다. 예컨대 한 사람이 연단에 올라서 청중들을 설득하는 행위를 상정해 보자. 그가 특정한 종교관을 주장하는 행위는 설교이고, 특정한 국가관을 설득하면 유세며, 특정한 소비자관을 이야기하면 광고라고 특정할 수 있다. 그렇다면 설교나 유세 혹은 광고 등의 행위를 어떠한 일반적 개념으로 포괄할 수 있을까? 설득 커뮤니케이션에 상응하는 일반적 개념은 무엇인가? 홍보다. 홍보는 인간의 설득을 위한 의사소통 행위, 즉 다양한 설득 커뮤니케이션 행위를 포괄한다.

■ 1 『수사학』은 고대 그리스의 철학자 아리스토텔레스가 저술한 담론 생산기술에 관한 책이다.

■ 2 한비자는 중국 전국시대 한韓나라 출신의 사상가다. 공손앙의 법치주의 철학과 신불해의 통치술에 기초해 '강한 군주가 되는 길'에 관한 냉철한 저술을 남겼다. 또한 당시 진秦 왕에게 6국의 합종을 깨고 병합하는 계책을 제시하는 등 외교정책에 있어서도 탁월한 식견을 지녔으나, 이사李斯, ?~B.C.208의 모함을 받고 죽임을 당했다.

■ 3 『한비자』는 한비자의 후학들이 생전에 한비자가 저술했던 「난언難言」, 「고분孤憤」, 「내외저內外儲」, 「세난說難」 등의 저술을 엮은 책이다.

■ 4 수신제가치국평천하란 유교에서 선비에게 강조하는 덕목이다. 스스로 수양하고, 집안을 잘 다스린 연후에 나라와 세상을 위해 옳은 일을 해야 한다는 내용이다.

02

홍보는 경영행위인가?

퍼블릭릴레이션즈를 홍보라는 우리말 단어로 대체할 수 있다고 하더라도 '홍보가 무엇이냐?'는 궁금증이 풀린 것은 아니다. 홍보에 관한 개념 규정이 필요하다. 홍보행위는 경제행위나 정치행위 혹은 법무행위와 어떻게 다른지 경험적으로 판단할 수 있어야 하기 때문이다.

웹스터 사전은 홍보를 상호이해와 호의를 개발하는 기술 또는 과학이라고 정의한다. 이와는 달리 인터넷 지식백과사전은 기업이 공중의 이해와 협력을 얻기 위해 기업이 지향하는 바와 성의를 의사소통 수단을 통해서 전달하고 설득하는 한편, 자기개선을 도모해가는 계속적인 대화 관계라고 소개한다.

홍보가 과학인가, 기술인가, 경영활동인가, 대화관계인가 하는 규정은 홍보행위의 실체를 접근하는 데 있어서 너무나 많은 의미부여와 판단, 가정과 이론적 전제를 기반으로 하고 있기에 오히려 홍보가 무엇인가에 대한 논의의 출발점이 되지 못한다. 더 단순하고 기본적인 기준이 필요하다.

행위의 준거 기준

미국의 공상과학 소설가인 아이작 아시모프Isaac Asimov, 1920~1992[5]는 자신의 소설 『파운데이션Foundation』[6]에서 극단의 미래를 예측하기 위해서는 하나의 지구에서 출발했던 인류의 원초적 상황을 이해하는 데에서 출발해야 한다고 지적한다. 홍보와 홍보가 아닌 행위를 구별하기 위해서도 인류의 원초적 상황과 같은 홍보행위의 기본 범주를 이해하는 데에서 출발해야 한다.

홍보행위가 다른 행위와 어떻게 다르냐는 질문에 대한 답은 복잡다단하게 얽혀 있는 경험적 현상의 극단에서는 가늠하기가 힘들다. 경험적 현상의 극단에서는 특정한 행위가 윤리적 준거에 따른 것인지, 경제적 준거에 따른 것인지를 판별하기가 어렵다. 예를 들어 기업은 세법이나 공정거래법과 같은 사회 기본 질서를 잘 지키려 한다. 이를 위해 변호사나 회계사와 같은 법무 전문가를 내부에 기용하기도 한다. 기업이 법무기능을 조직내부로 유입하며 법을 잘 지킨다고 해서, 기업을 윤리적 선을 추구하는 조직이라고 일반화할 수 있을까? 혹은 기업은 영리추구를 목적으로 삼고 있다고 해서, 기업이 유입한 법무기능 자체를 경제적 이익을 추구하는 행위라고 일반화할 수 있을까? 이처럼 경험적 현상의 극단에서는 특정 행위가 속한 고유의 번지수를 찾기에 용이하지 않다.

홍보를 제대로 이해하기 위해서는 그 행위가 어디에 근거를 두고 있느냐를 가늠해야 한다. 이는 모든 홍보행위에 귀착될 수 있는 범주를 이해해야 한다는 것이며, 개념 규정은 이들 행위의 범주들을 밝히고 정리하는 과정을 통해 이룰 수 있다.

　　독일의 정치학자 카를 슈미트Carl Schmitt, 1888~1985는 그의 저서 『정치적인 것의 개념Der Begriff Des Politischen』을 통해 윤리학 영역에서는 선善과 악惡을, 미학 영역에서는 아름다움美과 추함醜을, 경제학 영역에서는 이익利과 손해害를, 정치학 영역에서는 동지我와 적敵을 각각의 학문적 분야가 지니는 행위의 기준이라고 소개한다. 이를 통해 각 행위의 범주를 구별할 수 있다고 강조한다.

　　윤리적으로 선하다고 반드시 아름답지 않다. 이러한 점에서 선함을 추구하는 행위와 아름다움을 추구하는 행위는 서로 독립적[7]이라고 표현한다. 반면에 윤리적으로 선한 행동은 법률적으로 합법적인 행위와 연관된다. 법적 행위가 윤리적 행위와 관련돼 있다고 표현하는 이유가 이 때문이다. 또한 경제적 이익 추구 행위가 반드시 동지를 모으는 정치적 행위와 연관되지

〈표1〉 학문별 탐구 대상에 따른 행위의 기준

기준	좋음	나쁨	
윤리학	선(善)	악(惡)	
미 학	미(美)	추(醜)	
경제학	이(利)	해(害)	
경영학	익(利益)	손(損失)	경제 연관
정치학	동지(我)	적(敵)	
홍보학	우호(友好)	적대(敵對)	정치 연관

독일의 정치철학자 카를 슈미트는 자신의 저서 『정치적인 것의 개념』에서 학문을 제대로 이해하기 위해서는 학문의 대상이 되는 행위의 기준을 기반으로 다른 학문과 독립적인지 연관돼 있는지를 이해하는 것에서 출발해야 한다고 조언한다.

는 않는다. 정치행위와 경제행위 또한 서로 독립적이다.[5] 이러한 논의선상에서 홍보행위와 홍보가 아닌 행위를 구별하는 '행위의 기준' 혹은 '준거 틀'■8을 찾아보는 작업이 필요하다.

우호와 적대

홍보행위를 구분하는 기준은 우호와 적대다. 홍보는 자신의 생각이나 행동에 무관심했던 사람들을 우호적으로 전환하려는 데에 목적이 있다. 같은 맥락에서 자신에게 적대적인 사람들을 우호 혹은 중립적으로 전환하거나, 상대의 적대감과 적대의식을 약화시키려는 목적에 따른 행위다. 적대적인 개인이나 집단이 반드시 도덕적으로 사악할 필요가 없다. 미적으로 추해야 할 이유도 없다. 홍보행위 자체가 반드시 경제적으로 이익이 되거나 손해가 되는 것도 아니다. 홍보행위는 아름다움을 추구하는 탐미행위나 도덕적으로 살아가려는 윤리행위 혹은 경제행위로부터도 독립적이다. 홍보행위는 원초적으로 우호세력의 확대, 역으로는 적대세력의 적대감 약화가 목적이기 때문이다.

홍보행위는 본원적으로 이익과 손해의 기준에 따르는 기업경영과 같은 경제행위와 서로 독립적이다. 여기서 다소 복잡하기는 하지만, 홍보행위와 홍보대행사의 홍보자문행위를 비교할 필요가 있다. 홍보대행사와 같이 홍보자문으로 사업을 영위하는 행위는 홍보행위인가 아니면 경제행위인가에 관한 궁금증이다. 당연히 홍보대행사의 서비스 행위는 경제행위다. 홍보 전문성을 판매수단으로 기업수익을 내려는 영리행위일 뿐이다. 이는 법무법인이 자신의 법률 전문성을 판매수단으로 기업수익을 창출하는 것과 동일한 경영행위다.

기업 입장에서 홍보행위는 비용인가 투자인가? 기업 최고경영자라면 스스로 한번쯤은 생각해 봤을 궁금증이다. 결론적으로 이야기해서 홍보행위는 비용도 아니고 투자도 아니다. 영리활동을 추구하는 기업이라 하더라도 사회구성원인 만큼 사회에 적응하기 위한 요건일 뿐이다.

홍보행위는 적과 동지의 기준에 따르는 정치행위의 범주에 속한다. 이는 경영행위가 경제행위의 범주에 속하는 것과 유사하다. 현대 기업이 홍보행위를 중요시한다고 해서 홍보행위의 본질이 달라지지 않는다. 기업이 법무행위를 중요시한다고 해서 법무행위의 본질이 윤리적 범주에서 빠져나와 경제적 범주로 적을 옮기는 게 아니며, 경영행위가 이윤창출을 위한 행위 범주에서 빠져나와 윤리행위 범주로 자리 이동한 것도 아닌 이치와 마찬가지다. 단지 기업이 필요에 따라 법무기능을 수용했던 것처럼 홍보기능을 수용한 것일 뿐이다.

기업의 홍보행위는 경제적 준거의 틀에 따른다면 단기적으로는 명확히 손해의 영역에 있기 때문이다. 초기 경영학적 관점에서 상품판매와 직접적으로 관련이 없는 공익광고를 집행하거나, 단기적으로 매출과 연관이 없는 홍보조직을 운영하는 홍보행위를 경영활동의 일부로 받아들이기 힘들었던 점이 이러한 이유에서 비롯됐다.

또한 홍보행위가 정치행위 범주에 속한다고 해서 모든 정치행위가 홍보행위는 아니다. 합집합과 부분집합의 논리로 비유하면 홍보행위는 정치적 행위의 부분집합이다. 홍보행위는 우호 세력을 확대하고 유지하기 위한 수단으로 설득행위인 의사소통을 활용한다. 정치행위는 설득 이외에도 권위적 강제나 물리적 강제력 행사를 포괄하고 있다.

홍보 개념

"홍보는 자신의 우호세력을 확대하기 위한 의사소통 행위다."

이러한 행위 준거에 관한 인식을 기반으로 홍보행위의 개념을 개인이나 조직 혹은 정부나 단체가 자신의 우호세력을 확대하고 유지하기 위한 의사소통 행위로 규정한다.

홍보학계는 '상호 이해理解와 호의好意에 기반을 둔 쌍방향적인 의사소통'을 홍보행위의 핵심 내연으로 강조한다. 그런데 우리말은 쌍방향적이라는 표현을 사용하지 않고 의사소통만을 언급하더라도 전달자와 수용자가 서로의 의사를 교환한다는 의미를 갖출 수 있다. 또한 우호라는 표현 속에는 이미 서로 사이가 좋은 관계라는 뜻이 이미 포함돼 있다. 이해나 호의 혹은 쌍방향적인 의사소통이라는 말을 직설적으로 드러내지 않고 '우호세력을 확대하고 유지하기 위한 의사소통'이라는 표현으로도 그 뜻을 온전하게 전할 수 있다.

홍보학계는 홍보행위의 또 다른 핵심적 내연으로 '공중과의 관계 관리' 측면을 강조한다. '관계를 관리한다'는 행위를 실증적으로 분석하는 것은 쉽지는 않다. 그럼에도 기존의 홍보이론이 공중과의 관계 관리를 주요한 내연으로 지목하고 있는 이유는 홍보가 단순한 정보전달이외에 정보전달이 원활하게 이뤄질 수 있는 인간관계 관리를 강조하기 때문이다.

공중과의 관계 관리라는 말을 좀 더 구체적으로 이해하기 위해서는 공중이라는 용어의 뜻을 이해해야 한다. 공중이라는 용어는 우리말에는 없던 말이다. 대중 혹은 군중이라는 말과 달리 공중이라는 용어는 다분히 특정한 이론을 전제로 한 분석적 개념이다. 1920년대 시카고학파를 일으킨 존 듀이John Dewey, 1859~1952 교수가 공중이라는 용어를 규정했는데, 공동체의 정치적 쟁점에 관해 의견을 지니거나 개진하는 사람들을 뜻한다.[6] 정치적으로 무관심해지는 대중과 구별되는 '정치참여형 인간'을 의미한다.

이 규정은 두 가지의 함축적인 뜻을 포함하고 있다. 첫째, 쟁점에 관해 의견을 개진하거나 행위를 하는 사람들이 공중이라는 것이다. 쟁점에 관해 의사를 표출하지 않는 사람은 공중의 영역에서 벗어난다. 둘째, 쟁점은 개인의 취향이나 집단적 선호에 관한 것이 아니라, 공동체 질서에 관한 정치적 의견이라는 점이다. 상품의 구매와 관련한 대중들의 기호나 선호 혹은 그러한 집단적인 의사를 표출하는 사람들은 공중이 아니다.

우리말에서는 이러한 사람들 집단을 표현할 때 대체로 관계자라는 말이나 세력이라는 용어를 사용한다. 관계자는 당사자에 대비되는 말로서 사건 관계자, 이해 관계자, 내부 관계자, 외부 관계자 등 특정 사안에 연관돼 있는 사람이다. 그런데 관계자라는 표현 속에는 관련된 행동을 표출하는 사람이라는 동태적 의미가 약하다.

반면에 세력은 집단적 성향이나 추진하는 힘을 가진 사람들이다. 동조세력, 비판세력, 주식 매수세력, 매도세력 등 특정한 사안에 연관됐을 뿐만 아니라, 사안과 관련해 의사를 표현하고 관련된 행동을 표출하는 사람들이라는 동태적 의미도 포괄한다.

공중과의 우호적인 관계를 관리한다는 말의 현실적 모습은 우호적인 입장을 지닌 관계자들을 많이 확보하고, 이들로부터 우호적인 행동을 표출시키려는 행위로 나타난다. 이러한 현상에 대한 적절한 우리말 표현은 '우호세력을 확대하고 유지'하기 위한 행위가 될 것이다.

홍보는 자신의 우호세력을 확대하기 위한 의사소통 행위다. 나와 나의 주장에 대해 더 많은 사람이 공감하고 동조하길 기대하고 펼치는 의사소통 행위다. 혹은 나와 나의 주장에 대해 더 깊게 공감하고 동조하도록 유도하는 의사소통 행위다. 이를 다른 측면에서 해석하면 나와 나의 주장에 대한 비판이나 적대적 행위를 약화시키려는 의사소통 행위이기도 하다.

　　교화나 설교, 유세나 연설 혹은 담화나 훈계가 본질적으로 홍보행위의 범주에 속하는 이유가 이 때문이다. 이러한 행위들은 자신이 옳거나 좋다고 믿는 정치이념 혹은 특정 종교종파의 교리나 특정한 재화와 용역에 관한 우호세력을 형성하기 위한 의사소통 행위라는 점에서 홍보행위의 범주에 포함된다.

■ 5　아이작 아시작 아시모프는 미국의 화학자이자 SF 소설가다. 『반지의 제왕』의 저자 J.R.R. 톨킨을 판타지 소설계의 대부로 부른다면, 아이작 아시모프는 공상과학 소설계의 대부로 불리는 사람이다. 특히 그는 대표작 『아이, 로봇』, 『네메시스』, 『파운데이션』을 통해 인공지능의 발전, 우주로 떠나는 인류 대이동의 기원, 장대한 은하제국사에 관한 신선한 상상들을 펼쳐놓았다.

■ 6　『파운데이션』은 아이작 아시모프가 20대 수년의 기간에 걸쳐 저술한 3부작의 대하소설이다. 소설은 지금으로부터 수 만년이 지나 인류가 하나의 지구를 근원으로 퍼져 나왔다는 사실 마저도 신화가 돼버린 은하제국시대와 그 이후 수 만년에 이르는 종교의 시대, 상업의 시대, 혼돈의 시대를 배경으로 펼쳐진다. 대학 학창시절 여름방학을 틈타 당시 한글로 번역돼 출간된 『파운데이션』을 밤새워 읽었던 기억이 아련하다. 지금 그 책을 소지하고 있지 못해 출판본을 기록하지는 못한다. 최근 황금가지에서 출판한 아이작 아시모프 지음, 김옥수 옮김, 『파운데이션 시리즈』를 읽어볼 것을 권한다.

■ 7　'독립적'이란 한 현상의 발생 여부가 다른 현상에 영향을 미치지 않는 관계임을 뜻한다. 두 사상이 인과성이나 상관성이 없을 때 서로 독립적이라고 표현한다.

■ 8　'준거 틀'이란 어떤 학문이나 주제의 범위를 설정하는 기본적인 가정을 뜻한다. 준거 틀은 행위를 해석하고 판단하는 기준이 된다.

홍보는 광고인가, 광고가 홍보인가?

공동 작업에서 개념 공유는 중요하다. 여러 사람이 함께 작업을 수행할 경우, 개념을 서로 다르게 이해해 참담한 결과를 초래하는 경우가 많다.

어려서 결혼 잔치 집에서 벌어졌다는 이야기를 들었던 적이 있다. 미군정 시절에 미군병사들이 시골의 어느 마을을 지나고 있었다. 그런데 동네 사람들이 빙 둘러서서 한 남자의 발을 광목으로 묶어 거꾸로 매달고는 장정들이 돌아가며 매질을 하고 있는 거다. 이유를 물었더니 한 동네 청년이 손짓 발짓과 짧은 영어로 우리 마을 여자를 훔쳐가는 나쁜 놈이기 때문에 매질을 하는 거란다.

의협심 강한 한 미군병사가 '그럼 내가 처리해 줄까?'라는 뜻으로 자신의 가슴을 두드리고, 손으로 총 모양을 만들어 맞고 있는 남자를 겨냥해 "빵빵?"하고 물었단다. 동네 청년이 웃으며 '너도 한번 의식에 참여해 봐라'라는 뜻으로 손가락으로 동그라미를 만들며 "오케이, 땡큐"라고 했단다. 그러자 미군은 허리춤에서 권총을 꺼내 신랑을 향해 정확하게 두 발을 쏘고, 자랑스레 마을을 떠났단다.

여러 조직에서 근무했던 경험이 있다면 동일한 용어를 서로 다르게 사용해 발생했던 해프닝을 한두 번 정도 겪었을 것이다. 홍보 분야에서는 이러한 일이 비일비재하다. 동일한 용어를 서로 다르게 규정하거나, 서로 다르게 이해해 혼선이 생긴다.

홍보 관련 용어들이 가지런하게 정리돼 있지 못한 게 문제다. '홍보는 광고인가, 광고가 홍보인가?'라는 화두는 홍보와 연관된 유사 용어들의 차이를 비교함으로써, 홍보 개념의 고유한 특징을 정리해보는 과정이다. 이해를 돕기 위해 수원여대 최윤희 교수가 『현대 PR론(개정 3판)』에서 정리한 홍보와 광고의 개념에 관한 해설을 참고한다.

잘못 끼워진 단추

최 교수는 "홍보는 주로 공중과의 우호적 관계를 구축하고 유지하는 역할을 수행하는 반면, 광고는 주로 제품이나 용역 판매와 관련되며, 돈을 내고 구입한 미디어 지면 또는 방송시간을 일컫는다"고 설명한다.[7] 다만 이 해설은 홍보와 광고라는 서로 다른 두 가지 행위를 서로 다른 비교기준으로 비교하려 했다는 아쉬움을 남긴다. 예컨대 '홍보는 공중과의 우호적 관계를 구축하고 유지하는 역할을 수행하지만, 광고는 소비자와의 우호적 관계를 구축하고 유지하는 역할을 수행한다'는 식으로 비교기준을 일치시켰다면 독자는 좀 더 명확하게 그 차이를 이해했을 것이다.

군이 최 교수의 해설 가운데 홍보와 광고를 구분할 수 있는 유의미한 비교기준을 꼽는다면 광고에 관한 설명에서 단초를 찾을 수 있다. '제품이나 용역 판매와 관련됐느냐 여부'와 '매체를 구매했느냐 여부' 두 가지로 홍보와 광고를 비교할 수 있음을 시사한다. 그런데 이러한 비교기준은 오히려 우리가 현실에서 접하는 광고와 홍보를 구분하는데 혼선만 가져온다.

'제품과 용역의 판매 여부'는 광고와 홍보를 구분하는 기준이 될 수 없다. 신문의 광고 면에는 하루도 빠짐없이 사람이 죽었음을 알리는 부고나 자신들의 억울함을 호소하는 성명서 혹은 사과문이 게재된다. 이를 통칭해 고지광고라고 한다. 대부분의 고지광고는 제품이나 용역의 판매와 직접적인 관련이 없는 경우가 많다. 최 교수의 지적처럼 제품이나 용역의 판매와 관련돼 있을 경우 이를 광고로 간주한다면, 고지광고를 광고라고 표현하는 것은 적절치 않다는 얘기가 된다. 고지광고는 매체를 구매했기에 광고로 봐야 한다고 반론을 제기할 수도 있겠으나, 그럼에도 제품과 용역의 판매 여부

신문 광고면에는 하루도 빠짐없이 물건의 판매와 상관없는 고지광고가 게재된다. 우리는 이를 광고라고 부른다. 그렇게 부르는 게 틀리지 않다면, 정보 내용이 제품과 용역의 판매와 관련돼 있느냐 여부는 광고와 홍보를 가르는 적절한 기준이 될 수 없다. (출처: 아이서퍼)

가 광고와 홍보를 구분하는 엄밀한 기준은 아니라는 반론마저도 피할 수 있는 것은 아니다.

'매체의 구매 여부'도 홍보와 광고를 구분하는 적절한 기준이 못된다. 기업은 홈페이지나 블로그, 사보나 포스터 등의 매체를 홍보 수단으로 활용한다. 가령 기업이 자기가 운영하는 홈페이지에 별도의 배너광고를 제작해 김 아무개 대리의 부친상을 고지했다. 자사 홈페이지에 띄운 배너광고를 광고로 봐야 하는가 아니면 홍보로 봐야 하는가의 문제가 남는다. 우리가 광고라고 칭하는 그 부고 형태의 배너광고는 누구도 매체를 구매하지 않았다. 최 교수의 논리에 따르면 이를 광고라고 부르기 힘들다. 그럼 홍보인가? 그 또한 애매하다.

우리는 광고와 홍보행위의 접점에 위치해 있는 애드버토리얼 advertorial 광고와 협찬 기획기사를 비교함으로써 두 행위간의 미묘한 차이를 가늠할 수 있다.

애드버토리얼 광고란 광고주가 잡지사나 신문사가 배정한 광고면을 구매한 광고다. 광고주가 광고 내용을 기사형태로 제공한다. 광고주가 지면을 구매했다는 점에서는 광고로 구분해야 한다. 그렇지만 광고주가 그 내용을 제품이나 용역의 구매와 관련한 내용이 아닌 공동체에 관한 정견을 피력할 수도 있다. 이 경우에 최 교수의 구분에 따르면 이는 제품과 용역의 판매와 관련이 없기에 광고가 아니다. 그렇지만 우리는 일반적으로 애드버토리얼을 광고라고 부른다. 광고에 담긴 정보가 제품이나 용역의 구매와 관련돼 있는지 상관하지 않고 애드버토리얼은 광고다.

애드버토리얼의 대척점에 협찬 기획기사가 있다. 협찬 기획기사란 잡지사나 신문사가 광고주로부터의 협찬을 대가로 광고주가 원하는 내용의 기사를 게재하는 정보전달 방식이다. 최 교수의 지적에 따르면 협찬 기획기사는 광고주가 매체에 기사에 상응하는 대가를 지불했다는 점에서 광고로 간주해야 한다. 특히 그 기사 내용이 광고주의 제품이나 용역의 판매와 관련돼 있다면, 협찬 기획기사는 매체 구매 여부와 제품이나 용역의 판매 여부 두 가지의 요건을 정확하게 충족하는 광고임에 틀림없다. 그렇지만 우리는 협찬에 따른 기획기사를 광고로 분류하지 않으며, 광고라고 부르지도 않는다. 기획기사라고 부른다. 그러면 기자나 홍보 관련 종사자 혹은 일반인들이 협찬 기획기사를 기사라고 부르는 것은 잘못된 용어사용이니 고쳐야만 할까? 그렇지 않다.

한 경제신문이 대형마트회사들을 소개할 양으로 유통면을 대형마트 기획특집면으로 기획했다. 그리고는 대형유통사들을 대상으로 협찬 기획기사를 유치했다고 가정하자. 이에 응한 한 대형마트 운영사가 자신의 회사를 소개하는 정보보다는 정부의 대형마트 확산억제 정책을 비판하는 정보를 매체사에 제공했다면 어떨까? 유통질서를 교란시키는 언론의 횡포와 이를 주도하는 그 경제신문의 기존 보도양태를 비판하는 내용을 자료로 제공했다고 상정해 보자. 그 경제신문은 대형마트 운영사로부터 건네받은 내용을 기획기사로 다룰 것인가? 그럴 가능성은 거의 없다. 일차적으로 기획특집면의 기획취지에 맞지 않는다고 보도를 거절할 것이다. 좀 더 나아가서는 해당 지면은 편집국 소관의 기사 면이지 광고국 소관의 광고 면이 아니라며 반발할 것이다. 이에 대해 '무슨 소리냐, 돈을 주고 매체 지면을 구매했으면 광고라 했는데, 왜 내 광고에 싣고 싶은 내용을 못 싣게 하느냐?'고 반발해 봐야 신문기자로부터 욕만 먹을 가능성이 높다.

이처럼 최 교수를 비롯한 많은 홍보 관련 학자들이 매체의 구매 여부와 제품과 용역의 판매 여부를 광고행위와 홍보행위를 구분하는 기준으로 삼고 있지만, 이 두 가지 요건은 아쉽게도 현실적으로는 광고와 홍보를 적절하게 구분하는 기준이 되지 못한다.

매체의 수문장 역할

그렇다면 광고와 홍보를 가늠할 수 있는 기준은 무엇인가? 애드버토리얼과 협찬 기획기사를 구분하는 기준은 '매체 편집자가 정보 내용을 자의적으로 바꿀 수 있느냐 여부'에 있다. 매체의 자의성 여부가 홍보와 광고를 구분하는 기준이다. 이를 좀 더 구체적으로 설명하기에 앞서 홍보행위를 편의상 '광의적 홍보'와 '협의적 홍보'로 구분해 설명한다.

광의적 홍보는 정보 생산자와 정보 수용자 사이의 의사소통 행위를 총칭한 개념이다. 정보 생산자가 정보를 전달하는 방식은 크게 두 가지다. 정보 수용자에게 직접 의사를 전달하는 방식을 택하거나, 제3의 중개자 혹은 매체를 통한 방식을 택한다. 광의적 홍보는 이 두 가지의 정보전달 방식을 모두 포괄한 개념이다. 통념적으로 자신의 의사를 다른 사람들에게 알리는 행위를 홍보라고 표현할 때 이 표현은 광의적 홍보다. 이와 구별해 우리가

〈표2〉 홍보 개념의 범주

언론홍보media relations나 투자홍보investor relations로 표현하는 홍보는 협의적 홍보다. 협의적 홍보는 정보 생산자가 제3의 중개자인 매체를 거쳐 자신의 의사를 정보 수용자에게 전달하는 방식이다. 그 매체는 사람일 수도 있으며, 신문이나 잡지와 같은 대중매체일 수도 있다.

매체는 전달받은 정보를 자의적으로 수정하거나 조정할 수 있는 방식과 그렇지 않은 방식으로 구별된다. 매체가 전달받은 정보를 자의적으로 수정하거나 조정하는 기능을 매체의 간섭기능 혹은 정보의 수문장gatekeeper으로서의 역할이라고 한다. 협의적 홍보는 수문장 기능을 지니고 있는 매체를 대상으로 정보를 전달하는 홍보 방식이다. 이는 수문장 기능을 지니지 않은 매체를 대상으로 정보를 전달하는 광고와 구별된다.

'홍길동이 내일 결혼한다'는 내용의 정보를 수용자와 의사소통을 하는 방식은 매체를 통하지 않는 방식과 매체를 통하는 방식 두 가지로 대별할 수 있다. 홍길동이 직접 친구에게 자신이 내일 결혼한다고 얘기하거나, 전화나 카카오톡을 통해 친구에게 연락한다면, 이는 매체를 통하지 않은 정보전달 방식이다. 반면에 교회 목사님을 통해 전달하는 방식도 있다. 이 경우 교회 목사님은 홍길동이 제공한 정보를 신도들에게 전달하는 매체의 위치에 서게 된다.

그런데 교회 목사님이 신도들에게 정보를 전달하는 방식도 두 가지로 나뉜다. 홍길동으로부터 전달받은 쪽지나 청첩장을 있는 그대로 신도들에게 전달하는 방식과, 목사님이 나름대로 살을 붙여 고지하는 방식이다. 전자는 광고 방식이다. 매체가 전달 받은 '홍길동은 내일 결혼한다'는 정보를 아무런 수정이나 편집 없이 수용자에게 전달해야만 하는 위치에 있게 되기에 그렇다. 이는 그 정보 내용이 제품이나 용역의 판매 여부와 관계없다. 매체의 물리적 공간의 구매 여부와도 관련 없다. 후자는 홍보 방식이다. 매체가 전달받은 정보를 자의적으로 수용자에게 전달할지 말지 결정할 수 있기에 그렇다. 매체가 '아내가 있는 홍길동은 내일 결혼한다. 이는 불륜이다'처럼 추가정보와 추가해석을 넣거나 뺄 수 있는 위치에 있다면 이는 협의의 홍보인 매체홍보다. 이처럼 광고와 홍보의 차이는 매체가 간섭 작용을 할 수 있는지 여부로 결정된다.

다시 정리하면 광고는 '매체의 간섭작용을 피해 의사소통하는' 매체홍보 행위다. 이와 구별되는 협의적 홍보는 '매체 간섭작용을 고려해 의사소통하는' 매체홍보 행위다.

애드버토리얼은 매체의 간섭 작용을 피해 정보를 전달하려 한다는 점에서 광고다. 이와 달리 협찬 기획기사는 광고비에 준하는 협찬 비용을 지불했더라도 매체가 정보내용에 간섭할 수 있다는 점에서 홍보다. 매체가 자신이 기획한 취지에 따르는 정보 내용만을 기사로 게재하거나, 극단적으로 전달자가 매체의 의견에 반하는 내용을 제시했을 때 매체는 이를 선택적으로 수용하거나 전달을 거부할 수 있는 위치에 있기 때문이다.

| 04 |
홍보의 목적은 마케팅인가?

　　중소기업체 최고경영자들을 대상으로 '기업이 왜 홍보를 해야 하느냐?'고 질문하면 대다수 응답자들은 매출을 늘리기 위해서라고 답한다. 그리고 나머지 사람들은 대부분 기업 이미지 제고를 위해서라고 답하는데, 그들에게 '왜 기업 이미지를 높여야 하느냐?'고 다시 물으면 기업 이미지가 높아져야 매출이 늘기 때문이라고 답한다. 이처럼 많은 기업 최고경영자들은 홍보를 매출 증대를 위한 수단으로 여긴다.

　　이번 장에서는 홍보의 목적은 마케팅인가라는 화두로 마케팅과 홍보는 어떻게 다른지를 구분해본다. 이해를 돕기 위해 최윤희 교수가 『현대 PR론(개정 3판)』에서 정리한 홍보와 마케팅의 개념에 관한 해설을 참고한다.

최 교수는 "홍보의 기능은 주로 조직과 공중 간의 관계를 구축하는 데 모아지는 반면, 마케팅의 기능은 주로 고객관리, 제품과 용역의 판매에 모아지며, 마케팅 담당자는 시장과 소비자와 고객에 관해 이야기하지만 홍보 실무자는 공중과 수용자, 이해당사자를 얘기한다"고 설명한다. 홍보와 마케팅은 기능면에서는 유사하지만 행위목적과 대상에 있어서는 다름이 있음을 강조하고 있다. 또한 "마케팅이 상품이나 용역을 판매한다면, 홍보는 기업 전체를 판매하는 시도로 볼 수 있다"고 부연함으로써 홍보를 상품 마케팅과 구별되는 '기업 전체를 판매하려는 시도'로 정리하려는 흔적도 보였다.[9]

보이지 않는 뿌리

최 교수는 마케팅과 홍보는 다음의 두 가지 측면에서 차이가 난다고 간주한다. 첫째, 홍보행위의 대상은 공중인 반면, 마케팅행위의 대상은 고객 혹은 소비자라는 것이다. 둘째, 홍보의 목적은 기업 전체를 판매하기 위한 것인 반면, 마케팅은 상품이나 용역을 판매하기 위함에 있다는 것이다. 이러한 논의가 설득력을 갖추기 위해서는 반증하기 어려운 경험적 근거를 갖춰야 한다. 그런데 오히려 최 교수의 주장을 입증할 수 있는 경험적 근거를 찾기가 쉽지 않아 보인다. 다음과 같은 두 가지 이유 때문이다.

첫째, 관념적 차원을 넘어서 공중과 고객을 경험적으로 구분하는 것이 쉽지 않다. 기업은 제품이나 용역을 판매할 대상을 설정함에 있어서 반드시 제품을 구매했던 사람인 기존 고객만을 상정하지 않는다. 경쟁사의 동종 제품을 구매했던 경험이 있거나, 앞으로 제품을 구매할 가능성이 있는 소비자인 잠재 고객도 고객의 범주에 포함한다. 마케팅의 대상을 잠재 고객을 포함한 범위로까지 확대할 경우, 경험적으로 홍보의 대상인 공중과 마케팅의 대상인 고객이 실제 어떻게 다른 사람들로 구성돼 있는지를 구분하기가 쉽지 않다.

예를 들어 공지영 소설가의 동명 소설을 기반으로 제작한 영화 『도가니』는 장애인 특수학교의 관련 법률의 개선을 요구하는 공중의 관심을 불러일으켰다. 또한 장애인 특수학교의 개선이 필요하다는 의식을 지니고 있는 많은 사람들이 『도가니』를 관람했다. 여기서 한 가지 의문스러운 게 있다. '『도가니』의 관객인 고객이 장애인 특수학교의 개선을 요구하는 공중이 된 것인가, 아니면 공중이 『도가니』의 고객이 된 것인가?' 하는 점이다. 명확한 사실 가운데 하나는 관념상으로는 고객과 공중을 구분할 수 있을지 몰라도 경험적으로는 구분할 수 없다는 것이다.

공중과 고객을 관념적 차원을 넘어서 경험적 차원에서 구분하기는 쉽지 않다. 2011년 개봉된 영화 『도가니』는 장애인 성폭력에 대한 사회적 경종을 울렸을 뿐만 아니라 장애인 성폭력 범죄 방지와 처벌을 강화하는 관련 법률을 개선했다. 영화 『도가니』를 관람한 사람은 상품판매에 관계된 '고객'이고, 장애인 성폭력범에 대한 처벌을 강화하도록 요구한 사람들은 고객과 구별되는 '공중'이라고 구분할 수 있을까? (출처 : 아이서퍼)

둘째, 홍보가 판매를 위한 행위인가를 경험적으로 입증하기가 쉽지 않다. 최 교수가 표현했던 '홍보는 기업 그 자체를 판매하기 위한 시도'라는 식의 표현을 직설적으로 받아들일 필요는 없다. 이를 은유적 표현으로 받아들여 홍보는 마치 기업 그 자체를 판매하기 위한 시도와 같은 행위에 비유할 수 있다고 유연하게 받아들이더라도, 홍보가 오롯이 '무엇인가를 판매하기 위한 시도에서 비롯된 행위'인지를 입증하기가 어렵다.

가령 대한항공의 '땅콩 회항 파문'이나 한화그룹의 '김승연 회장의 술집 종업원 구타 파문' 등과 같이 기업이 영업 이외의 영역에서 발생한 위기를 대응하는 홍보행위를 판매를 위한 시도로 묶을 수 있을까? 혹자는 이러한 위기는 결국 기업의 생존에 직접적인 위해를 가할 것이며, 궁극적으로 판매 위축과 관계된 만큼 위기 대응을 위한 홍보행위도 넓은 의미에서 판매를 위한 시도에 포함된다고 주장할 수도 있다. 그러나 이는 억지스러운 면이 있다.

위기는 말 그대로 위기다. 위기 그 자체만으로도 기업의 생사부침이 달라질 수 있다. 기업의 위기 대응을 위한 홍보행위조차 판매를 위한 행위로 간주한다면, 법무대응을 비롯해 기업에서 일어나는 모든 행위가 판매를 목적으로 하지 않은 게 없다. 기업의 존재목적 자체가 판매를 통해 이윤을 창출하는데 있기 때문이다.

호혜적 본성
거래적 본성

마케팅은 기업이 존재하는 본질적 이유다. 마케팅을 영어로 표현해 우리가 그 이전에는 잘 알지 못했던 전문영역의 행위로 오해할 수 있을지는 모르겠으나, 마케팅은 재화와 용역의 판매와 관련된 행위다. 재화와 용역을 직접 생산하지 않는 기업은 존재할 수 있어도 재화나 용역을 판매하지 않는 기업은 기업으로 존속할 수 없다.

마케팅의 구체적인 내연은 판매할 재화와 용역을 선정하고, 이의 가격을 설정하거나 판매처를 확보해 관리하고, 궁극적으로는 판매촉진 방안을 기획하고 운영하는 행위다. 또한 판매촉진을 위해서는 상품에 관한 정보와 상품 구매에 따른 추가 혜택에 관한 정보를 행사나 광고와 선전을 통해 고객들에게 전달한다. 따라서 판촉홍보행위란 마케팅의 하위 개념, 판촉 행위의 하나로 진행하는 제품과 용역에 관한 정보를 전달하는 행위를 의미한다.

이러한 점에서 마케팅과 홍보, 좀 더 구체적으로 판촉홍보와 일반홍보는 근본적으로 다르다. 정보 수용자가 고객이냐 공중이냐 달라서 다른 것이 아니라, 행위의 목적이 다르기에 다르다. 일반홍보행위는 사회구성원이 사회공동체에 적응하고 생존하기 위한 본성에서 비롯된 행동이다. 좀 더 구체적으로 표현하면 호혜적 본성에 따른 행위다. 이와 달리 판촉홍보행위는 사회구성원의 경제적 목적에 따른 행위다. 물건을 사고파는 거래적 본성에 따른 행위다.

이 두 가지 행위는 행위의 '준거 틀' 혹은 행위의 근거가 다르기에 다른 것이다. 행위 준거 틀이 다른 두 행위는 행위주체와 정보내용도 성격을 달리한다. 홍보주체 측면에서 일반홍보는 모든 사회공동체 구성원을 포괄한다. 누구나 홍보행위의 주체가 될 수 있다. 이와 달리 판촉홍보의 주체는 재화나 용역을 사고팔려는 개인이나 조직으로 한정된다. 상품과 서비스를 사고팔려는 의도를 지니지 않고 있는 사람이 판촉홍보에 신경 쓸 이유가 없을 테니까. 또한 이 두 가지 홍보행위는 본질이 다르기에 다루는 정보내용도 다르다. 당연하게도 판촉홍보는 상품과 서비스를 사고팔려는 정보가 내용이다. 그렇지만 일반홍보는 여기에 국한되지 않는다. 개인의 신변잡기에서 비롯된 이야기에서부터 공동체의 가치와 질서에 관한 담론에 이르기까지 사회공동체 구성원의 개체 수만큼이나 정보의 내용이 다양할 수 있다.

결론적으로 재화나 용역을 판매하는 개인이나 기업은 두 가지 서로 다른 차원에서 홍보행위를 전개한다. 첫째는 공동체 구성원 차원에서, 둘째는 재화나 용역의 판매자 차원에서 각각 서로 구별되는 홍보활동을 한다. 전자를 기업홍보corporate public relations, CPR라고 하며 후자를 마케팅홍보marketing public relations, MPR 혹은 판촉홍보라고 한다.

기업홍보란 기업이 사회공동체에서의 적응을 위해 자신의 우호세력을 확대하거나 유지하기 위해 의사소통하는 행위다. 일반홍보라는 얘기다. 기업이 이윤추구에 직접적으로 도움이 되지 않는 여론 형성에 개입하거나, 위기에 대응하려는 이유는 공동체 구성원으로서 사회 환경변화에 적응하기 위해서다. 기업이 재화나 용역을 판매하거나 기업 자체를 판매하려는 시도에서 비롯된 것이 아니라는 얘기다. 기업이 사회공헌을 벌이거나 지역사회에 봉사활동을 하는 이유도 마찬가지로 물건 판매가 목적이 아니다.

이와 달리 판촉홍보란 기업이 재화와 용역의 매매賣買에 관한 정보를 전달하는 행위다. 직접적으로 기업의 이윤창출과 연관된 행위다. 판촉홍보는 매매가 필요한 개인이나 조직이 재화와 용역을 선전해기 위한 수단으로 홍보행위를 기능적으로 수용한 것이다.

"홍보는 경영행위의 고유 영역에 속해있으며, 마케팅 활동 가운데 판매촉진에 속한다"는 주장은 적어도 판촉홍보를 대상으로 할 때만 설득력이 있다. 그나마도 이 책의 첫 장에서 지적했던 것처럼 선전을 위해 보도 자료를 배포하는 행위에 대한 자성으로서 퍼블릭릴레이션즈라는 개념이 등장했으며, 퍼블릭릴레이션즈를 우리말 홍보로 번역하는 것을 인정한다면, 마케팅홍보나 판촉홍보는 홍보public relations가 아니다. 마케팅을 위해 홍보적 수단을 이용한 선전 행위에 불과한 것이다. 홍보가 기업의 마케팅 영역에 속한다는 주장은 사자도 코끼리처럼 적대적 상대를 만나면 포효하기 때문에 사자는 코끼리에 속한다는 궤변만큼이나 받아들이기 어렵다.

홍보는 홍보이며 마케팅은 마케팅이다. 기업은 합법의 울타리에서 사업을 영위하기 위해 조직 내부에 변호사를 두고 법적판단을 지원받아 법무현안에 대응한다. 이러한 법무기능은 직접적으로 이윤창출과 관련이 없더라도 기업이 사회공동체에 적응하기 위해 중요한 역할이다. 또한 특정 기업들에게는 법무기능이 제품의 판매에 직접적인 영향을 미치기도 한다. 담배사업, 주류사업, 정보통신사업, 정유업, 전기사업 등 법적 규제가 강한 사업영역에서 경영을 수행하는 일부 기업들에게 있어서는 법무기능이 기업의 판매증진과 직결되는 경우가 많다. 법무기능이 기업의 판매증진이나 이윤창출에 지대한 영향을 끼친다고 해서 법무행위 자체를 기업의 마케팅과 연관된 행위 혹은 기업 활동의 일부라고 간주하지는 않는다. 기업이 사회공동체 환경에 적응하기 위해서거나 아니면 판매에 도움받기 위해 법무기능을 활용한 것뿐이다. 윤리행위의 준거에 속한 법무행위가 경제행위인 경영활동과 서로 다른 목적에서 출발했듯이 정치행위의 준거에 속한 홍보행위 또한 경영활동과는 다른 행위목적을 지향한다.

앞선 네 개의 장을 통해 홍보가 무엇이냐는 주제를 대략적으로나마 살펴봤다. 홍보는 자신의 우호세력을 확대하거나 유지하기 위한 의사소통 행위로서 본질적으로 자신의 동지를 확대하거나 유지하려는 정치행위의 범주에 속한다. 홍보는 물건을 팔기 위한 필요에서가 아니라 사회공동체의 적응을 위해 자신의 우호세력을 만드는 행위라는 점이다.

02

홍보관점

"관점은 세상을 들여다보는 마음의 창이다. 소나무가 붉게 보인다면 나무를 의심하기에 앞서 내 마음의 창이 선입견으로 혼탁해졌는지를 점검하는 게 현명하다."

| 05 |
그렇다면 홍보는 왜 중요한가?

홍보행위가 물건을 파는데 도움을 주는 것이 아니라면, 홍보는 왜 필요한지를 생각해 볼 필요가 있다. 기업은 영리추구를 위해 존재한다. 경제활동을 통해 이익을 실현해야 생존할 수 있다. 그런데 기업은 수익을 내는데 직접적으로 도움이 되지 않는 홍보에 왜 신경을 쓰는가?

기업이 적응해야 할 환경은 냉정하다. 기업은 돈 버는 데 신경을 써야 한다. 쓸데없는 일에 경영자원을 허비한다면 망한다. 상식적으로는 홍보에 신경을 썼던 기업은 그렇지 않았던 기업에 비해 시장 환경에 적응할 가능성이 적을 것이다. 홍보는 돈이 안 되니까. 기업은 돈 안 되는 홍보에 일찌감치 눈을 돌렸거나, 홍보에 신경을 썼던 기업이 사라지면서 판촉홍보만 잘하는 기업들만이 살아남았을 것이다. 그런데 현실은 그렇지 않다. 오히려 그 반대다. 어째서 이런 일이 일어난 것일까?

홍보가 왜 중요한가라는 질문은 '홍보가 조직의 성장과 발전에 어떠한 역할을 수행하는가?'에 관한 논의다. 이번 장과 다음에 이어지는 네 개의 장을 통해 '홍보를 수행하는 조직은 왜 그렇지 않은 조직에 비해 성장과 발전에 유리한가?', '조직의 성장과 발전에 보탬이 되는 홍보의 역할이란 무엇인가?' 등에 답하며 홍보의 역할을 점검한다.

숨은 그림 찾기

구체적 논의에 들어가기에 앞서 홍보의 역할에 관한 네 가지의 '설명적 개념'을 소개한다. 설명적 개념이란 이해를 돕기 위해 끌어들인 일반적 용어다. 특별한 이론적 전제를 기반으로 한 분석적 개념은 아니다.

첫 번째로 소개할 개념은 '홍보적 관점'이라는 용어다. 이는 다소 생소할 수 있다. 일선 홍보전문가들은 '홍보 마인드'라는 용어에 더 익숙할 수 있다. 홍보적 관점과 홍보 마인드는 유사한 뜻을 지닌 용어다. 홍보적 관점은 홍보의 역할을 이해하는 첫 번째 관문이다.

'관점'은 현상을 보거나 이해하는데 있어서 '주안을 두는 곳'을 의미한다. 관점은 가치관을 반영한다. 관점이 다르면 동일한 현상을 서로 다르게 해석한다. 관점에 따라 의식도 달라진다. 의식이 서로 다르면 현상에 대응하는 행위도 달라진다. 사람들은 관점에 따라 바람직한 것과 바람직하지 않은 것을 구별한다. 해야 할 것과 하지 말아야 할 것도 선택한다. 결국 사람들은 관점에 따라 생각과 행동을 달리한다.

'홍보적 관점에 따른다는 것'은 사회여론에 주안을 둔다는 것이다. 이를 다른 말로 표현하면 여론 관점에 따른다는 말이다. 이는 옳고 그름과 같은 법적 관점이나, 이익과 손해와 같은 경제적 관점을 우선하는 행동과 구별된다. 다른 사람들의 지지여부를 우선적으로 의식한다. 어떻게 행동해야 자신을 지지하는 사람들이 더 많아질 것이냐에 우선한다.

두 번째로 정리해야 할 개념은 '공유가치shared value'다. 이 용어의 뜻을 이해하기 위해서는 공동체 구성원의 공동의 가치관이 무엇인가를 짚고 넘어가야 한다. 조직과 공동체는 수많은 개인들이 모인 집단이다. 서로 다른 가치관을 지닌 개인들이 하나의 조직이나 공동체에서 생활하기 위해서는 특별한 장치가 필요하다. 구성원들이 '해야 할 것'과 '하지 말아야할 것'을 포괄적으로 약속하는 규약規約, 공약公約이 필요하다. 이것이 공동체 구성원들을 가장 폭넓고 안정적으로 포괄하는 공동의 가치관이다. 구성원 개개인의 가치관을 폭넓게 아우르는 공동의 가치관을 문화라고 한다. 문화를 공동체 구성원이 공동으로 지니는 신념이라는 측면에서 '공동가치公同價値'라고 부른다.

공동체의 공동가치가 어떻게 형성되느냐에 관해서는 두 가지의 엇갈린 해석이 있다. 첫째, 자유주의 전통을 따르는 사람들이 주장하는 자유주의적 해석이다. 이들은 공동가치란 '개개인의 합리적이고 효율적인 가치관들의 산술적인 합'이라고 믿는다. 그래서 공동가치인 문화를 집합가치aggregated value라고 해석한다. 둘째, 공동체주의 전통을 따르는 사람들이 주장하는 공동체주의적 해석이다. 이들은 공동체를 유기체로 인식한다. 공동체는 스스로의 독특한 가치를 지니며, 구성원들은 이를 인지한다고 믿는다. 이들은 공동체의 공동가치인 문화를 공통가치common value로 부른다.[10]

조직으로 치자면 공통가치는 조직이 구성원들에게 요구하는 가치다. '오전 9시 출근, 오후 5시 퇴근'과 같은 것이다. 집합가치는 구성원들의 반복적인 행위가 조직의 규약이 되는 경우다. 회사가 출퇴근 시간을 정했지만, 일이 있어 직원들이 자발적으로 저녁 10시까지 야근하는 경우가 이에 해당한다. '자발적 야근'이 하나의 문화로 정착된 것을 집합가치라고 한다.

이 두 가지 해석에 더해서 문화는 '순수한 공통가치'도 '순수한 집합가치'도 아니라는 주장이 있다. 이 두 개의 가치가 절충된 것으로 본다. 이러한 관점에서는 문화를 공유가치shared value라고 해석한다.

공동체는 공통가치와 집합가치가 융합돼 독특한 문화를 형성한다고 본다. 기업의 자율출퇴근 문화는 공유가치를 설명하기 적절한 사례다. 회사가 당초 정한 출퇴근 규약은 '오전 9시 출근, 오후 5시 퇴근'이다. 직원들의 업무사정은 이에 맞지 않는다. 직원들 간에는 이미 '오전 9시 출근, 저녁 10시 퇴근'이 정착돼 있다. 기존 규약이나 새로운 공약이 모두 현실에 맞지 않는다. 이 경우 구성원들은 자연스럽게 제3의 공약을 형성한다. 야근이 있었던 다음날에는 오후에 출근하는 자율출퇴근 방식이다. 자율출퇴근이 관례적으로 정착된다면, 이는 공유가치 형태로 형성된 문화다.

공유가치란 조직이나 공동체의 문화가 어떻게 형성되느냐를 설명하

〈표3〉 공동체 문화의 개념도

공동체의 공동가치

공통가치
aggregates value

공유가치
shared value

집합가치
common value

조직의 공동가치인 문화는 공동체의 규약과 구성원들의 공약이 절충되는 형태로 형성된다. 공유가치란 공동체 문화가 어떻게 형성되는지를 설명하는 설명적 도구인 동시에 건전한 공동체 문화를 조성하는 방법론적인 대안을 담고 있다. 건전한 공동체 문화의 육성은 규약과 공약의 수렴 점인 공유가치를 어떻게 확대하느냐와 깊은 관련이 있다.

는 '설명적 도구'다. 또한 조직이 조직문화를 건전하게 조성하려는 '방법론적인 대안'이자, 건전한 조직문화 관리를 위한 '현실적 접근법'이다. 공유가치 접근법의 핵심은 '공유가치 확산'에 있다. '공유가치 확산'은 홍보를 통해 직원들에게 공유가치를 알리는 것이 아니다. 사내홍보를 통한 기업문화 전파행위를 공유가치 확산으로 오해해선 곤란하다.

공유가치 확산이란 조직이 요구하는 규약規約과 직원들이 관습화한 공약公約 사이의 수렴점을 넓히는 작업이다. 기업은 공유가치를 확대해야 갈등이 줄어든다. 조직 안에서 건전한 인간관계가 형성된다. 어제 10시에 퇴근하고, 늦게 출근했더니 상사에게 야단을 맞거나 눈치를 봐야 한다면, 건전한 인간관계가 싹트기 힘들 테니까.

기업은 창업정신과 경영이념만으로 문화를 만들지 못한다. 직원들의 문화만이 기업문화도 아니다. 경영이념과 구성원들의 공약이 절충되는 형태로 기업문화가 만들어진다. 어떻게 건전한 조직문화를 육성할 것인가? 이는 어떻게 경영이념과 구성원들의 문화의 공통점을 넓혀 나갈 것이냐에 달려있다. 공유가치 확대는 건전한 조직문화 육성과 동일한 뜻의 다른 용어다.

세 번째로 이해하고 넘어가야 할 용어는 '평판reputation'이다. 평판이란 세상 사람들의 비평을 뜻한다. 비평을 통해 옳고 그름을 판정한 행위다. 평판은 비교적 오랜 기간에 걸쳐 형성된다. 사람들은 누적된 정보와 집합적 기억들에 근거해 다른 사람에 대한 평판을 내린다. 이러한 점에서 평판은 이미지와 다르다. 이미지는 심상心象 혹은 영상映像을 뜻한다. 이미지는 평판과는 유사해 보이지만 전혀 다른 의미를 지니고 있다.

라틴어 이마고imago에 어원을 두고 있는 이미지는 인간의 마음속에

떠오르는 사물에 대한 직관적 형상을 의미한다. 사물에 관해 머릿속에서 감각적으로 떠올리는 영상이 이미지다. 이미지는 평판처럼 누적된 정보와 집합적 기억들에 의존하지 않는다. 대상의 특징적 정보만을 받아들여 머릿속에서 대상을 재구성한다. 다분히 주체의 주관과 선입견 혹은 환상이 작용한다. 실체에 관한 왜곡이나 과장된 상상을 허용한다는 것이다. 이러한 이미지는 평판과는 달리 즉각적이고 감각적이어서 쉽게 변한다.

공동체 내에서 좋은 평판을 받으려는 욕망은 인간의 본성에 따르는 욕구다. 자신의 의지에 따라 취사선택할 수 있는 사안이 아니다. 밥을 먹어야 생존할 수 있는 것처럼 생존을 위해 절대적으로 필요한 요구사항이다. 이는 인간이 사회를 떠나 한 순간도 생존할 수 없는 사회적 동물이기에 그렇다. 인간은 본능적으로 다른 사람들과의 관계를 유지하려 한다. 집단에 소속하고자 하는 본능이 있기 때문이다. 이러한 본능은 인류가 오랜 진화의 기간을 통해 터득한 생존전략이다. 자신의 의지로 그 틀을 벗어날 수 없다.

이러한 점에서 생태학자들은 인간을 '사회적 동물'로 표현하기 보다는 '사회성 동물'로 표현한다. 인간의 유전자 코드에는 오랜 진화 과정을 통해 개미나 꿀벌처럼 사회성을 본능적 속성으로 기록하고 있음을 강조해 그렇게 표현한다.

평판관리 본성 혹은 좋은 평판을 관리하려는 욕구는 인간이 사회관계 대상에서 배제됨을 피하려는 생존본능이다. 사회성을 지닌 인간은 다른 사람들과의 관계 속에서 생존한다. 그런데 자신의 이익을 취하려는 행위가 항시 이기적 행위로만 나타나지는 않는다. 항시 이기적으로만 행동하는 개인은, 단기적으로는 이익을 취할 수 있을지는 몰라도, 장기적으로는 남들로부터 배제당하는 위기를 맞을 수 있기 때문이다.

또한 다른 한편에서 인간은 본능적으로 상대의 진심을 평가하려 한다. 다른 상대가 자신과 관계를 맺어도 될 상대인지 아닌지를 간파하는 능력을 고도로 발전시켜 왔다. 이 또한 진화의 산물이다. 다른 사람과의 관계를 맺기에 앞서 본능적으로 편 가르기를 한다. 상대가 내 편이 될 사람인지 아닌지, 거래를 해도 될 사람인지 나를 속일 사람인지를 판단한다.

인간은 이러한 판단에 대응하기 위해 자신의 평판을 관리한다. 평판관리란 다른 사람의 평가 감각에 긍정적인 영향을 미치도록 함으로써, 자신이 거래의 대상에서 배제됨을 회피하려는 본능적인 생존 전략이다.[11]

마지막으로 정리할 용어는 '여론public opinion'이다. 여론은 공중의 의견이다. 공중public이란 공공적 쟁점에 관해 집합적 의사를 표출하고 있는 사회구성원들을 뜻한다. 사회구성원들의 공공적 쟁점에 관한 의견을 여론이라고 한다. 공공적 쟁점에 관한 의사는 재화와 용역에 관한 선호와 다르다. 공공적 쟁점은 공동체의 질서에 관한 논제로서 타인에 대한 책임이 부여된 의견이다.

〈표4〉 홍보의 역할 개념도

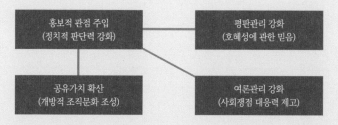

정치지도자를 선택하는 의견은 다른 정치지도자를 지지하는 사람들의 의견과 대립한다. 내가 지지하는 정치지도자가 선출됨에 따라 다른 후보를 지지했던 사람들에게 피해를 줄 수 있다. 그렇지만 내가 좋아하는 상품을 선호하거나 구매했다고 해서 다른 상품을 좋아하는 사람들에게 직접적인 피해를 주지는 않는다. 이러한 점에서 여론은 개인의 선호와 구별된다. 같은 연장선상에서 여론은 특정 재화나 용역에 관한 개인들의 선호의 합인 대중성과도 구별된다.

홍보행위는 궁극적으로 개인이나 조직이 구성원들에게 홍보적 관점을 일깨운다. 조직 내부의 건전한 공유가치를 확산시킨다. 대내외적으로는 좋은 평판을 유지하게 한다. 공동체 질서에 관한 사회여론을 감지해 이를 자신에게 유리한 방향으로 전환하는 역할과도 관련이 있다. 다음의 연이은 네 개의 장을 통해 이를 구체적으로 살펴본다.

| 06 |

관점 있는 홍보, 왜?

앞 장에서 간략하게 살펴본 홍보적 관점, 공유가치, 평판, 공중과 여론 등 네 가지 용어들 속에는 이들을 크게 묶고 있는 하나의 맥락이 있다. 인간의 호혜적 성향 혹은 호혜성reciprocity이라는 이타적 행위의 맥락이다. 이는 인간이 왜 자신에게 이로운대로만 처신하지 않고, 사회구성원으로서의 책무와 같은 이타적 행위를 하려하는가에 대해 이해하는 열쇠가 된다.

이번 장에서는 '왜 홍보적 관점을 가져야 하느냐?'는 주제로 홍보적 관점을 지닌다는 말이 뜻하는 것이 무엇이며, 홍보적 관점을 지닌 개인이나 조직이 그렇지 않은 개인이나 조직에 비해 왜 생존에 유리한지를 이야기해 본다. 이러한 과정을 통해 영리추구를 목적으로 하는 기업이 왜 홍보라는 '행위의 표지'를 매개로 이윤창출과 직접 관련이 없는 사회적 책임 쪽으로 관심을 돌리려 하는가도 정리해 본다.

홍보적 관점이란 사회여론의 반응을 고려하는 시각이다. 여론이란 공공 쟁점에 관한 사람들의 의견이다. 홍보적 관점이란 '내 행위가 사회여론에 문제될 것인가, 어떻게 사회적으로 파장을 불러일으킬 수 있는가?'를 미리 고려하는 것이다. 또한 '여론에 문제가 될 수 있다면, 이를 어떻게 대응할 것인가?'를 생각하는 관점이다. 여론을 대응하는 방법은 크게 자신의 행동을 바꾸거나, 사회를 이해시키는 선에서 답을 찾을 수 있다. 내 행동을 바꾸지 않고 사회를 이해시키려 한다면, 의사소통을 통해 나의 입장을 이해하는 많은 우호세력을 확보해야 한다. 역으로 사회여론을 바꿀 수 없다면, 내 행동을 바꿔야 한다.

여론의 굴레

홍보적 관점을 따른다는 것은 사회여론의 예상 반응을 축으로 자신의 행동을 어떻게 바꿔야 할지를 알거나, 자신의 행동을 사회에 어떻게 이해시킬지를 고려하려는 의지다. 자신의 행동이 적절했음을 사회에 이해시키려는 것이 홍보행위라는 데에는 크게 거부감이 없을 것이다. 그렇지만 사회여론을 기준으로 자신의 행동을 바꿔야 한다면, '주관이 없는 인간이 아닌가?' 하는 거부감을 불러일으킬 수 있다.

그런데 간과할 수 없는 사실은 이 세상 그 누구도 사회여론으로부터 자유로울 수 없다는 점이다. 기업도 마찬가지다. 애초 인간에게는 '사회여론으로부터의 자유'라는 선택지가 없다. 그러한 선택지가 없음을 아쉬워할 필요도 없다. 그러한 특권을 거부한 것조차 인간 자신이기 때문이다. 인간의 이기심은 다른 사람이 최소한의 예의나 호의도 없이 자기의 이기심만을 채

우려는 행동을 견제하거나, 심하면 파렴치한으로 배제하는 데 신경을 써 왔다. 사람들은 왕따를 당하거나 남들로부터 그림자 취급을 받는 것이 한대 얻어맞는 것 이상의 정신적인 상처를 받는다고 한다. 심리학자들은 많은 경험적 근거로 이를 입증해 왔다.

바우마이스터R.F.Baumeister와 레어리Mark Leary는 '인간은 다른 사람들과의 관계를 유지하고 집단에 소속하고자 하는 본능을 가지고 있다'는 인간의 사회성에 관한 '소속욕구 이론need to belong theory'을 제시했다. 인간이 다른 사람과 관계를 맺으려는 행위는 단순히 욕망에 따른 문제가 아니다.[12] 진화생물학자들은 인간의 이러한 사회성을 좀 더 구체적으로 설명한다. 과학 저널리스트인 매트 리들리Matt Ridley, 1958~는 『이타적 유전자』에서 인간이 왜 사회여론을 의식해 행동하는지를 다음과 같이 정리한다.

> 인간은 자신의 이기적인 목적을 달성하기 위해 다른 사람들과 거래관계를 유지하려 한다. 그렇지만 항시 이기적인 행동만을 취하지는 못한다. 자신에게 이기적인 전략만을 취할 경우 장기적으로는 손해가 된다. 단기적으로는 다른 상대와의 경쟁에서 승리해 빛을 볼지는 모르지만 오래가지 못한다. 항시 이기적 행동만 하는 사람이라는 것이 알려지면, 그 후로는 다른 상대들로부터 거래에서 배척당기 때문이다. 뿐만 아니다. 인간은 본능적으로든 학습적으로든 다른 상대를 판단한다. 거래를 해도 될 상대인지 아닌지를 간파하는 감각적 판단능력을 고도로 진화시켜왔다. 이러한 판단에 따라 내 편과 네 편, 좋은 사람과 나쁜 사람, 거래 대상과 회피 대상 등을 구분한다. 호혜성은 다른 사람의 평가감각에 긍정적인 영향을 미치도록 함으로써, 자신이 거래의 대상에서 배제됨을 회피하려는 인간의 본능적 생존관리 전략이다.[13]

스스로 탈피하는
자유주의 보호막

기업은 왜 시장으로부터 사회로 회귀하고 있는가? 기업이 대중들의 기호만 잘 맞춰 좋은 물건을 생산해 팔면 됐지, 복잡하게 사회여론을 의식할 필요가 없다는 생각은 서구 자유주의 사고에서 비롯된 오랜 고정관념이다. 이러한 사고는 정치철학자 존 스튜어트 밀J. S. Mill, 1806~1873의 『자유론』에 기초를 하고 있으며, 애덤 스미스Adam Smith, 1723~1790가 『국부론』을 통해 자유주의 경제관념으로 정착돼 왔다. 자유주의 경제학자들은 기업이 사회여론을 의식하거나, 이에 따라 사회적 책무를 수행하는 것은 잘못된 행위라고까지 비판하기도 한다. 저명한 칼럼리스트이자 자유주의를 대변했던 밀튼 프리드만Milton Friedman, 1912~2006은 기업이 경제적 책임을 수행하는 것만으로도 사회공동체에 대한 책임을 다 하는 것이라고 주장했다. 더 나아가 기업이 소비자와 주주들에게 돌려야할 가치를 사회로 돌려서는 안 된다고 강조했다.

자유주의 경제학자들의 이러한 경제관은 많은 비판을 받아 왔다. 비판의 골자는 '기업이 무슨 하늘에서 뚝 떨어진 존재냐?'는 비난이다. 또한 순수한 자유주의 경제관에 따라 기업을 경영하는 게 결코 쉬운 일이 아니라는 점도 기업 스스로 인식하기 시작했다. 예컨대 기업이 최소한의 법적 기준만을 맞춰 폐수를 배출했더라도, 지역사회로부터 지탄을 받아 영업상의 큰 손실을 초래하는 경우가 생긴다. 이를 의식해 기업이 환경 기준치 이상의 정화 설비에 투자하려 할 때, 최고경영자는 고민에 빠지게 된다. 자유주의 경제학적 관점에 따른다면 경영자의 이러한 과잉투자는 주주에게 돌아갈 가치를 낮추는 행위가 되기 때문이다. 기업이 자유주의의 덫에 빠지면 오히려 환경

변화에 능동적으로 적응할 수 있는 능력이 떨어진다.

이러한 자성 속에서 경제학자들은 기업이 한 걸음 정도는 더 사회 쪽으로 발을 디뎌도 좋다고 양보했다. 리 프레스톤Lee Preston과 제임스 포스트James Post와 같은 학자들은 기업이 폐수나 공해, 고용차별 등 자신의 경제 활동과 연관된 제한적 범위 내에서 사회여론을 의식해야하고, 사회적 책임을 수행해야 한다고 주장한다. 그렇지만 그 '한 걸음' 조차도 명확하게 선을 그었다. 기업은 경제활동과 연관되는 문제에 한해서만 사회에 대해 책임져야 한다는 것이다. 이를 바꿔 이야기하면 사회는 기업에게 공교육 체제, 주택표준, 일반 보건 등 일반적인 사회 문제에 관해 뭔가를 요구해서는 안 된다는 얘기다. 프레스톤과 포스트는 기업이 관여해야 할 '제한된 사회적 책임'을 '공공책임'이라고 규정함으로써, 기업이 요구받아서는 안 될 일반적인 사회적 책임과 구별했다.[14]

시장사회 그리고
기업의 무한책임

사실상 미국 주류 홍보학자들이 얘기하는 기업홍보의 존립근거가 여기에 있다. 주류 경제학자들이 인정한 기업의 제한된 사회적 책임을 수행하는 것이 홍보며, 이를 전문적으로 담당하는 인력이 홍보전문가라는 것이다. 미국의 주류 홍보학자인 제임스 그루닉James E. Grunig은 『PR의 역사와 개념』를 통해 경영학자인 프레스톤과 포스트가 제시한 기업의 제한된 사회적 책임을 수행하는 행위가 곧 홍보이며, 홍보는 기업의 공공책임, 즉 제한된 사회적 책임과 동일한 의미를 지니고 있다고 설명한다.

그런데 기업이 의식해야 할 사회여론의 한계가 어디까지인지를 꼭 집어 이야기할 수 있을까? 피상적으로는 그럴 수 있겠다 싶어도, 현실적으로는 구분할 수 없다. 예컨대 프레스톤과 포스트의 주장을 기초로 하면, 사회는 중학교 공교육 개선을 위해 기업에 책임을 요구해서는 안 된다. 이는 제한된 사회적 책임 영역 밖에 있는 일이기 때문이다. 그렇지만 이를 일반화할 수는 없다. 사교육 학원을 운영하는 기업 입장에서는 교육정책의 변화가 자신의 경제활동에 영향을 주기 때문이다. 이러한 예외들을 인정하는 순간부터 사회가 기업에 요구해야 할 '제한된 사회적 책임'과 '일반적인 사회적 책임' 사이의 울타리는 의미가 없어진다. 사회가 기업에 책임을 요구하기 이전에, 기업은 자신들의 경제적 이익을 목적으로 모든 사회책임 영역에 관여하기 때문이다.

미국의 정치철학자 마이클 샌델Michael Sandel, 1953~은 자신의 저서 『돈으로 살 수 없는 것들』에서 우리는 돈으로 살 수 없는 것이 거의 없는 '시장사회market society'에 살고 있음을 지적한다. 시장사회는 시장가치가 인간의 모든 활동 영역에 스며들어간 생활방식이다. 그는 인류가 지난 수세기에 걸쳐 '시장경제를 가진 시대'에서 '시장이 사회인 시대'로 휩쓸려 왔음을 냉철하게 꼬집고 있다.[16] 시장사회를 주도하고 있는 것은 기업이다. 오늘날의 기업은 교육이나 복지뿐만 아니라 군사, 외교 등 과거 공공영역으로 분류됐던 거의 모든 영역으로 손길을 뻗치고 있다. 이러한 변화 속에서 '제한된 사회적 책임'을 구분하려는 이론적 시도 자체가 의미 없는 일이다.

| 07 |
홍보적 관점은 조직문화를 바꾼다

얼마 전 식품회사를 운영하는 사장을 만난 적이 있다. 그 회사는 부적합한 원료를 사용했다는 파문에 휘말려 언론으로부터 뭇매를 맞았다. 결국 거래처는 이탈했고, 회사는 공장을 닫아야 할 처지에 몰렸다. 사장은 하소연했다. 언론 보도는 회사에 불만을 품은 내부직원의 제보에서 비롯된 것이고, 제보와 보도로 인해 수사기관으로부터 오랫동안 수사를 받았다. 회사가 크게 잘못했다는 혐의도 밝혀진 바가 없다. 그렇지만 회사는 논란에 휘말렸던 공장을 폐쇄할 수밖에 없었다. 그 식품회사는 정말 억울하게 피해를 당한 것이다.

세상을 살다 보면 우연히 찾아오는 행운도 있지만, 억울하게 불행을 맞이하는 경우가 훨씬 더 많다. 이 회사처럼 사소한 실수로 큰 화를 입는 경우도 있고, 때에 따라서는 아무런 잘못이 없음에도 크게 피해를 받을 수도 있다. 억울한 일이다. 그런데 아쉽게도 홍보를 담당하는 사람의 견지에서는 이를 억울한 일로 받아들이지 못한다. 당연한 일로 받아들인다. 세상에 우연히 찾아오는 행운은 없으며, 예고 없이 닥치는 불행도 없다. 단지 행운과 불행의 전조를 앞서 가늠하지 못했을 뿐이다.

'홍보가 조직문화를 어떻게 바꾸느냐?'는 질문은 조직이 자신의 행운과 불행의 전조를 어떻게 미리 가늠할 수 있는가라는 다소 엉뚱한 질문과 관련이 있다. 조직의 최고 책임자가 마음의 눈을 넓히기 위해 명리학命理學■9을 익혀야 한다는 말이 아니다. 사회여론을 이해하는 쪽으로 시야를 넓혀야 한다는 말이다. 이번 장에서는 조직이 자신의 행운과 불행의 전조를 가늠하는 시야視野를 어떻게 넓힐 수 있는가를 설명한다.

잠자리와 얼룩말

조직이 시야를 넓히기 위해서는 당연한 얘기지만, 최고경영자가 시야를 넓혀야 한다. 최고경영자는 조직의 사업에 직접적으로 영향을 미치는 영역뿐만 아니라, 직접적으로 영향을 미치지 않는 영역이지만 잠재적으로 영향을 미칠 수 있는 사회여론까지도 바라볼 수 있어야 한다. 그런데 그러기에는 물리적인 한계가 있다. 하루하루의 매출과 자금수급을 맞추기에도 시간이 벅찬 최고경영자가 사회여론 동향까지 매일 신경 쓰고 있을 수는 없다.

그렇다면 대안을 달리 찾아야 한다. 사람의 눈과 시각이 잠자리의 눈처럼 360도를 모두 주시할 수 없다면, 얼룩말이나 사슴무리가 활용하는 방식을 참고하는 게 현실적이다. 조직도 구성원 모두가 홍보적 관점에 따라 행동하면 얼룩말 무리나 사슴 무리가 양질의 풀밭을 발견하거나 포식자의

최고경영자는 잠자리와 같이 360도를 모두 주시할 수 있는 눈을 갖출 수 없다. 그렇다면 대안을 달리 찾아야 한다. 얼룩말 무리나 사슴 무리가 초원에서 집단의 눈으로 양질의 목초지와 포식자의 움직임을 감지하듯이 조직의 눈에 의존해야 한다. (출처 : 게티이미지)

움직임을 사전에 감지하듯이 행운과 불행의 전조를 빨리 감지할 수 있다.

조직구성원들을 어떻게 홍보적 관점에 따라 처신하도록 유도할 것인가? 최고경영자가 어느 날 직원들에게 "모든 업무를 사회여론에 비춰 합당한지를 판단해 행동하라"고 지시해서 해결될 문제는 아니다. 조직구성원들의 홍보적 관점을 높이기 위해서는 보다 현실적인 방법이 필요하다. 또한 일회성에 그치지 않고 연속성을 유지하기 위해서는 조직문화 개선 차원의 접근이 필요하다.

메기 한 마리

첫째, 홍보전문가를 의사결정 과정에 참여시켜야 한다. 그루닉과 헌트는 전문적으로 사회여론을 이해하고, 조직의 입장을 사회에 대변하는 홍보전문가를 조직의 의사결정 과정에 참여시킴으로써 대부분의 문제를 해결할 수 있다고 강조한다. 조직이 의사결정 과정에서 홍보전문가의 조언을 반드시 따라야 한다는 것은 아니다. 홍보전문가를 통해 '현안에 관해 사회여론이 어떻게 반응할 수 있을지'를 사전에 가늠해 보는 것 자체가 현실적으로 의미가 있다.

홍보전문가를 의사결정 과정에 참여시키면 조직의 의사결정 방식을 바꿀 수 있다. 이는 또 기업문화를 개선하는 효과도 가져온다. 대부분의 조직구성원들은 홍보전문가의 역할을 '결정된 의사를 사회로 전달하는 역할'로만 인식하고 있다. 이러한 인식은 홍보전문가가 내부정보를 외부에 유출시킬 수 있다는 우려와 경계심을 낳는다. 최고경영자가 홍보전문가를 의사결정 과정에 참여시킴으로써 현업부서와 홍보전문가 사이에 놓여 있는 심리적인 벽을 허물 수 있다.

홍보전문가를 의사결정 과정에 참여시키는 것은 일종의 '메기 효과 catfish effect'[10] 를 가져온다. 이는 이윤추구에 주안을 뒀던 기업의 기존 의사결정 문화를 홍보적인 쪽으로 바꾸는 데에 탁월한 효과를 발휘한다. 대표이사와 재무담당 임원, 생산과 판매, 인사, 노무 담당 임원의 공통점이 있다. 수익관점에 주안을 두고 사안을 판단하려는 성향이 강하다는 점이다. 이들은 대체로 현안을 판단할 때 '우리 회사에 이득이 되는 게 뭘까, 어떠한 조치가 수익을 더 많이 남길 수 있을까?' 하는 수익관점에 주안을 둔다. 홍보전문가는 생리적으로 이들에게 수익관점 이외에도 조직이 고려해야 할 다른 관점이 있음을 주지시킨다. 사람의 관점이다. 최고경영자와 임원들에게 의사결정과정에서 한 번쯤은 여론을 중심으로 현안을 판단하도록 자극한다. 조직이 의사결정과정에서 여론의 관점 혹은 홍보적 관점을 한 번쯤이라도 고려하느냐 여부는 사소할 것 같지만 큰 변화를 가져온다.

홍보감각 학습

둘째, 사소한 의사결정 사항이라도 사회여론의 예상 반응을 사전에 검토하도록 요구해야 한다. 홍보전문가를 의사결정 과정에 참여시켰다고 해서 조직 내 모든 행운과 불행의 전조를 가늠할 수는 없다. 대체로 다음과 같은 경우에서 한계를 드러낸다.

최고경영자와 홍보전문가가 위기를 사전에 감지하지 못하는 경우다. 조직 내 산재해 있는 많은 행운과 불행의 전조는 아쉽게도 최고경영자에게 사전에 보고되지 못하는 경우가 많다. 최고경영자가 사건을 인지하지 못한 상태에서 사건화 되는 경우다. 이는 조직구성원이 문제를 문제로 의식하지 못했음에 그 일차적인 이유가 있다. 그 다음으로 많은 사례는 어쩔 수 없이 끌려가는 경우다. 일이 다 진행된 이후에 홍보전문가가 문제를 제기해도 최고경영자가 이를 수용하기 어려운 경우가 생긴다. 삼성전자는 2016년 갤럭시노트7을 전량 리콜하기로 결정했다. 배터리 폭발사고가 여론화됐기 때문이다. 삼성전자는 갤럭시노트7을 출시하기 이전에 배터리 폭발 가능성을 몰랐을까? 알았을 수 있다. 그렇지만 최고경영자 입장에서 일말의 가능성에 대한 우려로 신제품 출시일정을 늦추자는 누군가의 주장만을 수용하기 힘들었을 것이다.

사회여론을 미리 고려할 때 신제품 출시를 연기하는 것은 현실적인 판단일 수 있다. 그렇지만 초기 논의 과정에서 홍보전문가는 연구소, 생산, 판매, 재무뿐만 아니라 법무를 담당하는 조직 내부 모든 관계자들과 엇갈린 입장에 놓인다. 최고경영자가 다른 내부 전문가들의 의견을 무시하고, 항시 홍보전문가의 입장에 따라 판단할 수 없는 경우가 더 많다.

이를 해결하기 위한 '단순하지만 효과적인 방식'이 있다. 일선 현업부서가 최고경영자에게 사업 보고를 하기에 앞서 홍보전문가의 검토를 거치는 방식이다. 사실 이는 그렇게 어렵거나 복잡한 일이 아니다. 일선 사업부서는 대체로 최고경영자에게 보고하기에 앞서 재무담당자나 법무담당자의 사전 협의와 검토를 거친다. 사업에 대한 경제적 판단과 법무적 판단을 사전에 진행하는 것이다. 이와 마찬가지로 사회여론에 관한 '홍보검토'를 추가하면 된다. 크게 낯설거나 어려운 일이 아니다.

조직문화는 홍보검토를 거치도록 하면 많은 것이 달라진다. 최고경영자 주재 회의의 의제로 상정되지 않는 많은 사안들을 사회여론의 관점에서 사전에 검토할 수 있게 된다. 이 뿐만 아니다. 일선 실무조직이 달라진다. 실무자들이 홍보검토에 대응하기 위해서는 사회여론의 예상쟁점을 스스로 가늠해야 한다. 사회여론을 이해하거나, 추진하는 사업을 사회에 잘 이해시킬 수 있는 능력을 학습한다. 홍보적 관점이 조직문화에 주입되는 변화를 가져온다.

의사소통 그물망

셋째, 사내여론의 예상 반응을 사전에 검토하도록 요구하는 것이다. 조직의 최고경영자 입장에서 조직구성원들을 홍보적 관점에 따라 판단하고 행동하게 유도하는 단초는 의외로 단순하다. 최고경영자가 직원을 조직구성원으로 간주하기에 앞서 사회구성원으로 인정하는 것이다. 직원을 사회구성원으로 인정한다는 것은 이들의 의견 또한 사회여론임을 인식하려는 데 있다.

현대 경영학은 이해관계의 내용이 다르다는 이유로 조직구성원을 외부의 '사회구성원과는 다른 사람들'로 구분한다. 홍보이론도 대체로 조직구성원을 '내부 공중'으로 규정해 '외부 공중'인 사회구성원과 구분한다. 이러한 구분의 근저에는 '직원은 조직의 일부'라는 생각을 전제로 한다.

그렇지만 이러한 이론에 앞서 인정해야 할 현실이 있다. 조직구성원도 사회여론을 형성하는 사회구성원이다. 조직구성원은 조직에 관한한 전문적인 식견을 지닌 사회구성원이다. 그게 무서운 얘기다. 조직이 사회여론에 휘말릴 경우, 조직구성원의 여론 향배는 사회적 파급력이 크다. 그 뿐만이 아니다. 조직구성원은 조직 내에서의 사소한 의사결정에 관해서도 사내여론을 형성하는 특별한 사회구성원이다. 국가통치자가 국민 여론을 무시하거나 간과하면 국가가 위험해진다. 최고경영자도 사내여론을 무시하고 경영을 잘하기 힘들다. 유능한 최고경영자는 사내여론을 능동적으로 관리해야 한다.

사내여론을 능동적으로 관리하기 위한 첫 단추는 '여론형성 구조'를 잘 짜놓는 데에 있다. 대표성과 권위를 지닌 사내여론의 그물망network을 형성하는 것이다. 대체로 세 가지 직원연대를 적절히 운영하는 게 바람직하다. 첫째가 종적연대다. 이는 각 조직의 입장이 반영된 부서 여론을 형성한다. 둘째는 횡적연대다. 직원협의체junior board, 간부협의체senior board 등과 같은 직급별 협의체를 활용한다. 셋째는 통합연대다. 대체로 노동조합이나 이에 준하는 전 직원협의체가 이러한 기능을 수행한다.

그물망을 제대로 운영해야 한다. 운영의 핵심은 이를 여론수용수단으로 만드는 것이다. 최고경영자는 그물망이 의견전달수단으로 전락하는 것을 경계해야 한다. 엘지그룹 사례는 사내여론 수렴을 위해 최고경영자의 의지가 얼마나 중요한 지를 드러낸다. 1990년대 엘지그룹 구본무 회장이 빠르게 경영권을 승계했던 성공 요인은 여러 가지가 있다. 그 가운데 돋

보였던 것이 적극적인 사내여론의 수렴이다. 구 회장은 계열사를 문화단위 culture unit로 묶었다. 계열사별로는 간부협의체senior board나 직원협의체junior board를 운영했다. 계열사를 문화단위로 묶거나, 협의체를 둔 것이 중요한 게 아니다. 구 회장은 협의체를 여론 수렴의 채널로 적극 활용했다. 수시로 문화단위와 노조, 직급별 직원 협의체에게 질문을 던졌다. '여직원들의 제복을 계속 입게 해야 하는가?', '문제의 계열사를 매각해야 할 수밖에 없다면, 직원들을 위해 우리는 무엇을 할 수 있는가?' 등과 같이 수많은 경영사안에 관한 의견을 구했다.

홍보적 관점은 조직문화를 어떻게 바꾸는가? 개방적 조직문화를 만든다. 사회여론이나 조직 내부여론이 조직의 의사결정 과정에 빠르게 반영되는 체질을 형성한다. 모든 조직구성원들이 최고경영자만을 바라보고, 최고경영자의 심기를 가늠해 처신하는 문화에서 탈피한다. 조직구성원들이 사회여론이나 사내여론을 기준으로 자신의 업무를 판단한다. 자신의 업무를 여론에 이해시키려 고민하거나, 개선의견을 제시하는 개방적이고 능동적인 문화를 만든다.

■9 　명리학이란 사주로 사람의 길흉화복을 예측하는 점술에 관한 학문이다.

■10 　'메기 효과catfish effect'란 강한 포식자의 등장으로 기존 집단이 활력을 가지게 되는 효과를 뜻한다. 정어리를 항구까지 신선하게 가져오기 위해 어항에 메기 한 마리를 넣어왔던 네덜란드 어부의 지혜에서 유래했다고 한다.

| 08 |
홍보적 관점은 조직의 평판을 가른다

인도네시아에서 석탄을 채굴해 많은 돈을 번 후배가 있었다. 일반인 들에게는 이름이 잘 알려지지 않았지만, 업계에서는 모르는 사람이 없을 정 도였다. 국제석탄가격이 하락하자, 그는 실적이 좋지 않은 국내 상장사를 인 수했다. 줄어든 석탄 트레이딩 수익을 보전하기 위해 그 회사에 자원사업을 붙여 주식시장에서 자본수익을 높이려 했다.

회사를 막 인수하고 나서 그를 만났을 때, 회사의 평판이 좋지 않다 는 점을 지적했다. 이를 하나하나 개선해야만 기대하는 성과를 얻을 수 있을 것이라고도 충고했다. 그런데 그의 생각은 달랐다. 회사의 실적구조상 석탄 트레이딩만 붙여도 주가가 몇 배가 오를 것이라고 자신했다. 소비재 브랜드 를 파는 것도 아닌데, 홍보나 이미지 관리에 비용을 들이지 않겠다는 자신의 주주가치 경영철학[11] 도 피력했다.

회사를 인수한지 1년이 조금 지나 그를 다시 만났다. 그는 기운 빠진 표정으로 지분을 팔고 회사 대주주에서 물러났다고 말했다. 국제석탄시세가 오를 때까지 권토중래해야겠다고 하소연했다. 회사를 인수하고 추가 증자를 하는 과정에서 수십억 원을 추가로 투입했지만, 건질게 별로 없다고 푸념했다. 수십억 원의 회사 빚보증만 떠안았다. 그가 잃은 것은 돈만이 아니다. 그는 불신의 꼬리표마저 달고 다녀야 하는 더 큰 손실을 입은 것이다.

홍보가 조직의 평판을 어떻게 바꾸느냐는 주제는 조직의 신뢰문제와 관계된다. 조직이 어떻게 신뢰를 받을 것인가의 문제다. 고객이나 일반 소비자, 주주나 일반투자자, 거래처나 시장, 지자체나 정부, 이익단체나 사회단체로부터 신뢰를 어떻게 받을 것이냐를 포괄한다. 본질적으로는 최고경영자가 조직구성원들로부터 어떻게 신뢰를 받을 것인가의 문제다.

자기개선 목소리

앞서 석탄 트레이딩 사업을 하는 후배는 홍보가 포함하고 있는 중요한 역할 하나를 간과했다. 홍보가 조직내부로 자기개선의 목소리를 전달하는 역할이다. 홍보는 조직의 행위를 사회에 이해시키려 노력한다. 이를 위해 언론에 보도 자료를 전달한다. 필요에 따라 증권사 애널리스트들에게 투자보고서를 제시하기도 한다. 그렇지만 조직의 의견을 외부에 전달하는 것이 전부가 아니다. 홍보는 외부의 반응을 조직 내부로도 전달한다. 사회가 요구하는 자기 개선의 목소리를 조직 내부로 전달하는 것이다. 그것이 다가 아니다.

홍보는 사람의 마음을 움직인다. 조직에 관한 '신뢰할 수 있는 근거'를 제시하고 다른 사람들을 이해시키는 것뿐만 아니라, '신뢰할 수 있다는 느낌'마저도 제시한다. 사람들은 대체로 다른 사람과 관계를 맺기 위해 두 가지 영역에서의 평판을 확인하려 한다. '능력'과 '호혜'다. 돈을 잘 벌거나, 머리가 좋거나, 권력이 있거나 하는 문제는 능력에 관한 문제다. '그 사람은 나와 좋은 관계를 유지할 수 있을 것인가? 나를 속이거나 일방적으로 피해를 입히지 않을까?'는 이 능력과는 별개의 문제다. 호혜에 관한 문제다. 사람들은 두 가지 영역에서 다른 사람을 평가한다는 것이다.

홍보가 '남들이 신뢰할 수 있는 느낌'을 제시한다는 말을 '남을 속이려는 행동'으로 오해할 필요는 없다. 자기개선을 통해 다른 사람이 정서적으로 신뢰할 수 있겠다고 느낄만한 근거를 제시한다는 것이다. 이는 사회여론을 축으로 스스로를 개선하겠다는 의지를 행동으로 실천함으로써 가능한 일이다.

호감과 비호감

좋은 조직이라는 평판은 어디에서 나오는가? 최고경영자의 생각을 들어보기 위해 중견, 중소기업 사장 100여명에게 '우리나라에서 제일 좋은 기업은 어디인가? 그 이유는 무엇인가?'를 물었다. 대부분의 사장들은 주저 없이 국내에서 제일 잘나가는 대기업을 꼽았다. 그 회사가 우수한 제품을 생산하고, 돈을 잘 벌고, 시가총액도 높다는 등이 대체적인 이유였다. 그런데 이들에게 다시 '당신이 가장 거래하고 싶은 좋은 기업은 어디냐?'고 묻자 그 대기업을 지목한 사람들이 절대 다수를 이루지는 않았다. '일반적으로 좋다고 인정하는 기업'과 '내가 관계 맺고 싶은 기업'은 달랐다.

'좋다'라는 느낌은 다분히 정서적이다. 자신과의 관계에 따라 '좋다'는 주관적 반응이 달라진다. 우리는 다른 사람에 대한 평판을 내릴 때 고려하는 것이 그 사람의 객관적 능력만이 아니다. 그의 객관적 능력만으로 나와 관계 맺을지 여부를 판단하지 않는다. 상대가 내게 호의나 호감을 보일지를 생각한다. 그 사람의 호의나 호감이 신뢰할 만한 관계로 발전할 것인지도 가늠한다. 미팅을 하고 온 친구에게 상대가 어떠냐고 물었을 때, 친구가 '그 사람은 머리 좋고, 돈도 많고, 훌륭한 부모도 가졌고, 옷도 잘 입더라'고만 얘기하면 답답해진다. 한 마디를 더 물어본다. '그래서 그 사람 어때?'라고. '나에게 잘해줄 것 같다'는 말을 들어야 잘 사귀어보라고 축하해 준다.

조직에 관한 좋은 평판은 우수한 능력에서만 나오지 않는다. 시장에 우수한 제품을 공급해 돈을 많이 번다고 평판이 좋아지지 않는다. 주식시장에서 주가가 높다고 해서 그 기업의 평판이 좋아지는 것도 아니다. '능력지표'만이 평판을 결정하지 않는다. 평판은 호의나 호혜성과 같은 '관계지표'에도 영향을 받는다. 관계지표를 좋게 관리해야 평판이 좋아진다. 다른 사람들에게 '관계를 맺으면 좋겠다'는 믿음을 심어줘야 한다. 다른 사람들에게 호혜성에 관한 믿음을 심어주는 행위가 곧 홍보.

좋은 평판을 위해서는 누구를 대상으로 먼저 홍보해야 하는가? 홍보에 신경 써야 할 일차적인 대상은 어떤 사람들인가? 조직구성원이다. 외부의 사회구성원은 그 다음이다. 대다수 최고경영자들은 외부사람들에게 우선해야 한다고 생각한다. 언론이나 소비자, 혹은 증권사 애널리스트나 투자자 등을 우선적으로 고려한다. 조직구성원들은 신경 쓰지 않는 경우도 많다. 그렇지만 답은 내부에 있다. 조직구성원들을 대상으로 한 홍보에 우선해야 한다.

조직구성원을 조직의 주체로 생각하는가? 그렇다면 주체를 우선적으로 신경 써야 한다. 조직 내부에 없는 신뢰를 밖에서 먼저 구해올 수는 없다. 조직이 조직구성원을 사회구성원으로 간주하는가? 그렇더라도 답은 동일하다. '조직의 사정을 제일 가까이에서 탐문할 수 있는 사회구성원'을 먼저 이해시키지 못하면서 사회여론을 이해시킬 수는 없다.

　　조직구성원들로부터 신뢰를 얻는 원칙은 단순하다. 조직이 하려는 바를 먼저 조직구성원들에게 물어보면 된다. 조직구성원들의 여론을 가늠하는 것이다. 조직이 추진하고자 하는 계획을 조직구성원들이 이해하지 못하면 이해시켜야 한다. 반대한다면 최대한 협의하고 설득해야 한다. 그래도 반대하면 조직이 추진하는 계획을 어떻게 바꿀지 다시 생각하는 것이다. 이것이 조직구성원들을 대상으로 한 홍보다. 조직의 좋은 평판관리는 여기에서 시작된다.

　　여기서 주의해야할 점이 있다. 지시를 홍보로 오인하는 환상이다. 조직 내에서 최고경영자는 정치권력에 상응하는 권위를 지니고 있다. 최고경영자의 설득은 자칫 지시가 될 수 있다. 홍보는 권위적 강제를 배제한 의사소통이어야 한다. 현실적으로 이는 쉬운 일이 아니다. 설득이냐 지시냐의 차이는 사실상 수용자의 감정에 따른 문제이기 때문이다. 최고경영자가 아무리 권위를 벗어버렸다고 주장하더라도 수용자인 직원이 이를 인정하지 못한다면 지시하달 이상의 의미를 갖추기 힘들기 때문이다. 이를 어떻게 극복할 것인가? 정해진 답은 없다. 단지 설득 심리학자들이 제시하는 귀 기울일 만한 충고는 있다. 이미 결정된 의사결정 내용을 직원들에게 전달하기 보다는 의사결정 과정에 참여하는 소통의 형식을 갖추라는 것이 그들이 제시하는 충고의 요지다. 소크라테스가 그의 제자들을 가르치기 위해 사용했던 대화법은 이의 대표적인 전형이다.

반복적인 의사전달을 홍보로 오해하는 환상도 경계해야 한다. 홍보는 의사소통 행위다. 의사소통은 합의점을 수렴해 가기위한 협의와 토론이다. 의사전달이 아니다. 반복적 설득은 강요다. 상대의 의식변화를 강요하는 측면이 있다. 강요는 홍보가 아니다. 조직 내부 여론을 대하는데 있어서 권위적 설득과 반복적 의사전달을 피하는 것이 관건이다.

내부의 동지와 내부의 적

위기에 처한 기업체 사장에게 '우선 조직구성원들에게 사정을 제대로 알려야 한다'고 말하면 부담감을 드러낸다. 그들 가운데 십중팔구는 '밖에서 전쟁이 벌어졌는데, 무슨 한가한 소리냐?'며 새겨듣지 않는다. 일부는 내부 보안을 거론한다. '내부 보안이 허술한데, 조직구성원들에게 경영상의 문제를 공개해도 되겠느냐?'는 입장을 보인다. 심지어 '직원들이 결속해 반발하는 더 큰 문제가 벌어지지 않겠느냐?'고 우려하기도 한다. 어느 정도 이유 있는 걱정들이다. 회사마다 처한 사정과 성장했던 배경이 다르기에 그럴 가능성도 있다.

그런데 수없이 많은 기업 위기관리 사례가 제시하는 교훈은 단순하고 명확하다. 기업이 위기에 처했을수록 조직구성원들을 먼저 이해시켜야 한다는 점이다. 구성원들에게 사정을 제대로 알리고 이해를 구해야 현명한 대안을 찾을 가능성이 크다. 그래야 내부의 힘을 합쳐 위기를 효과적으로 극복할 수 있다. 조직구성원들이 조직 안팎에서 벌어지는 일들에 관해 몰라서 화를 자초한 경우도 많다. 밖에서 들려오는 소리만을 들은 조직구성원들이 최고경영자를 못 믿게 되는 경우다. 조직구성원들이 내부기밀을 외부로 유출해 조직이 더 큰 피해를 당하는 일이 생기기도 한다.

조직구성원은 보안관리의 대상이다. 그렇지만 그 수위를 판단함에 있어서는 신중해야 한다. 조직구성원은 '보안관리를 강화하라'는 지시를 '조직이 나를 믿지 못한다'는 암시로 받아들일 수 있기 때문이다. 수년전 국내 굴지의 대기업은 보안관리가 크게 문제됐다. 최고경영자가 분식회계를 주도했다는 내부 제보로 검찰 수사를 받았다. 이에 전 계열사에 보안관리 강화를 지시했다. 그래도 소소한 내부 정보가 계속 외부로 유출됐다. 이에 회사는 특단의 조치를 내렸다. 전 임직원들 컴퓨터에 보안관리 프로그램을 설치했다. 이메일을 비롯한 모든 문서의 열람권한을 등급화 했다. 부서장이 아니면 옆 팀 직원이 무슨 보고서를 작성했는지조차도 볼 수 없도록 통제했다. 하지만 얼마 지나지 않아 이 회사의 최고경영자는 또 다른 내부 제보로 검찰에 끌려갔다. 그 최고경영자는 이로 인해 또다시 수년 동안 옥고를 치러야 했다.

조직구성원을 '정보원'으로 만드느냐, 아니면 '첩자'로 만드느냐는 오직 최고경영자에게 달려있다. 조직구성원을 첩자로 만들어서는 어떠한 답도 찾을 수 없다.

홍보가 조직의 평판을 어떻게 바꾸는가? 홍보는 조직구성원들에게 조직과 생사를 같이해도 배신당하지 않을 것이라는 믿음을 주는 데 있다. 최고경영자가 이를 원한다면 말이다. 사람으로 비유하자면 됨됨이가 올바른 '된 사람'이라는 신뢰와 믿음을 주는 것이다. 능력이 있거나 아는 게 많은 '난 사람'이거나 '든 사람'이라는 믿음을 주는 것은 그 다음 문제다. 홍보는 이를 가능하게 만드는 힘이 있다. 그 힘이 조직구성원들에게 홍보적 관점을 학습시키는 능력이다. 여론에 따라 자기를 개선하려는 의지를 갖추는 힘이다. 홍보는 최고경영자에게 조직구성원의 의견이 '특별한' 여론이라는 점을 일깨우는 힘도 있다. 홍보는 최고경영자에게 사회로부터 이해를 구하기에 앞서, 조직 내에서 먼저 이해 구하는 것이 중요함을 항시 일깨운다.

■ 11 '주주가치 경영철학'이란 주식의 가치를 극대화하는 데에 경영의 주안을 두는 경영 방식과 이를 근거로 한 기업경영 이념을 뜻한다. '주주 자본주의'에 따른 경영방식이라고도 한다.

| 09 |
홍보적 관점은 사회여론을 바꾼다

최고경영자에게 '사회여론을 중시해야 한다'고 말하면 이런 질문이 따라 붙는다. '기업이 좋은 제품을 만들어 합리적인 가격으로 공급하면 됐지 정치조직도 아닌데 왜 사회여론을 의식해야 하느냐?'는 질문이다. 대우그룹이나 한보그룹이 몰락했던 사례를 들먹인다. 기업이 사회여론을 지나치게 의식하면 정치적으로 해코지 당할 것을 우려한다. '기업의 경영에 신경 쓰기보다 정치에 기웃거리면 안 되는 것 아니냐?'고 반문하기도 한다.

경제학이나 경영학은 사람들에게 이러한 관념을 심어주는 데 기여했다. 기업이 따라야할 가치는 시장에 있으며, 시장원리에 충실해야 한다는 논리다. 소위 시장주의 관점의 논리다. 사회여론에 대해서도 마찬가지다. 이들은 사회가 공익을 이유로 기업의 활동을 통제하거나 시장에 개입해서는 안 된다고 말한다. 철저한 시장주의 관념을 따르려면 그래야 한다고 강조한다.

시장주의가 옳은지 그른지는 이 책에서 고민해야 할 주제가 아니다. 문제는 기업이 철저한 시장주의 강령에 따라 움직이지 않는다는 데에 있다. 다른 기업들이 그렇게 하지 않는다. 좀 더 냉정하게 얘기하면, 시장의 원칙대로만 따르는 기업은 환경에 도태된다. 사회가 기업에 공공 영역으로 들어오라고 종용했던 것이 아니다. 기업이 더 많은 이익을 추구하기 위해 스스로 사회 공공 영역에 개입하려 한다. 기업은 공공적 현안마저도 시장에서 경쟁 우위를 확보하려는 전략으로 이용하기 때문이다.

폐수 배출기준의 변화는 폐수설비 공급시장의 변화를 가져온다. 이를 역으로 설명하면, 정부의 보다 엄격한 폐수 배출기준은 우수한 폐수장비를 개발하거나 도입한 기업에 유리하다. 그렇지 못한 기업을 상대로 경쟁 우위에 설 수 있는 여건이 된다. 폐수 배출에 대해 보다 엄격한 기준을 적용해야 한다는 여론은 그 의도의 순수성과 관계없이 기업의 경쟁과 관련돼 있을 수 있다. 모략적이라고 오해할 필요는 없다. 기업의 변화관리 컨설팅으로 유명한 김위찬■12 교수는 저서 『블루오션 전략Blue Ocean Strategy』에서 이와 유사한 경우를 지목한다. 백열등을 못 쓰게 하는 사회 규범과 정부의 규제를 조성하는 것이야말로, 발광다이오드LED 전구제조업체가 블루오션을 찾는 가장 확실한 전략임을 강조하고 있다.[17]

이번 장에서는 '홍보는 사회여론을 어떻게 바꾸는가?'라는 논의를 통해 사회여론의 본질을 살펴본다. 조직이 자신의 성장과 발전을 위해 사회여론을 어떻게 관리해야 하는가를 논의한다. 같은 맥락에서 조직은 사회여론이 요구하는 사회적 압력을 어떻게 대응해야 하는지도 논의한다.

공중과 대중

정부 정책에 대해 의견을 표출하는 사람은 시민 혹은 공중이고, 특정 상품을 선호하고 구매하는 사람은 공중과 구별되는 소비자 혹은 대중이라는 구분은 다분히 관념적이다. 관념적 측면에서만 설득력이 있다. 이를 현실에 곧이곧대로 적용해서는 문제가 있다. 공중의 의견은 여론이고, 소비자의 의견은 여론이 아니라 선호도라는 구분도 그렇다. 논의주제가 정책이냐 상품이냐의 차이일 뿐이다. 논의주제가 상품인지 정책인지에 따라 사람들을 공중과 대중으로 구분해서는 문제가 꼬인다. 광화문 촛불시위에 참여한 사람들은 공중이다. 그런데 시위 중간에 배고파 근처 편의점에서 컵라면을 사먹었다. 그 사람은 공중 혹은 시민으로 분류해야 할까? 아니면 대중 혹은 소비자로 구분해야 할까? 이는 마치 시험문제 내용의 차이로 수험생을 구분하려는 것처럼이나 어수룩한 발상이다.

'나는 삼성 갤럭시노트7의 구매자이기에 갤럭시노트7을 선호하는 소비자다. 그래서 삼성 갤럭시노트7 리콜을 지지하거나 반대하는 공공 쟁점은 나와 무관하다'고 얘기하는 사람은 아무도 없다. 오히려 그 반대다. 삼성전자와 제품을 매개로 했건, 주식을 매개로 했건, 어떠한 형태로든 조직과 관계 맺은 사람일수록, 그 기업과 관련된 사회 쟁점에 관여할 가능성이 더 높다.

사회공동체 내에서 소비자와 공중은 같은 사람이다. 사회구성원 그 어느 누구도 나는 상품만 소비하는 소비자라는 표식을 달고 다니지 않으니까. 소비자를 공중과 구별되는 대중으로 부른다고 해도 달라질 것은 없다. 인구사회학적으로 대중과 공중을 구분할 수 있는 어떠한 경험적 근거도 없다. 현안에 따라 대중은 공중이 되고, 공중은 대중으로 전환할 뿐이다. 소비자와 공중을 선험적으로나 박약한 근거로 미리 구분해 놓지 말라는 얘기다. 이 보다는 '사람들이 어떠한 상황에서 기업의 쟁점을 공공적 차원에서 바라보게 되는지' 혹은 '어떠한 상황에서 공공 쟁점에 관여했던 사람들이 기업의 소비자로 전환하는지'에 관심을 갖는 게 더 낫다.

기업조직은 거래를 통해 사회구성원들과 이해관계를 맺는다. 재화와 용역을 매개로 구매자와 일반소비자와 이해관계를 맺는다. 주식을 매개로 주주나 일반투자자와 이해관계를 맺으며, 용역을 매개로 거래처나 공급처 등과 각각 이해관계를 맺는다. 기사와 광고협찬을 매개로 언론사나 대중매체와 이해관계를 맺기도 한다. 이해관계라는 표현을 추상적이거나 복잡하게 생각할 필요는 없다. 특정한 재화나 용역 혹은 가치를 매개로 이를 주고받는 거래관계다. 이해관계의 다른 표현이 거래관계다. 거래관계도 사회관계의 일부다.

이러한 점에서 기업과 사회관계에서 벗어나야 할 고정관념이 있다. 기업의 모든 사회관계를 거래관계로만으로 단정하려는 고정관념이다. 기업의 모든 사회적 관계가 이해를 주고받는 관계에서만 비롯됐다고 단정할 수 있을까? 그렇게 단정해서는 풀리지 않는 문제들이 너무 많아진다. 이 시각을 따르면 사회공동체 조차도 기업의 이해관계자가 된다. 국가공동체와 지역사회공동체를 모두 기업과 이익을 주고받는 거래대상으로 규정한다. 그런데 기업은 이익을 추구하는 '거래의 기계'이기에 앞서 사회구성원이다. 이익 추구를 목적으로 사람들이 인위적으로 결성한 조직이 기업이라고는 하더라도 기업의 모든 행위가 순수하게 거래적일 수는 없다.

기업도 사회구성원인 만큼 사회가 사회구성원들에게 요구하는 규약의 지배를 받는다. 국가공동체 관리를 위해 설정된 법을 지켜야 하고, 제도에 규제를 받아야 한다. 사회와 국가공동체가 요구하는 관습과 의무도 따라야 한다. 우리는 개인이 후원금을 내거나, 국방의 의무를 수행하는 행위를 거래행위로 규정하지 않는다. 길가다 쓰러진 행인을 위해 심폐소생술을 처치하는 개인의 행동 또한 거래 행위라고 규정하지 않는다. 그렇다면 기업이 지역사회를 위해 기부금을 내거나, 국가에 세금을 내는 것과 같은 책임과 의무에 따른 행위를 거래행위로 규정하는 것이 합당할까? 개인이 지역사회에 기부하는 것은 사회관계에서 비롯된 행위이고, 기업이 지역사회에 기부하는 것은 이해관계에서 비롯된 행위라고 단정할 수 없다.

　　기업은 사회공동체로부터 이해관계자이기에 앞서 사회구성원으로서 사회관계의 구속을 받는다. 개인과 국가공동체의 관리자인 정부와의 관계를 이해관계만으로 규정하는 사람은 없다. 국가공동체는 개인이 적응해야 할 환경이고, 정부는 그 환경을 관리하는 관리자일 뿐이다. 그렇다면 기업과 정부와의 관계도 거래관계로 한정할 이유는 없다. 기업의 모든 사회적 관계를 거래관계만으로 해석하려다 보면, 오히려 기업의 행위를 제대로 설명하지 못한다.

이기적 그네들

　　기업이 사회구성원들과 이해관계를 맺는다는 것은 언제든지 '여론의 도마'에 오를 수 있음을 의미한다. 어떠한 이유로 여론의 도마에 오르는가는 천차만별이다. 그렇지만 일반적 특징은 있다. 사회여론은 기업의 호혜성 여부를 평가의 잣대로 삼는다. 여론은 자신의 이기심만을 취하려는 개인이나 기업을 배척하려 한다. '이기적 그네들'을 응징하려 하는 속성이 있다는 것이다. 생태학자들은 모든 개체는 이기적이라고 얘기한다. 사람도 이기적이라고 본다. 그렇게 진화해 왔다. 나를 위한 이기심뿐만 아니라, 다른 사람의 이기적 행동을 견제하려는 이기심도 같이 진화해 왔다고 얘기한다. 여론은 인류 역사에서 이기적 그네들을 응징하는 가장 오래된 장치다. 이러한 점에서 여론에 관해 탈피해야 할 고정관념이 있다.

첫째, 사회여론은 공공의 쟁점이기에 사적 영역에 관여하는 하지 않을 것이라는 선입견이다. 여론은 시장질서와 같은 사적 영역에 깊이 개입한다. 기업이 고객과의 관계에서 제품보상수리를 등한시하고 폭리만을 취했다면, 고객이 외면해 매출감소로 이어져야 한다. 사실상 시장의 원리에 따르면 이렇게 진행되는 것이 진리다. 자유주의 경제 관점에서는 이처럼 시장의 원리가 제대로 작동하게 두고 보면 된다. 그렇지만 현실은 다르다. 고객은 그 기업과 제품에 등을 돌리기에 앞서, 기업의 이기적 행위를 직접적으로 견제하려 한다. 고객을 무성의하게 관리한 기업의 이기적 행동을 비난한다. 비난은 여론을 형성하고, 직접 기업에 책임을 요구하거나 사과압력을 행사한다. 그래도 기업이 말을 듣지 않으면, 정부가 나서서 해결하라고 촉구한다. 시장이 알아서 스스로 자정하는 것을 절대 기다리지 않는다.

둘째, 사회여론은 법이나 윤리와 같이 포괄적으로나마 공동체의 가치관에 영향을 받을 것이라는 오해다. 여론은 실정법의 울타리를 넘어서더라도 '이기적인 그네들'을 응징하려 한다. 한미약품[13]이 2016년 공시규정상으로는 크게 잘못된 대응을 했던 것은 아니다. 그래도 기업에 대한 부정적인 정보를 늦장 공시를 해 투자자들에게 피해를 줬다는 비난을 받았다. 여대생 청부 살해를 교사했던 영남제분 회장 부인의 처사는 뒤늦게나마 여론의 공분을 샀다. 여론은 법원의 일사부재리 원칙을 깨고 재심을 하도록 몰아갔다. 성난 여론은 이기적인 그네들을 응징할 마음만 먹으면 초법적인 조치도 서슴지 않는다.

셋째, 사회여론은 공공의 이익을 지향하기 때문에 사적 이해에 오염되지 않을 것이라는 환상이다. 미국에서 렉서스의 급발진 사고[18]나 삼성전자 갤럭시노트7의 배터리 폭발사고[19]는 사회여론을 들끓게 했다. 이로 인해 렉서스와 삼성전자는 천문학적인 리콜 비용을 감수하며 사회에 책임을 졌다. 그렇지만 거의 같은 시기에 유사한 소비자 피해를 일으킨 지엠자동차나 아이폰은 렉서스나 갤럭시노트7처럼 쟁점으로 부각되지 않았다. 지엠자동차나 아이폰의 사적 이해가 렉서스와 갤럭시노트7에 대한 비난여론이 확산되는데 촉매 역할을 했을 수 있다. 이들의 여론관리 노력이 렉서스에서 지엠자동차로 혹은 갤럭시노트7에서 아이폰으로 확산되는 것을 차단하는 데 역할을 했을 수도 있다. 여론은 누군가의 이해를 반영한다. 그 이해가 '순수한 공적인 충심'에서 비롯됐을 수도 있다. 플라톤의 '철인정치哲人政治'에서 나오는 철인哲人처럼. 그렇지만 대부분은 사적 이해에서 비롯된다. 사회여론과 쟁점은 본질적으로 사적인 이해를 기반으로 모여진 입장들의 대결구도다.

조직의 행위가 왜 사회여론의 쟁점으로 부각되는가? 왜 기업이 여론의 도마 위에 오르게 되는가? 능력이 모자라서인가? 아니면 돈을 많이 벌어서인가? 결론적으로 이야기하면 능력과 실적 등 객관적 실체가 여론의 도마 위에 올라가는 직접적인 이유가 아니다. 이는 부차적이거나 상황적 이유이다. 여론의 쟁점이 되는 요인은 '얼마나 많은 사람들과 폭넓게 관계를 형성하고 있느냐'하는 '사회관계 범위'와 '이기적이냐 호혜적이냐'하는 '사회관계 성향'과 관련된다. '사회관계 범위'과 '사회관계 성향'을 계측이 필요한 실증적 지표로 간주할 필요는 없다.

A기업은 B기업보다 사회관계의 범위가 넓다. 두 기업이 동일한 이기적인 행동을 했더라도 A기업이 더 심한 욕먹을 먹는다. 사회관계 범위가 넓은 기업이 여론에 부각될 가능성이 더 크다는 것 이상의 의미가 없다. 사회관계 성향에 따라서도 여론화는 달라진다. A기업이 B기업과 사회관계 범위가 비슷할 경우에는, 더 이기적으로 행동한 기업이 부정 여론에 시달리게 된다.

메타모포스

중소기업 최고경영자들은 '성장하는 기업규모에 걸맞게 홍보팀을 갖추고 여론을 관리하라'는 충고에 부담스러워한다. 최고경영자들은 대체로 여론관리 필요성을 인정하면서도, 여론을 관리하려 나섰다가 오히려 여론에 지탄받는 일이 생기지 않을까 걱정한다. 여론관리에 나설 여건이 아니라며 고사한다. 이런 판단은 홍보와 여론에 관한 잘못된 인식에서 비롯된 것이다.

기업의 홍보가 여론비판을 초래하는 것이 아니다. 대부분의 여론비판은 조직이 사회관계 외형이 달라졌음에도 기존의 폐쇄성을 유지하려는 데에서 비롯된다. 초등학생이 엄마가 싸주신 도시락을 혼자 챙겨먹더라도 욕을 먹진 않는다. 초등학생이기에 그러려니 한다. 성인이 돼서도 혼자만 챙겨먹으면 십중팔구 동료들과의 사회관계가 단절된다. 심지어 사장자리에 앉아서도 그처럼 처신하면 비난을 받는다. 이런 이치다. 몸은 커지는데 어려서 입던 옷을 계속 입고 있으면 솔기가 터진다.

여론비판을 우려해 여론관리를 하지 않겠다는 주장은 혼자서 도시락을 까먹기 위해 사장으로서의 역할은 안 하겠다는 투정과 다름없다. 홍보는 좋은 애기를 선전하기 위해서만 필요한 것이 아니다. 사회여론을 축으로 나의 행동을 개선하는 행위이기도 하기 때문이다.

홍보는 사회여론을 어떻게 바꾸는가? 홍보는 조직에 관한 우호적인 여론을 형성한다. 여론이 이해하지 못하고 있는 조직의 행위를 제대로 이해시킴으로써 여론을 우호적으로 돌린다. 또한 홍보는 여론을 이해시킬 수 없는 조직의 행위를 스스로 문제 삼는 '눈' 역할을 한다. 기업 스스로를 바꾸도록 유도한다. 이러한 과정을 통해 비판적이거나 적대적 여론을 중립적이거나 우호적으로 돌린다.

홍보는 사회여론의 압력으로부터 조직을 어떻게 보호하는가? 홍보는 조직이 경쟁자의 비판이나 사회여론의 압력에 대처할 수 있는 완충장치 역할을 한다. 기업에 대한 비판이 여론화되기 위해서는 쟁점화 과정을 거친다. 찬반의 논의가 일어난다는 것이다. 홍보는 쟁점화과정에 개입해 기업의 행동을 적극적으로 이해시킨다. 쟁점이 기업을 일방적으로 매도하지 못하도록 방어한다. 또한 이 과정을 통해 조직이 사회여론을 고려해 스스로를 변화할 수 있는 기회를 창출한다. 변화하는 상황에 맞춰 스스로를 개혁하지 않는 조직은 위험하기 때문이다.

기업이 적응해야 할 환경은 시장만이 다가 아니다. 시장도 그 뿌리를 사회공동체에 두고 있다. 사회 속에서 생겨나고 성장한다. 최고경영자는 사회와 시장을 바라보는 통합적 관점이 필요하다. 기업이 사회 환경에 적응하지 못하는 것은 시장에도 적응하지 못한다는 말이다. 사회여론을 이해하려는 노력이나, 이를 적극적으로 관리하겠다는 의지는 곧 환경적응력을 높이겠다는 말과 다름없다. 이처럼 홍보는 최고경영자에게 여론관리가 왜 중요한지를 일깨운다.

■ 12 김위찬은 프랑스 인시아드INSEAD 경영대학원 석좌교수로 동료인 르네 마보안Renee Mauborgne과 함께 『블루오션전략Blue Ocean Strategy』을 저술했다. 이 책은 43개 언어로 350만 부 이상이 팔려 나갔으며, 그는 세계적인 비즈니스 전략가 50인에 선정됐다.

■ 13 한미약품은 2016년 9월 30일 베링거 인겔하임과의 수출계약을 늦장 공시해 여론으로부터 크게 질타를 받았던 사례다. 한미약품은 그 전날 주식시장 마감 후 호프만 라 로슈의 자회사인 제넨텍과 1조원 규모의 표적 항암제 기술수출 계약을 맺었다고 공시했다. 그리고 다음날 오전 증권시장이 개장된 이후 30여분이 지나서 베링거 인겔하임과의 '올리타' 수출계약 해지를 공시했다. 문제는 '올리타' 계약해지 통보를 받은 시점이 9월 29일 오후 7시였다는 점에 있었다. 또한 이 내용이 한미약품과 계열사인 한미사이언스 직원들이 공시 이전에 정보를 외부로 유출했다는 점에서 도덕적 해이라는 질타가 들끓었다.

03
홍보주체

"인간의 행동은 의식의 결과물인 동시에 마음의 산물이다. 인간의 마음을 헤아린다고 해서 과학이 종교나 예술로 자리를 이동하는 것도 아니다."

| 10 |
홍보의 주체는 홍보전문가가 아니다

　　세상에서 제일 답하기 어려운 것이 '주체가 누구냐?'는 질문이다. 내 몸의 주체는 나다. 그렇지만 그 몸뚱이마저도 내가 원하는 대로 부리기가 쉽지 않다. 다니던 직장하나 그만두려 해도 처자식을 의식해야 한다. 생활비 걱정하며 가장으로서의 책임을 들먹이는 아내의 의견을 어쩔 수 없이 따르다보면 내 몸마저도 내가 주인이 아닐 수 있다는 의심을 해 본다. 나는 유전자의 종족번식 요구에 맞춰 살아가야하는 숙주가 아닐까하는 생각도 든다.

　　나에 대해서도 내가 주체인지 아닌지도 헷갈리는 마당에 공동체의 주체가 누구냐는 문제를 판가름하기는 더 어렵고 복잡하다. 국가공동체의 주인은 국민이다. 지금까지 교육받은 민주주의의 이상과 이념에 따라 국민인 내가 국가의 주인이라고 믿는다. 그렇지만 출근길에서 별 것 아닌 일로 고압적인 경찰관에게 쩔쩔매며 읍소했던 일을 생각하면, 국가의 주인은 경찰관인 것 같다. 내가 국가의 주인이고 주체라는 믿음은 어쩌면 헛된 관념에 불과할 수 있다는 생각도 든다. 국가의 주체 시비가 복잡하다면, 이번에는 기업의 주체 문제로 화제를 돌려본다.

기업의 주체는 누구인가? 상법상 기업의 주인은 자본을 댄 사람이다. 주식회사에서 기업의 주인은 주주이고, 다수의 지분으로 경영권을 확보한 대주주가 주식회사의 실질적 주인이다. 그런데 기업을 소유한 대주주가 기업의 주체인가에 대해서는 의문의 여지가 남는다. 그럴 수도 있고, 그렇지 않은 경우도 많다. 삼성의 주체는 대주주인 이재용 부회장인가? 혹은 에스케이의 주체는 최태원 회장인가? 쉽사리 그렇다고 인정되지 않는다. 더욱이 소유와 경영이 철저하게 분리돼 있는 케이티앤지KT&G[14]의 주체는 누구냐는 데 이르러서는 기업의 소유자가 기업의 주체가 아닐 수 있다는 점에 무게가 실린다.

통치구조
지배구조

'누가 홍보의 주체인가?' 하는 질문은 조직이나 공동체 운영의 주체가 누구인가 하는 문제다. 또한 '주체는 왜 주체가 아닌 객체들에게 주체인 것처럼 생각하고 행동하도록 요구하는가?'에 관한 얘기다. 같은 맥락에서 '주체는 객체들에게 조직의 주체라는 자아의식을 심어주기 위해 어떠한 노력을 하는가?' '이를 위해 홍보는 어떠한 역할을 수행하는가?'를 논의한다.

공동체의 주체는 통치자다. 공동체의 가치를 권위적으로 배분하는 힘을 장악하고 있는 통치자가 기업의 주체다. 통치자가 공동체의 주체라는 표현은 오늘과 같은 민주주의 시대에서 받아들이기 다소 껄끄럽다. 시장경제의 작동원리에 따라 운영되는 기업도 통치자가 통치한다는 표현은 다소 어색해 보인다. 그렇지만 엄연한 사실이다. 통치자를 다른 말로 표현하면 한 나라의 국가지도자다. 기업에 있어서는 최고경영자 혹은 대표이사나 사장이다. 민주주의란 통치자가 자신의 이익만을 위해 국가를 운영하는 전횡을 견제하기 위해 '민주주의적 방식'을 갖춘 정치체제일 뿐, 통치자에 의한 통치 그 자체를 부정하는 것은 아니다. 기업도 마찬가지다. 최고경영자의 판단에 의해 조직구성원이 자신의 노동 대가를 보상받는 것이지, 조직구성원들이 조직운영을 주도하지는 않는다.

통치자는 공동체를 효율적으로 운영하기 위해 관리조직을 운영한다. 국가공동체를 관리하기 위한 조직이 정부다. 기업에서는 이를 기업지배구조라고 표현한다. 국가공동체를 관리하는 정부와 기업의 지배구조가 실질적으로 공동체 운영의 주체며, 이들이 홍보의 주체다.

조직구성원인 직원은 기업 운영의 주체가 아닌가? 직원이 기업의 주체라는 표현은 선언적 구호에 불과하다. '고객은 기업의 왕'이라는 상징적 표현과 크게 다를 바 없다. 조직구성원은 조직의 관리대상인 객체일 뿐이다. 근대 경영학의 인사노무관리 이론은 조직이 직원들을 어떻게 잘 관리해 성과를 극대화하느냐에 있다. 테일러의 과학적 관리법의 핵심이 여기에 있다. 포드식 관리방식과 그 이후에 경영학에서 제시하는 수많은 과학적 성과평가와 보상체계에 관한 논의가 대체로 그 범주에 들어있다.

현대 경영학의 인사노무관리 이론은 점차 인간중심의 경영을 해야 한다는 쪽으로 수렴되고 있다. 강압이나 보상, 제도를 통해 직원을 부리려하기보다는 직원들의 자발적 참여의식을 북돋는 방식을 따라야 한다는 쪽으로 관심을 돌리고 있다. 조직문화를 경영해야 한다는 말이나 구성원들의 주체의식을 고양해야 한다는 등을 대안으로 제시한다.

다스리지 않아도
다스려지는 조직

이러한 인간중심의 경영에 관한 논의는 별로 새로울 것이 없다. 적어도 2,500년 이전부터 통치를 논하는 많은 경세가들이 통치자에게 충고해 왔던 내용이다. '힘으로 다스림은 법으로 다스리는 것보다 못하며, 법으로 다스림은 교화로 다스리는 것보다 못하다'는 공자孔子나 맹자孟子의 얘기를 상기할 필요가 있다. 교화로 다스린다는 것은 통치자가 인위적으로 다스리지 않더라도 스스로 다스려지는 무위이치無爲而治를 뜻한다. 직설적으로 표현하면 최고경영자가 지적하지 않아도 직원들이 스스로 먼저 알아서 성과를 극대화하는 관리방법이다. 이런 자율적 분위기를 만들기 위해서는 두 가지를 갖춰야 한다.

첫째, 구성원들이 처신해야 할 '기본 행동수칙'을 설정하고, 이를 구성원들로부터 인정받아야 한다. 기본 행동수칙이란 삼강오륜과 같이 아주 포괄적이면서도 기초적인 가치관이다. 우선 조직의 공통가치를 설정해야 한다. 이는 삼강오륜三綱五倫에서 삼강과 같은 벼리■[15]에 해당한다. 조직이 구성원들에게 요구하는 행위수칙이다. 여기에 더해서 공통가치를 기반으로 구성원들 사이의 행위원칙을 정해야 한다. 오륜과 같은 사적 윤리관으로서 구성원들이 서로서로 어떻게 처신해야 하는지를 정하는 행동수칙이다. 공통가치와 구성원 가치가 그물처럼 융합된 것을 공유가치shared value라고 하며, 공유가치에 따라 구성원이 처신하는 공동의 행동양식을 조직문화라고 표현한다.

둘째, 구성원들이 '나를 위한 나'로 규정하기보다는 '조직의 나'로 스스로를 인정하게 해야 한다. 조직구성원이 조직의 주체라는 의식을 확인시키는 것인데, 이를 '정체성 관리'라고 한다. 조직의 정체성 관리를 위한 프로그램은 다양하다. 그렇지만 이러한 프로그램은 대체로 구성원들에게 세 가지 차원에서 자기규정을 바꾸도록 유도한다. 첫째, 동질감이다. 나와 옆 동료, 그리고 회사 구성원은 같은 식구라는 동류의식과 친밀감이다. 둘째, 소속감이다. 나는 조직에서 역할을 수행함으로써 자아를 실현하는 구성원이라는 의식과 그러한 느낌이다. 셋째, 자긍심이다. 개인적인 나는 비록 보잘 것 없더라도 조직에서 생활하는 나는 멋지다는 의식과 그러한 마음이다.

최고경영자가 공유가치와 정체성을 잘 관리하는 것이 스스로 다스려지는 무위이치無爲而治의 조직을 만드는 길이다. 그런데 공유가치와 정체성 관리라는 말이 어렵고 와 닿지 않는다면, 이를 한 마디의 다른 말로 요약할 수 있다. 최고경영자가 '건전한 인간관계 풍토'를 형성하는 데에 초점을 맞추라는 것이다. 동료 간에 신뢰와 믿음을 공유하거나, 의무와 책임에 충실하고, 서로의 명예를 존중하는 게 대체로 건전한 인간관계를 실천하는 것이라고 표현한다. 건전한 인간관계 풍토란 이를 실천하는 것이다. 주체가 이를 제대로 따르지 않고, 직원인 객체에게 강요할 수만은 없다. 그러면 객체가 자의로 따를 리 없다. 결국 최고경영자와 기업지배구조가 건전한 인간관계를 위한 행동을 먼저 실천해야 한다. 통치자의 실천이 무위이치의 핵심 요체다.

건전한 인간관계 풍토

　　홍보는 조직의 공유가치 확산과 정체성 관리를 위해 어떠한 역할을 수행하는가? 홍보는 조직의 건전한 인간관계 풍토 조성을 위해 많은 역할을 수행한다. 홍보는 소통과 공유, 합의와 절충을 통해 물질적 보상으로 해결하지 못하거나, 법이나 제도로 처리하지 못하는 문제들을 해결한다. 이러한 역할은 대부분 홍보가 학문적으로 정치학 영역에 속해 있음에서 비롯된 것이다.

　　홍보는 최고경영자에게 부지불식간에 정치적 감각을 주입한다. 정치적 감각이란 공동체의 통치자로서의 공존과 타협의 감각이다. 사람들을 동지로 어떻게 교화시킬 수 있는지에 관한 능력이다. 또한 통치자가 사람들의 마음을 잘 헤아리고 감동을 줄 수 있는 감각이다. 이러한 정치적 감각은 경제적 감각 혹은 법이나 제도적 감각과 구별된다. 경제적 감각은 이해가 어디에 있는지를 아는 눈이다. 이를 조직관계에 적용하면 이익을 제시해 사람의 마음을 사는 동기부여 방식이다. 법과 제도적 감각이란 상벌을 어떻게 적용할지를 잘 아는 눈이다. 조직관계에서는 신상필벌의 제도로 사람을 통제

홍보는 조직이나 공동체의 건전한 인간관계 풍토 조성을 위한 역할을 수행한다. 이러한 역할은 홍보가 학문적으로 정치학 영역에 속해 있음에서 비롯된 것이다.

하려는 방식이다.

이익과 손해, 상과 벌을 명확히 함으로써 무위이치를 실현할 수 있다고 믿은 경세가가 한비자였다. 진시황제秦始皇帝는 한비자韓非子의 법치주의 이상을 정치현실에 시험했으나, 결국은 실패했다. 이에 대해 후세 유학자들은 한비자의 경제와 법에 의한 통치는 사람들을 손해와 벌을 피하는 동물로 만들었을 뿐, 사람으로서의 본분을 잊게 만든다고 비판한다. 통치를 잘하기 위해서는 경제와 법치가 아니라, 교화의 정치로 돌아가야 함을 일깨웠다.

한비자를 비판했던 유학자들처럼 현대경영학들도 매뉴얼과 규칙으로 조직을 관리하려 했던 테일러리즘이나 포디즘의 한계를 인식하고 있다. 이들이 직설적으로 표현하지는 않지만, 최고경영자의 조직관리도 결국은 정치적 감각에 따라야 한다는 점을 조심스럽게 언급한다.

홍보는 최고경영자의 공존과 타협의 의지를 구체적인 '이야기'로 조직구성원들에게 전달한다. 조직구성원들이 최고경영자의 의지를 직접 접하는 경우는 많지 않다. 대체로 경영철학이나 경영이념과 같은 추상적인 구호로 접한다. 혹은 최고경영자의 경영활동을 통해서 간접적으로 가늠할 뿐이다. 예컨대 김우중 전 대우그룹 회장의 '세계경영'과 같은 구호는 과도하게 상징화돼 있다. 구성원들이 '어디에 어떻게 공존의 메시지가 들어있는지'를 가늠하기 어렵다. 조직구성원들은 매일매일 일어나는 최고경영자의 모든 행동 속에서 '최고경영자의 의도'를 걸러내 이해하기 힘들다. 더욱이 이를 통해 감동을 받기란 사실상 불가능하다.

홍보는 추상적인 경영이념을 조직구성원들이 쉽게 이해할 수 있는 이야기로 풀어 전달한다. 추상적 구호나 선언 형태로 표현돼 있는 경영이념에 담겨 있는 뜻을 알기 쉽게 설명한다. 최고경영자의 행동이 지니고 있는 의미를 해석한다. 그 행동 속에 담겨있는 최고경영자의 마음마저도 전달하려 한다. 뿐만 아니다. 이에 대한 구성원들의 반응을 수렴해 다시 최고경영자에게 전달한다.

조직경영은 결국 통치다. 최고경영자는 조직구성원들의 관리를 어떻게 잘 할 것인가에 관한 답을 정치적 감각에서 찾아야 한다. 홍보는 '건전한 인간관계'를 추구하려는 최고경영자의 실천의지를 구성원들과 소통하는 수단이다. 최고경영자에게 소통을 위한 경륜과 실천방안을 제시하는 것이 홍보다.

■ 14 케이티앤지KT&G는 1989년 4월 담배 판매시장의 전면 개방에 따라 공기업인 한국전매공사를 민영화한 담배 제조기업이다. 이 회사는 소유와 경영을 철저하게 분리한 이사회 중심으로 회사를 운영하고 있다.

■ 15 벼리란 고기잡는 그물의 코를 꿰어 그물을 잡아당길 수 있게 하는 동아줄을 뜻한다. 여기서는 일의 뼈대나 근간이 되는 큰 줄거리라는 뜻으로 사용한 말이다.

11

정치적 감각은 철학인가 과학인가

수년전 직원들의 인력 구조조정을 준비 중인 한 기업의 경영회의에 참석한 적이 있었다. 인력 구조조정이란 그 표현의 미사여구와 관계없이 비정한 현실을 드러내는 용어다. 조직이 직원들을 퇴직시켜 비용부담을 줄이려는 행위다. 그날 회의에서 사장은 구조조정의 필요성을 강조했다. 지난 수년 동안 제조부문을 유지함에 따라 경영상 어려움이 커졌음도 설명했다.

재무담당 중역은 이를 극복하기 위해서는 생산인력 30% 수준을 구조조정 해야 한다고 제안했다. 이어 법률자문 변호사는 재무여건 상 회사가 구조조정을 단행할 수 있는 법적 기본 요건이 성립됐다고 평가했다. 단계적으로 직원 임금삭감, 무급휴가 확대, 명예퇴직 신청, 전직 유도 등 법적 요건과 수순에 맞춰 진행하는 게 바람직하다는 처방도 제시했다. 회의를 마치고 사장이 내게 의견을 물었다. 그는 '원칙과 매뉴얼만으로 풀지 못하는 게 사람 일'이라는 내 얘기를 귀담아 들으려하지 않았다. 자신이 고려했던 인력구조조정에 대해 시간당 70만원을 지불하는 대형 법무법인의 변호사가 진행해도 된다고 인정한 마당에, 보잘 것 없는 홍보대행사 사장의 충고를 귀담을 필요는 없다는 반응을 보였다.

그 회사는 이후 6개월에 걸쳐 차근차근 직원 구조조정을 단행했다. 그 후유증도 만만치 않았다. 생산부문 인력만을 정리하려 했을 뿐인데, 중국진출을 추진하던 인터넷 유통사업 부문과 모바일 게임 신규개발 핵심 인력마저도 대거 이탈해 두 사업 모두 중단해야하는 결과를 가져왔다. 이 뿐만이 아니다. 회사는 이어지는 투서와 제보로 인해 수차례에 걸쳐 국세청과 검찰, 금융감독원의 조사와 경고를 받았다. 대부분의 투서는 잘못된 내용을 담고 있거나, 음해성이었다. 그렇지만 이를 법적으로 대응하는 과정에서 적지 않은 변호사 비용을 지불해야 했다. 언론 보도로 기업과 사장의 평판에 적지 않은 생채기도 남겼다.

그 후 얼마의 시간이 지난 후에 그 사장을 다시 만났을 때에는 자신이 다니던 회사에서 물러나와 다른 인터넷기업의 기술이사로 근무하고 있었다. 그는 사람의 마음을 읽지 못하고 매뉴얼만으로 경영했던 것이 자신의 문제였음을 시인했다. 자신의 전공분야인 컴퓨터는 매뉴얼대로 운영해도 어긋남이 없고 명확한데, 사람은 그렇지 않더라는 때 늦은 후회였다.

정치적 감각은 철학인가 과학인가? 이 주제는 홍보가 의존하고 있는 실행의 감각인 정치적 감각이 사람의 마음을 어떻게 관리하는가에 관한 논의다. 다른 사람의 마음을 읽는 기술인 독심술讀心術에 관한 얘기가 아니다. 최고경영자가 다른 사람의 마음을 제대로 가늠하고 다스리는 무위이치無爲而治

를 실천하는 방법론에 관한 얘기다. 논리나 계산으로 사람의 마음을 사로잡을 수 없다면, 제3의 길을 찾아보자는 제안이다.

매뉴얼의 덫

정치적 감각은 사람의 마음에 울림을 주는 측면에서 '예술적 감각' 과 비슷하다. 예술은 이성적 논리와 경험적 계산이 지배하지 않는다. 오히려 사람들의 마음을 울리기 위한 감성적 창의성이 중요하다. 또한 사람들의 감동은 미처 예상치 못했던 결과로 증폭된다. 예술은 일상적인 관행과 산술적 규칙만으로는 사람들에게 감동을 줄 수 없음을 얘기한다. 정치도 마찬가지다. 철학적 논리나 과학적 계산에 따른 행동만으로는 사람들로부터 정치적 감동을 구하지 못한다. 무한한 상상력과 창의성을 곁들여야 감동을 구할수 있다. 이에 정치와 예술을 연애에 비유한다. 감동으로 사람의 마음을 탐하려는 것이 정치요, 예술이요, 연애다. 이러한 점에서 정치는 철학도, 과학도 아닌 미학적이다.

철학은 인간의 경험을 통한 인식의 한계에서 출발한다. 인간의 감각으로 경험한 사실로는 세상이 돌아가는 이치를 깨달을 수 없으며, 이를 가능하게 하는 것은 오직 이성임을 강조한다. 이성은 세상이 돌아가는 원리를 찾게 한다. 이성적 사고는 원리가 인간의 삶에 어떻게 영향을 미치거나 드러나는 지를 논리적으로 연역한다. 이를 과학과는 다른 학문이라는 점에서 '형이상학'이라고 한다. 이는 '무엇이 옳은 것이냐'와 같은 기본 원리principle 를 이성과 논리의 힘으로 연역한 규범rule으로써 인간을 관리하는 것이 바람직하다는 생각을 낳았다. 세상의 기본 원리를 제대로 이해하고 있는 철학자가 사회를 통치해야 한다는 플라톤의 주장이나, 이의 현실적인 대안으로 법과 제도를 제대로 정립해야 한다는 사고는 본질적으로 이러한 '형이상학적 패러다임'에 기초한다.

　법과 규범만으로 세상을 잘 다스릴 수 있을까? 그러기 위해서는 복잡한 사람들의 행동을 모두 규정하는 법과 제도를 얼마나 자세하게 완성해 놓아야 할까? 현실적으로 불가능하다. 철학자의 직관과 이성이 만들어 놓은 법과 제도를 사람들의 이기심이 따르지 않거나 오히려 이를 바꾸자고 압력을 행사할 때 이를 수용해야 할 것인가? 만약 수용한다면 이는 철학자의 직관과 이성이 잘못됐음을 인정하는 것이라는 점에서 오히려 권위에 심각한 타격을 받는다. 역사는 통치에 관한한 형이상학적 패러다임의 대안인 원리와 규범만으로는 인간사를 제대로 관리할 수 없다는 점을 확인시켜 왔다.

　한편, 과학을 있게 한 힘은 '경험적 사실'과 '인과관계의 법칙'이다. 경험과 인과성에 따라 세상을 바라보려는 시각이 '과학적 패러다임'이다. 이를 경험이 세상을 이해하는 수단임을 강조한 다른 표현인 '경험주의적 패러다임'이라고도 한다. 물에 열을 가하면 물의 온도가 올라간다. 일정한 온도 이상으로 계속 열을 가하면 물이 수증기로 증발한다. 이는 경험적 사실이며, 인과관계를 드러내는 자연과학적 현상이다. 이렇게 명료한 과학적 인과관계를 인간행동에 대입하려는 시도가 사회과학이다. 이는 당근과 채찍처럼 보상과 제재를 통해 인간의 행동을 일반화할 수 있다는 생각에 기초를 둔다.

　아쉽게도 인류는 아직까지 자신의 모든 행동을 설명할 사회과학적 일반이론grand theory이나 지침서를 완성하지 못했다. 끓는 물에 얼음이나 찬물을 넣으면 식는다. 이 인과관계 원리를 사람들에게 적용하면, 굶주림에 성난 사람들에게 금전적이거나 물질적 보상을 하면 화가 잦아들어야 한다. 이것이 과학이 제시하는 해결책이다. 그런데 이게 말같이 쉽지 않다. 보상으로 성난 민심이 가라앉을 수도 있지만, 오히려 화를 돋우는 일이 벌어지기도 한다. 어느 것 하나 인과관계에 따라 명확하게 설명되지 않는다. 당근과 채찍의 눈으로는 인간의 마음을 읽지 못한다. 사람의 마음을 읽지 못하면 행동도 제대로 이해할 수 없다.

톨스토이는 소설 『사람은 무엇으로 사는가』에서 인간을 인간답게 살게 하는 것은 경험적 현실도, 이상적 목표도 아닌 사랑과 연민이라는 단순한 '감정'에 있다고 얘기한다. 냉혹한 현실을 따뜻하게 이해하거나, 이상을 위해 자신의 목숨마저도 희생하는 용기를 끌어내는 것은 과학이 추구하는 이론이나 이성이 밝힌 원리나 규범에서 비롯된 것이 아니라는 것이다.

외줄타기 광대

사람들의 마음을 어떻게 이끄느냐에 달린 문제다. 사람의 마음이 곧 '민심'이다. 민심은 객관적 경험에 지배되지 않는다. 항시 이성적 원칙을 따르지도 않는다. 민심이라는 감정의 울타리에서 때에 따라서는 객관적 경험이나 이성적 원칙을 편의상 받아들일 뿐이다. 감정을 울리면 아무리 객관적인 사실이라도 무시한다. 민심이 감정에 동요되면 제아무리 명확한 윤리적 규범이라도 힘을 못 쓴다.

정치는 사람의 마음에 울림을 주는 예술이다. '옳다, 그르다'의 이성적 규범이나, '있다, 없다'의 경험적 사실에 천착하지 않는다. '싫다, 좋다'라는 사람들의 감성을 통해 경험적 사실을 재구성하고, 새로운 규범을 창조한다. 그래서 정치는 '감성적 패러다임'을 따른다. 정치는 주체와 객체간의 변화하는 관계 속에서 현상을 이해한다. 그래서 정치는 '상대주의적 패러다임'을 따르기도 한다.

　　최고경영자가 갖춰야 할 정치적 감각이란 무엇인가? 공자는 이를 과유불급過猶不及으로 표현했다. 정치학자인 중앙대학교 최영진 교수는 과유불급을 이렇게 해석한다. "동일한 행동이라도 결과는 상황에 따라 과할 수도 있고, 모자랄 수도 있다. 화가가 그림을 그리거나, 음악가가 작곡할 때, 과함과 모자람에 대한 판단은 논리적이거나 과학적이지 않다. 오로지 예술가의 미묘한 감각에 의존할 뿐이다. 정치도 이러한 예술적 감각으로 백미를 추구한다. 외줄타기 광대가 허공에서 균형을 잡아가듯이, 정치가도 예술가와 같은 감각을 발견하거나 만들어가야 한다. 아리스토텔레스가 정치의 핵심이라고 갈파한 중용이나, 공자의 과유불급이 다른 말이 아니다. 외줄타기 광대가 중심을 잡고 멋있게 다른 쪽으로 넘어가는 감성과 감각이 예술이며, 정치인 셈이다."[20] 이러한 점을 기초로 최 교수는 정치를 예술이자 미학적이라고 강조한다.

　　과유불급의 균형과 조화를 맞추려는 예술적 감각이 사람의 마음을 얻는 정치적 감각의 핵심이다. 최 교수는 예술적 창의성이 기괴함을 말하는

정치는 사람의 마음에 울림을 주는 예술이다. 이성적 규범이나 경험적 사실에 천착하기 보다는 본질적으로 감성이 경험적 사실을 재구성하고, 감성이 새로운 규범을 창조한다는 사실을 가르친다. 그래서 정치행위는 감성적 패러다임 혹은 상대주의 패러다임을 따른다고 본다. 작품은 김거민 화백의 회화작품이다.

것이 아니듯이, 정치적 기획이 모략을 뜻하는 것이 아니라고 강조한다. '주어진 상황변화 속에서 사람의 마음을 얻기 위해 모종의 적절한 선택과 행동을 실천하는 능력이 정치이며, 이것이 사람관리의 본질'이라고 설명한다.

정치적 감각은 어떻게 사람의 마음을 얻는가? 공자孔子의 『논어論語』와 손자孫子의 『병법兵法』이 오래전부터 그 답을 제시하고 있다. 이들은 각기 '나를 낮추되 결코 낮아지지 않는 방법謙讓之德'과 '싸우지 않더라도 싸움에 지지 않는 방법虛虛實實'을 얘기한다. 공자는 군주가 스스로를 낮춤으로써, 낮춘 만큼의 공백을 영향력으로 채울 수 있음을 간파했다. 손자는 적을 쫓아 다니기보다는, 적이 스스로 전쟁을 포기하도록 이끄는 묘책이 더 현명한 계책임을 강조했다.

말 자체로는 별반 새로울 게 없지만, 이 점이 공자와 손자가 군주에게 제시했던 통찰력의 핵심이다. 정치적 감각의 핵심이 상대성과 유연성에 있음을 특유의 추상적 표현으로 갈파한 것이다. 논어나 병법을 통해 이야기하려는 큰 주제에서 따져보면, 이 충고의 말들은 논리적으로 아이러니다. '어떻게 안정된 왕권을 만들 수 있느냐?'는 질문에 대해 '너 스스로를 낮춰라!'라고 충고하거나, '어떻게 강국으로 변신할 수 있느냐?'라는 질문에 '싸우지 않고 피하는 게 최선!'이라고 답한 것이다. 군주에게 '변화하는 민심과 상황에 맞게 상대적으로 대응하고, 유연하게 처신해야 한다'는 충고로 제대로 된 다스림을 일깨운 것이다.

홍보를 어떠한 용도로 이용하겠느냐하는 선택은 오로지 최고경영자가 취할 몫이다. 홍보를 상품을 선전하기 위한 수단이나 조직을 꽃단장하듯이 좋은 이미지로 포장하기 위한 수단으로 이용할 수도 있다. 혹은 기업을 건전한 조직으로 육성하고 사회공동체에 잘 적응하기 위한 통치와 정치의 수단으로 활용할 수도 있다. 현대 경영학이 홍보를 제품과 용역의 판매 수단으로 이해했다고 해서 홍보의 본질 자체가 변질된 것은 없다. 기업이 홍보를 제품과 용역의 판매의 수단으로 이용하기 시작했던 시절보다 수 천 년을 앞서, 혹은 그보다 수십만 년 이전부터 인류는 홍보를 정치와 통치를 위한 수단으로 이용해 왔기 때문이다.

12

'정치적 감각' 홍보는 사람의 마음을 움직인다

홍보는 본질적으로 '홍보적 관점'과 '정치적 감각'에 관한 얘기다. 홍보는 '현안에 관한 여론을 어떻게 읽어야 하는가?' 하는 홍보적 관점에 관한 얘기에서 시작한다. 또한 '이를 어떻게 대응해야 하는가?' 하는 정치적 감각에 관한 충고로 마무리한다. 이는 경제나 법과는 다른 각도에서 해법을 제시한다. 정치적 감각은 사람의 감정과 마음을 궁극적인 소구 대상으로 삼는다. 감성적 접근을 추구한다. 이성적 논리와 과학적 계산만으로 접근해서는 상황을 제대로 이해할 수 없다. 제대로 된 조치의 실행도 어렵다. 사람은 자극에 반응하는 단세포 동물이 아니다. 항시 원칙과 규정을 따르는 '행복한 인조인간'[21] 도 아니다. 합리적 조건과 원칙적 규범을 언제든지 떨쳐버릴 수 있다. 이들은 감성에 지배받는 사람이기 때문이다.

조직구성원이 감성적으로 받아들여야 구조조정도 원만하게 실현된다. 그래서 최고경영자는 정치적 감각이 필요하며, 인간의 감성을 울리는 정치의 예술을 추구해야 한다.

최고경영자에게 정치적 감각에 따라 처신하라고 이야기하면, 대체로 다음과 같은 반응이 이어진다. '책임 있는 경영인이 조직을 권모술수로 경영해서는 안 될 말'이라는 우려다. 현실정치에 염증을 느끼고 있는 사람들의 정서를 이해한다. 그래서 권모술수라고 머릿속에 자리매김한 정치를 '순수한 경제활동'에 적용하는데 대한 거부감도 이해 못할 것도 아니다. 그렇지만 정치가 권모술수라는 지적은 편견일 뿐이다.

중견 중소기업에 근무하는 직원 100여명을 대상으로 '언제 회사에 대한 충성심을 느끼느냐?'고 질문했다. 이들 대부분은 최고경영자가 인격적으로 믿음과 신뢰를 줄 때 회사에 대한 충성심을 가지게 된다고 답했다. 회사가 내게 안정적으로 급여를 제공할 것이라는 믿음이나, 회사가 앞으로 더욱 성장할 것이라는 믿음에 앞서, '최고경영자에 대한 인간적 신뢰'가 직원들의 충성심과 밀접하게 연관돼 있음을 알 수 있다.

이를 구태여 수치자료로 판별하지 않더라도 대변하는 말이 있다. '왕족이 충성심을 만든다Royalty makes loyalty'는 영국 왕실의 전통적 가르침이다. 지도자의 희생을 통해 구성원들의 충성심을 고취하는 것은 정치행위다. 이러한 정치적 행위는 권모술수인가? 사람들은 이를 '사회적 신분에 맞는 신성한 책임노블레스 오블리주'이라고 평가하지 권모술수로 폄훼하지 않는다. 이처럼 최고경영자의 모든 정치적 감각에 따른 행동이 권모술수가 아니다. 권모술수로 비난받지도 않는다.

이번 장에서는 '정치적 감각은 어떻게 사람의 마음을 움직이는가?'

라는 주제를 통해 홍보가 어떻게 조직구성원들의 감성에 울림을 가져오느냐에 관해 논의한다. 예술적 감각에 따른 행동은 어떻게 '스스로를 낮추더라도 낮아지지 않는 상황'을 만드느냐는 것과 관련이 있다.

마음의 울림

첫째, 어떻게 스스로를 낮춰야 하는가?

예술적 감각이 펼치는 첫 단은 '더 잘해주고 싶지만 그러하지 못해 미안한 마음'에 있다. '상대를 배려하려는 어진 마음'을 표현하며 자신을 낮추는 것이다. 최고경영자는 낮춤의 공백을 영향력으로 채워야 한다. 그냥 아무 생각 없이 직원들과 책상크기를 똑같도록 조치한다고 마음을 얻는 게 아니다. 직원을 섬기겠노라고 발을 씻겨주거나, 직원식당에서 밥을 같이 먹는다고 해서 되는 일도 아니다. 스스로를 낮추는 행동은 상대에 대한 배려와 어진마음을 제대로 전달할 때에만 울림을 가져온다. 조직구성원들의 '마음의 울림'이 있어야, 이들로부터 조직에 대한 배려의 마음을 끌어낼 수 있다.

맹자는 이를 측은지심惻隱之心으로 표현했다. 왕과 백성 간의 측은지심을 공유하는 것이 왕도정치의 이상을 실현하는 길이라고 설명하면서, 군주가 먼저 백성들에게 측은지심惻隱之心과 겸양지덕謙讓之德을 표출해 한다고 강조했다.

이쯤 되면, 홍보를 논하며 공자와 맹자의 경전을 운운하는 것이 고리타분하다는 비난도 나올 수 있겠다. "결국 기업을 공자와 맹자가 이야기한 도덕률에 의거해 경영하라는 것이냐?"는 반문을 받을지도 모른다. 이는

『논어』와 『맹자』에 관한 그릇된 관념에서 비롯된 오해다. 이 책은 윤리적 경전經典이기에 앞서, 한비자의 『한비자』나 손자의 『병법』과 같은 경세서經世書다. 경전으로 읽으려면 도덕적인 좋은 이야기만을 담고 있는 것처럼 보이지만, 서로 상충되는 개별적 이야기들을 전체 맥락에서 바라보면, 아주 구체적이고 현실적인 대안들을 드러낸다. 맹자의 이 측은지심에 관한 사고가 대체로 그렇다.

사람을 사랑해야 한다는 신념을 지닌 맹자조차도 군주가 모든 통치 행위에 측은한 마음을 우선해야 한다고 얘기한 것이 아니다. 맹자는 적군이 침략하는 데 적군을 화공으로 제압하자니 불쌍하고, 수공으로 몰살하자니 측은해 결국은 평지에서 싸워 대패한 왕의 행동을 바람직하지 않다고 비판하며, 이는 측은지심이 아니라 어리석음이라고 평한다.■16

맹자는 백성들의 측은지심을 끌어내기 위해 왕이 먼저 측은지심惻隱之心을 표출하라고 강조한 것이지, 측은함으로 다스리는 측은지치惻隱之治를 얘기하려 했던 것이 아니다. 잘못한 백성을 엄벌하지 말라는 얘기가 아니다. 벌에 처하더라도 군주인 자신은 항시 '백성에게 더 잘해주고 싶지만 그러하지 못해 미안하다'는 마음을 잃지 말고, 그 마음을 표출해야 한다고 가르쳤던 것이다. 맹자의 주장은 교화의 수단, 혹은 홍보에 비중을 둔 것이다.

'사랑 없는 남녀 간의 성관계는 공허하며, 성관계 없는 남녀 간의 사랑은 무의미하다'는 어느 3류 멜로드라마 주인공의 대사가 있다. 구태여 비유하자면 낮춤의 미학도 이에 빗대어 볼 수 있다. 측은지심을 표출하지 못한 낮춤은 공허하며, 낮춤을 표출하지 않는 측은지심은 무의미하다. 마음을 제대로 표출하지 않은 형식적인 배려의 행위는 공허하다. 상대의 마음을 울리지 못하기 때문이다. 또한 상대를 배려하겠다는 마음만 지니고 이를 적절한 행위의 그릇에 담아내지 못한다면 의미가 없다.

지도와 나침반

둘째, 정치적 감각을 발휘할 수 있는 기본 조건은 무엇인가?

조직의 객관적 여건과 여론 향배에 대한 정확한 이해다. 정치적 감각에 따른 조치는 상황여건과 상대적 입장에 따라 대응전략을 유연하게 적용하는 것이 핵심이다. 이 말을 다시 표현하면, 조직이 처한 상황과 여건을 명확히 이해해야 적절한 전략을 추구할 수 있다는 것이다. 정치적 감각의 발휘 대상인 민심, 즉 조직 내부 여론을 정확히 알아야 적절하게 실행할 수 있다. 고정된 원리나 일반화된 지침을 갖추지 않는다고 해서 좌표마저 갖출 필요가 없다는 것이 아니다. 오히려 그 반대다. 주체와 대상의 상대적 거리를 가늠할 수 있는 좌표확인을 더 중시한다.

최고경영자는 현재 조직이 처한 여건의 객관적 지표를 이해하고 있어야 한다. 대체로 조직의 최고경영자는 자신의 조직에 관해 잘 알고 있다고 생각한다. 그렇지만 막상 위기관리 컨설팅을 진행하다보면 최고경영자가 모든 현안을 꿰고 있지는 못한 경우가 많다. 최고경영자가 관심이나 의지가 없어서라기보다는, 기존의 업무관행과 소통방식에서 비롯된 경우가 많다.

최고경영자는 조직 내부 여론의 향배와 경중을 세세하게 가늠하고 있어야 한다. 이 또한 최고경영자가 얼마나 홍보적 관점에 충실해 조직을 운영해 왔느냐에 달려 있다. 최고경영자가 시시각각으로 변화하는 여론의 추세를 따라가지 못하면, 백방의 노력이 모두 허사로 돌아갈 가능성이 더 크다. 최고경영자는 이처럼 조직의 객관적 여건과 변화하려는 방향과 대상 여론의 객관적 위치와 변화추세에 따른 상대적 위치에 맞는 적절한 대응을 취해야 한다.

조화와 균형

셋째, 최고경영자는 언제 누구에게 어느 정도의 배려심을 표출해야 하는가?

상황과 입장에 따라 그 정도를 달리해야 한다. 이것이 정치적 감각이 펼치는 예술의 세 번째 묘미다. 이에 관한 일관된 규범이나 지침은 없다. 이것이 있다면 이는 예술적 감각일 수 없다. 변화하는 상황과의 상대적인 입장 속에서, 언제 어떻게 낮춰야 할지를 유연하게 가늠할 뿐이다.

고전을 통해 참고할만한 지침이 있다. 『병법』는 이에 대한 단초를 제시하는데, 대체로 이러한 내용이다.

첫째, 물리적으로 가까운 상대에 우선하고, 단계적으로 먼 상대로 확산한다.
둘째, 적대감이 낮은 상대에 우선하고, 적대감이 높은 쪽으로 확산한다.
셋째, 물리적으로 먼 상대에 우선함으로써 그 힘으로 가까운 상대를 교화한다.
넷째, 적대감이 높은 상대에 우선해 그 힘으로 적대감이 낮은 상대를 교화한다.
다섯째, 적대감이 높은 상대를 높게, 적대감이 낮은 상대를 낮게 배려한다.
여섯째, 적대감이 낮은 상대를 높게 배려해 적대감이 높은 상대를 교화한다.

이 여섯 개의 문장은 서로가 모순되고 이율배반적이다. 형이상학적 패러다임에 있어서는 이러한 공리는 원칙을 모르는 사람의 궤변이며, 경험주의 패러다임에 있어서는 이론화를 역행하는 말장난이다. 그렇지만 현대의 군사 전략가들도 손자를 궤변가나 무책임한 이야기꾼으로 보지 않는다. 오히려 '상대가 있는 전쟁'에 관한 그의 유연한 전쟁에 관한 통찰력을 높이 평가한다.

변화와 파격

넷째, 최고경영자는 어떻게 마음의 울림을 극대화하는가?

공자는 사람의 마음을 울리는 것은 상식을 뛰어넘는 조치에서 나옴을 지적한다. 예컨대 공자의 다음과 같은 일화는 이를 단적으로 드러낸다. 공자가 송나라 땅을 지나다 범인으로 오해받아 병사들에게 둘러싸이자 제자인 자로子路,B.C.543~B.C.480가[17] 맞서 싸우려했다. 공자는 이를 만류하며, 범인으로 오해받은 것 또한 내 부덕의 결과이자 운명이라며 노래를 부른다. 노래 세 곡을 부르니 병사들이 물러서더라는 일화다. 공자가 어떠한 노래를 불렀는지는 이 책의 주제가 아니다. 공자는 사람의 마음을 움직이는 큰 울림은 상대의 예상과 상식을 뛰어넘는 조치에서 나온다는 가르침을 몸소 보인 것이다.

손자는 『병법』에서 이를 아예 못 박아 설명한다. 손자는 장수가 군사를 사지로 몰아서는 안 된다고 주장한다. 그러면서도 사지진입死地進入이나 배수의 진背水之陣도 '상대가 전혀 예상하지 못할 것이라는 상황에서는' 승리를 이끌 수 있는 유능한 장수의 전략이라고 강조한다. 상대가 전혀 생각할 수 없는 불가예측의 조치가 군사운용의 핵심이라는 것이다.

■ 16 맹자에 나오는 송 왕의 어리석음에 관한 얘기다. 송나라가 외적의 침입을 받았다. 이에 장수들이 수공水攻과 화공火攻을 제안했으나, 송 왕은 잔혹하다는 이유로 이를 듣지 않았다. 평야에서 접전을 벌인 송 나라 군대는 수적인 열세로 크게 패했고, 왕은 목숨을 부지하지 못했다. 맹자는 이를 빗대어 송 왕은 측은지심을 실천한 것이 아니라, 어리석은 행동을 한 것이라고 갈파했다.

■ 17 자로子路는 공자의 제자로 이름은 중유仲由다. 원래 무뢰한으로 성장했으나 공자의 문하생으로 들어온 이후 헌신적으로 공자를 섬겼던 인물로 알려진다.

| 13 |
'정치적 감각' 홍보는 조직문화를 바꾼다

앞서 '홍보적 관점이 조직문화를 어떻게 바꾸는가?'라는 논의를 통해 홍보는 조직문화를 개방적으로 변화시킨다고 강조했다. 홍보적 관점은 최고경영자에게 사회여론이나 조직내부 여론을 빠르고 정확하게 감지할 수 있는 눈을 뜨게 한다. 여론에 따라 조직의 행동을 견줘본다. 여론을 이해시키지 못하면 조직의 행동을 변화하도록 조언한다. 홍보는 조직문화를 능동적면서도 개방적으로 바꾸는데 일조한다.

최고경영자가 홍보적 관점에 더해 정치적 감각까지도 갖추면, 조직문화는 어떻게 바뀔까? 조직은 권모술수와 이전투구가 난무하는 정치권의 세속적인 양상으로 흐를까? 그렇지 않다. 오히려 그 반대의 모습으로 바뀔 가능성이 크다. 최고경영자가 정치적 감각에 따라 조직의 공동가치 이념과 조직구성원의 정체성을 관리하면, 조직구성원들도 '조직과 남을 배려하려는 어진마음'에 따라 행동하고, 그러한 조직문화를 만들어간다.

배려의 문화

정치적 감각은 최고경영자의 조직관리 이념을 바꾼다. '당신을 더 배려하고 싶지만, 그렇지 못해 미안하다'는 남을 배려하려는 어진 마음을 조직이념에 투영한다. 이러한 마음을 기반으로 조직이념을 설계하거나 재해석한다. 정치적 감각은 최고경영자로 하여금 조직 정체성 관리를 위한 조치들의 효과를 높인다. 조직구성원들의 동질감이나 소속감, 자긍심 등은 모두 마음의 문제다. '최고경영자를 구심점으로 동질감을 갖고', '최고경영자가 운영하는 조직에 대한 소속감을 높이며', '최고경영자의 철학과 이상에 자긍심을 느끼는' 조직구성원들의 마음을 얻게 되는 것이다.

평소 알고 지내던 대기업 사장이 있었다. 그 회사는 정부투자회사에서 민영화된 기업이었기에 그는 전문경영인이었다. 그는 탁월한 경영감각으로 여러 가지 신제품을 생산해 경영성과를 높였다. 국내시장뿐만 아니라 해외에서도 발군의 실적을 올렸다. 그런데 항시 자신을 음해하는 투서가 문제였다. 이에 따른 수사기관의 조사와 언론 보도에 시달렸다.

대책을 묻는 그의 질문에 '퇴직 임원에게 따뜻한 마음을 전하라'고 충고했다. 그는 과거 젊은 나이에 사장으로 발탁되면서, 자신의 선배들을 대거 정리하며 세대교체를 주도했던 바 있었다. 사장은 세대교체로 기업의 경영성과를 가져왔지만, 기업의 경영성과로 떠나보낸 선배들의 마음마저 구할 수는 없었다. 이러한 이유로 퇴직한 선배들을 만나 차라도 한 잔 같이하며 미안하다는 마음을 전하라고 강조했다. 퇴직 선배들의 마음속 앙금을 헤아리지 않는 한, 조직구성원에게 사장의 포용력에 대한 믿음을 심어줄 수 없다는 말도 덧붙였다.

그런데 그 사장의 자존심은 자신을 비방하고 다니는 선배들에게 머리를 숙이려는 것을 허용하지 않았다. 퇴직한 선배들을 자신이 몸담았던 조직에 해악을 끼친 사람들이라는 생각이 지배했기 때문이다. 그 후 그는 3년 동안 음해투서와 검찰조사에 시달리다가 결국은 임기를 다 마치지 못하고 중도 사퇴하는 비운을 맞았다. 5개월 넘게 구치소에서 생각과 마음을 가다듬을 기회도 가지면서 말이다.

후임 사장도 50세의 나이에 사장자리에 올랐다. 그 또한 해외사업과 마케팅에서 능력이 검증된 유능한 인재였지만, 전임 사장의 측근이라는 꼬리표를 벗어날 수 없었다. 사장으로 선임되는 과정부터 그 이후까지 줄곧 검찰조사와 부정기사에 시달렸다. 그는 전임 사장의 측근이라는 꼬리표를 어떻게 떼어낼까를 걱정했다. '어떻게 대응해야 하는가?'라는 그의 질문에 전임사장뿐만 아니라 전임사장에 의해 퇴직했던 선배들에게 문의하고 도움을 구하라고 충고했다. 그들의 대답이나 방책은 중요하지 않다. 그들의 마음이 중요하다는 점을 강조했다.

후임 사장이 사장으로 선임된 지 1년이 되는 시점에 그와 조출하게 저녁자리를 가졌다. 어느새 서슬이 시퍼렇던 검찰의 조사도 잦아졌고, 줄지어 날아들던 투서도 잠잠해졌다. 그는 밝은 얼굴로 퇴직 선배들과 있었던 지난 일들을 안주삼아 털어놨다. 처음에는 찾아가기 껄끄럽고 두려운 마음을 떨칠 수 없었다고 한다. 그런데 막상 찾아가서 도와달라고 사정하자, 냉랭했던 분위기가 거짓말처럼 따뜻해지더라는 것이다. 한 선배는 그를 배웅하며

"사장이 이렇게 직접 찾아올 것이라고는 생각도 못했다. 후배인 당신이 도와 달라는데 선배인 내가 어찌 안 돕겠는가. 전임 사장에 대해서 마음의 앙금은 있었지만, 그렇다고 내가 몸담았던 조직을 저버린다는 생각을 해 본 적이 없었다"며 오히려 찾아와준 자신에게 감사해 하더라고 술회했다.

이번 장과 이어지는 몇 개의 장에서는 '최고경영자의 정치적 감각은 조직문화를 어떻게 바꾸는가?'라는 주제를 논의한다. 실리와 이해를 계산해서는 명분을 얻지 못한다. 명분을 논리로 따져서는 공감을 얻지 못한다. 오히려 마음을 울려야 공감을 얻고, 공감을 얻어야 논리에 명분이 선다. 명분이 서야 비로소 이해를 나눌 수 있다. 이처럼 매일 해가 뜨고 바람이 부는 것 같은 사소한 진실을 어떻게 실천이념으로 갖추겠느냐는 문제를 다룬다.

또한 '최고경영자가 이를 구체적으로 어떻게 실천에 옮겨야 하는가?'를 논한다. 정치적 감각을 통해 조직구성원의 정체성을 어떻게 바꿀 수 있는가하는 현실 조치에 관한 문제다. 정치적 감각을 어떻게 발휘해야 조직구성원들로부터 '최고경영자를 구심점으로 동질감을 갖고', '최고경영자가 운영하는 조직에 대한 소속감을 높이며', '최고경영자의 철학과 이상에 자긍심을 느끼는' 마음을 끌어낼 수 있는가를 설명한다. 이 말이 복잡하고 어렵다면 다음과 같은 말로 쉽게 정리할 수 있다. '최고경영자가 어떻게 조직의 건전한 인간관계 풍토를 조성하느냐?'는 것이다.

중견 중소기업 사장 100여명을 대상으로 '경영철학이나 이념이 무엇이냐?'고 물었다. 그리 놀라운 일도 아니지만, 이들 중 많은 수가 '우리 회사에는 경영철학이나 이념이 없다'고 대답했다. 사람인 이상 '내가 어떻게 살아야지'하는 생각이나, '나는 어떻게 처신할거야'라는 행동기준이 없을 수는 없다. 하물며 최고경영자가 '어떻게 살아야하고 어떻게 행동해야 한다'는 기준이 없을 리 없다. 사장들이 없다는 것은 경영철학이나 경영이념을 표현하는 구호나 슬로건이 없다는 말로 받아들이면 적절할 것이다.

사장들은 '직원들이 사장인 자신의 생각을 잘 이해하고, 이에 따라 행동한다고 생각하느냐?'는 질문에 대해 대부분이 아니라고 답했다. 왜 직원들이 사장의 생각을 잘 이해하지 못하는지, 혹은 왜 잘 안 따른다고 생각하는지는 이 장에서 논의하려는 직접적인 주제가 아니다. 또한 사장이 받은 느낌이 그렇다고 해서 실제 그 기업 직원들 가운데 몇 명이 사장의 뜻을 얼마나 잘못 이해하는지, 몇 퍼센트 직원이 잘 안 따르는지를 객관적으로 판별할 이유도 없다. 어차피 사장의 직원에 대한 느낌과 이미지일 뿐이다.

문제는 많은 사장들은 직원들이 자신의 뜻을 제대로 이해하지 못한다고 생각하고 있다는 점이다. 사장들은 직원들이 스스로 알아서 행동하지 못한다는 답답함 속에서 경영을 하고 있음을 드러냈다. 이를 단적으로 표현하면 '내 맘대로 되지 않는 게 직원'이라는 인식을 지니고 있다는 것이다. 자식조차도 내 뜻대로 되지 않는 게 세상사 이치다. 하물며 피한방울 섞이지 않은 직원이 내 뜻대로 행동하는 것을 기대하는 것은 어쩌면 지나친 욕심일 수도 있다. 그래도 개선해야 한다면 어떻게 바꿀 수 있을지를 생각해 보자는 것이다. 또한 경영학과 행정학이 이에 대한 적절한 해결방안을 제시하지 못했다면, 그 답을 다른 영역인 정치학에서 찾아보자는 것이다.

경영철학과 조직문화

최고경영자는 조직이념을 어떻게 설정하는 것이 바람직한가? 정치적 감각은 최고경영자에게 배려의 마음을 모든 경영활동의 기본으로 삼아야 한다고 충고한다. 사람을 존중하고 배려하고 사랑하겠다는 마음가짐을 기본으로 세우지 않고서는 아무런 길도 찾을 수 없다. 구태여 공자의 이야기를 언급하면 '어진 마음으로 기본을 세워야 길을 찾을 수 있다建本而生道'는 말이다. 이를 단순히 윤리교과서의 글줄로만 받아들일 필요는 없다. 통치를 어디서부터 시작하느냐의 문제다. 조직관리의 시작을 경영철학과 이념을 세우는 데에서부터 시작해야 한다면, 수익에 앞서 조직구성원을 어떻게 다뤄야하는가를 정립해야 한다. 조직구성원을 배려하는 어진 마음을 이념 속에 포함시켜야 한다는 말이다.

'인재, 기술, 인류공헌, 인재와 기술을 바탕으로 최고의 제품과 서비스를 창출해 인류사회에 공헌한다.' 잘 알려진 국내 한 대기업의 경영이념이다. 이는 열심히 일해서 국가경제 발전에 보탬이 되겠다는 '산업보국産業保國'이나, 일등만이 살아남는 냉정한 현실 속에서 일류 인재를 육성해 일등 제품을 생산하는 초일류기업으로 거듭나겠다는 '일등주의一等主義'에 비하면 다소 편한 느낌으로 받아들일 만하다. 그럼에도 이 세 개의 구호들은 공히 결과와 목적을 지향한다. 목적지향적인 경영이념이 좋거나 나쁘다는 것은 아니다. 단지 목적 추구를 위해 '틀에 짜인 수단으로서 인간을 보고 있다는 느낌'을 주지만, '따뜻한 인간적인 느낌'마저 주지는 못한다는 게 문제다.

앞선 소개한 대기업의 경영이념 구호와 '나를 알고, 채 하지 말며, 남을 생각할 줄 알고, 마음으로 말하자!'라는 구호를 비교해보면 그 차이를 명확하게 느낄 수 있다. 이는 어느 중소기업의 경영이념이다. 내 본분을 스스로 깨닫고, 진실 되며, 남의 입장을 생각해 처신할 줄 알고, 남이 말로 이야기하지 않더라도 먼저 다른 사람의 뜻을 헤아려 행동하겠다는 뜻이다. 자기 성찰과 남에 대한 배려의 마음을 지니고 살자는 따뜻한 느낌을 전달한다.

경영이념 구호는 말 그대로 구호일 뿐일 수 있다. 앞선 대기업 최고경영자가 딱딱한 구호와는 달리 오히려 따뜻한 배려의 마음을 앞서 실천할 수도 있고, 중소기업의 최고경영자가 따뜻한 구호와는 달리 냉혈한처럼 처신할 수도 있다. 그러나 한 치의 다름이 있다. 해당 대기업 최고경영자가 가끔씩 따뜻한 마음을 표출할 수는 있더라도, 따뜻한 마음을 잠시라도 잊으면 안 된다고 스스로를 경계하지는 못한다. 마찬가지로 중소기업 사장이 냉혈한처럼 처신할 수는 있더라도, 냉혈한처럼 처신해서는 안 된다는 경계심이 없어지는 것은 아니다. 이 털끝만한 미묘한 다름을 놓치면 결과적으로는 하늘과 땅만큼의 차이를 가져온다.

그 미묘한 다름은 대체로 평상시에는 잘 드러나지 않는다. 오히려 조직이 어려움에 처했을 때 그 미묘한 차이가 드러나는 경우가 더 많다. 이를 어떻게 알 수 있는가? 평소 조직구성원들에 대한 배려를 실천했던 최고경영자는 위기상황에서 더 당당하게 처신한다. 또한 조직구성원들은 최고경영자의 과감한 위기대응 행동을 믿고 따른다. 최고경영자가 위기에 직면해 더 당당할 수 있는지 혹은 그렇지 못한지 여부는 그의 평소 신념과 처신에 따라 달라지는 경우가 많다는 얘기다.

공의휴公儀休는 춘추전국시대 노魯나라 재상이었다. 마침 노나라 임금이 죽자 좌우 신하들이 백성들의 반란을 두려워하며 궁궐 문을 잠그려 했다. 이에 공의휴는 좌우 대신들에게 이를 만류하며 이렇게 말한다. "닫지 마시오. 백성들에게 세금을 과하게 부과하지 않았고, 법령을 가혹하게 내린 적도 없소. 마음속으로 가늠해도 옳지 않은 짓을 하지 않았는데 무엇

때문에 궁궐 문을 닫는단 말이오!" 공의휴는 옳았고, 노나라 백성들은 평온을 유지했음을 역사가들은 기록하고 있다.

'정치적 감각' 홍보는 조직 정체성마저도 바꾼다

화장과 꽃단장

근 10여 년 전의 이야기다. 우리나라 휴대폰 시장에서 잘 나가던 중소기업이 있었다. 호출기 제조업체에서 출발했던 그 회사는 휴대폰 시장에 뛰어들어 크게 히트를 쳤다. 이 회사는 이를 기반으로 대기업의 구조조정 과정에서 분리한 휴대폰 계열사를 인수했다. 이를 놓고 세상 사람들은 '새우가 고래를 삼켰다!'며 그 회사가 얼마나 잘 나갈지를 질시어린 눈으로 바라봤다. 그 회사에 새로 합류한 대기업 출신 직원들은 공공연하게 '썩어도 준치'라며 최고경영자나 기존 직원들을 무시하며 서로 섞이길 거부했다.

하루는 최고경영자로부터 기업 정체성 관리방안 설계를 도와달라는 연락을 받았다. 자료를 챙겨 경영회의에 참석했는데, 회의를 시작한지 불과 10여분 만에 회의는 기업 정체성에 관한 논의에서 기업 로고의 디자인 논의로 흘렀다. 외형적으로 성장한 기업규모에 걸맞은 기업이미지가 어때야 하느냐를 한참 논의했다. 회의를 마친 최고경영자가 흡족한 마음으로 내게 의견을 구했을 때, '기업 로고를 멋지게 바꿔서 조직구성원들이 일심동체가 될 수 있다면, 삼성전자 중역이 아쉬움을 품고 퇴직해 이 회사처럼 중소기업으로 왜 왔겠느냐'고 대답했다. 눈에 띄는 번듯한 로고나 심벌이 조직 정체성의 실체가 아니다. 관건은 내용이다. 수면위에 드러난 빙산은 일부에 불과하다. 겉모습을 그럴듯하게 꽃단장 했다고 해서 속살이 바뀌는 게 아닌 이치와 같다. 꽃단장으로 피부를 바꿀 수 없다. 하물며 마음을 바꿀 수는 더 없다.

최고경영자의 표정은 굳어졌다. 그리고는 다음날 경영회의를 다시 소집해 경영이념과 정체성 관리방안을 다시 짜도록 지시했다. 3개월 후 그 회사는 최고경영자의 의지가 담겨있는 '존경받는 기업'이라는 이념을 수립했다. 존경받는 기업으로 발전하기 위해 최고경영자가 직원들의 의견을 존중하겠다는 뜻과 직원들 서로가 존중하는 문화를 만들면 좋겠다는 의견을 담았다. 또한 그는 이를 스스로 실천했다. 얼마동안 거의 매일 구내식당에서 점심을 먹으며 대기업 출신 직원들로부터 시장에 관한 식견이나 기술관련 의견을 들으려 했다. '그리고도 많은 일'이 있었다.

불과 3년이 채 지나지 않아, 이 회사를 놓고 새우가 고래를 삼켰다는 얘기는 사라졌다. 회사 안에서도 '썩어도 준치'라는 말이 더 이상 나오지 않았다. 뿐만 아니다. 새로 인수한 회사를 증권시장에 공개했으며, 국내 2위의 대기업 휴대폰 제조업체와 대등한 경쟁을 벌이는 회사로 성장했다.

'정치적 감각은 조직 정체성을 어떻게 바꾸는가?'라는 주제는 최고 경영자가 자신의 이념을 조직구성원들에게 정착시키기 위해 어떠한 노력을 해야 하는가에 관한 논의다. 그 노력은 계산적이거나 논리적이지 않다. 주어진 정답과 교본도 없다. 다분히 정치적이고 감각적이다. 앞서 소개한 중소기업 최고경영자가 구내식당에서 직원들의 의견을 들은 것 이외에 '그러고도 많은 일'과 같은 정치적 감각에 따른 조직관리를 의미한다.

영혼 없는 행군

현대 경영학이나 행정학은 조직이나 최고경영자에게 지니는 조직구성원의 충성심을 은근슬쩍 논의의 중심에서 제외하고 있다. 이는 충성심이라는 감성적 결과물을 경험주의적 패러다임에 따른 계산과 논리로 구체화시켜 설명하기가 어렵다는 현실적 한계에서 비롯된다.

이들은 조직구성원들의 조직에 대한 충성심이 어떻게 생겨나며, 얼마나 생겨나는지를 보지 못한다. 기업문화 혹은 조직문화라는 유사하지만 다른 분석틀을 제시한다. 충성심이라는 사람들의 마음을 직접적으로 분석할 수는 없으나, 조직문화의 특성을 분석하면 충성심이 높거나 낮을 수 있는 여건을 추정할 수 있다는 것이다. "정체성이 높은 조직문화에서는 조직 구성원들이 최고경영자에 대한 충성심도 높다"는 전제를 암묵적으로 강요한다. 이러한 전제 속에서는 조직문화와 충성심이 어떻게 연관되는지를 가늠하기조차 어렵게 만들 뿐이다.

현대 경영학이나 행정학 이론이 제시하는 조직문화 관리를 위한 대안도 거의 천편일률적이다. 한 축은 최고경영자의 철학과 이념을 바로잡아야 한다고 시작해서 조직의 슬로건을 정립해야 한다고 주장한다. 이를 시각적인 로고로 표현하는 디자인 개편 쪽으로 전개한다. 또 다른 축은 새로 정립된 경영철학과 이론을 조직구성원들에게 전파해야 함을 강조한다. 조직문화 캠페인, 체육대회, 최고경영자의 연설과 강연, 최고경영자의 옷차림과 매무새를 정비하는 소위 프레지던트 아이덴티티president identity 프로그램, 사회봉사활동 프로그램 등으로 전개한다.

최고경영자는 자연스럽게 '권위 있는 이론'을 그대로 따른다. 중간 간부들은 비싼 돈을 지불한 컨설턴트들의 조언을 따른다. 그리고 조직구성원들은 상부의 지시를 따른다. 조직구성원들은 이 과정에서 새로 바뀐 상호를 가슴에 달고 새로 정한 경영이념 슬로건을 기억하지만, 그렇다고 조직이나 최고경영자에 대한 충성심이 예전과 달리 생겨나지 않는다. 오히려 이리저리 끌려 다니는 행사와 강연을 불편해한다.

중간관리자도 상호를 바꾸고 캠페인을 진행하는 것이 조직구성원의 의식이나 감정을 얼마나 바꾸고 있는지 가늠하기 어렵다. 단지 전문가가 '점차 개선되고 있다'고 말하니까, 그럴 것이라고 믿을 뿐이다. 최고경영자는 숨 가쁘게 돌아가는 조직문화 캠페인 행사에 참석하느라 분주해진다. 점차 영혼 없이 연설문을 낭독하거나 상투적으로 회식에 참석하기도 한다.

최고경영자는 '뭔가 바뀌고 있느냐?'고 질문해 보지만, 경영 컨설턴트들은 문화를 바꾸는 것은 하루 이틀에 성과가 나오는 게 아니라며 지속강행을 충고한다. 최고경영자는 어쩔 수 없이 영혼 없는 행군을 계속한다. 조직구성원들의 마음을 남겨두고 미지의 동굴로 들어가는 것이다.

엿장수의 노력

조직문화는 조직문화고, 최고경영자에 대한 충성심은 충성심이다. 최고경영자가 조직 정체성 관리에 신경 써야하는 이유는 조직구성원들로부터 충성심을 구하기 위함이다. 조직에 대한 충성심을 넘어서, 최고경영자에 대한 충성심을 이끌어 내려는 것으로 정체성 관리의 백미에 이른다. 최고경영자가 조직구성원들의 충성심을 구하려고 하면서 엉뚱한 작법을 들이밀 필요는 없다. 조직구성원들의 충성심을 구하려는 최고경영자의 정치적 감각과 이에 따른 노력만이 조직구성원을 충직하게 만든다.

앞서 휴대폰 제조 중소기업 최고경영자가 진행했던 '그러고도 많은 일'이 어떠했는지를 한 마디로 풀면 '내 생각이 진심이라는 것을 직원들에게 매 순간 감각적으로 드러내는 것'이다. 이러한 정치적 감각에 따른 행동이 체득되지 않았다면, 몸에 익기 전까지는 의도적인 기획과 연출도 필요하다. 엿장수도 시장사람들에게 감동을 주기 위해 가위로 장단을 맞추는 연습을 한다. 손이 부르트고 손톱이 빠질 정도로 노력한다. 하물며 최고경영자가 조직구성원들에게 감동을 주기 위해서라면 기획과 연출, 각본과 각색을 갖추고 몸에 익혀야 한다. 노력이 진정성을 훼손하지 않는다. 감각으로 체화된 행동이 아니면 오히려 진정성을 의심받는다.

사랑하는 애인의 호감을 끌어내기 위해서도 감동을 주려는 많은 노력과 정성을 들인다. 하물며 최고경영자를 위해 어떠한 개인적 희생도 감수하겠다는 조직구성원의 충성심을 구하기 위해서라면, 그에 상응하는 노력과 정성을 들여야 한다. 노력과 정성 없이 얻으려 한다면, 이는 파렴치한 것이다. 거저 얻거나 우연히 찾아오는 행운은 결코 없다. 조직구성원의 충성심은 최고경영자가 정치적 감각으로 펼친 예술의 결과며 노력의 결과다.

최고경영자가 감각적으로 익혀야 할 영역은 크게 두 가지다. 첫째, 조직구성원의 충성심을 높이는 동질감과 소속감, 자긍심 간의 조화와 균형을 어떠한 상황에서 어떻게 조절해야 하느냐. 둘째, 최고경영자가 자신의 조치와 관리조직의 조치를 어떻게 유기적으로 조화시키느냐. 이를 상황에 맞게 적절하게 조절하는 감각적 행위가 충성심을 구하는 핵심이다.

최고경영자는 조직구성원들과의 상대적 위치 속에서 동질감과 소속감, 자긍심의 미묘한 균형과 조화를 유지하며 충성심을 이끌어내야 한다. 동질감은 소속감을 높이고, 자긍심을 높인다. 소속감은 동질감을 높이고, 자긍심을 높인다. 또한 자긍심은 동질감을 높이고, 소속감도 높인다. 이 세 가지의 감정은 대체로 서로 상승작용을 일으킨다.

따라서 최고경영자는 동질감을 울려 소속감과 자긍심을 높여야 할 때와 상황, 그리고 이를 위한 적절한 조치를 어떻게 취해야 하는지를 감각적으로 찾아야 한다. 또한 소속감을 끌어올려 자긍심과 동질감을 높이거나, 자긍심을 울려 동질감과 소속감을 끌어올리는 때와 상황, 적절하게 취해야 할 조치를 이해해야 한다.

그것만이 아니다. 충성심이 어떻게 훼손되는지도 이해해야 한다. 동질감이 소속감과 자긍심을 넘어서서는 안 된다. 동질감만 과하게 높이면 소속감을 훼손시키며, 자긍심도 낮춘다. 소속감과 자긍심도 마찬가지다. 소속감을 과하게 높이면 동질감이 훼손되고 자긍심을 잃는다. 자긍심을 과하게 높이려하면 소속감이 훼손되며 동질감도 낮아진다. 이들의 세 가지 감정 간의 균형과 조화를 어떻게 유지해나가느냐가 핵심이다.

최고경영자는 필요에 따라 이 세 가지 감정의 균형을 깨뜨릴 수도 있어야 한다. 대응해야할 상황에 따라 동질감을 소속감이나 자긍심에 앞세우거나, 소속감을 동질감이나 자긍심보다 앞세우는 파격을 일으켜야 한다. 세 가지 감정의 균형과 조화를 이루되 파격을 취하는 것 또한 최고경영자의 판단과 미묘한 정치적 감각에 따른다.

이밖에도 최고경영자는 관리조직을 통해 조직구성원들에게 전달하는 조치와, 자신이 조직구성원들을 직접 상대하는 조치를 가려서 사용할 줄 알아야 한다. 최고경영자는 대체로 관리조직을 통해 자신의 뜻과 의사를 조직구성원들에게 전달한다. 그렇지만 때에 따라서는 조직구성원을 직접 상대해 의사를 전달하기도 한다. 이 두 가지 방식을 상호보완적으로 사용해야 할 상황과 상호 대립적으로 사용해야 할 상황을 이해하고, 이를 감각적으로 활용해야 한다.

마음의 울림

관건은 최고경영자가 사람들의 생각을 어떻게 마음속의 울림으로 증폭시킬 수 있느냐에 있다. 충성심이라는 상위의 개념이나 이를 지탱하고 있는 동질감, 소속감, 자긍심은 결국 마음의 문제다. 최고경영자는 구성원들이 지닌 동류의식을 동질감이라는 감정으로 증폭시키거나, 역할의식을 소속감으로, 호혜의식을 자긍심으로 어떻게 전환할 수 있는지를 이해해야 한다. 또한 이해하는 것에 그쳐서도 안 된다. 이를 실천하기 위해 노력해야 한다.

다음에 이어지는 몇 개의 장에서는 최고경영자가 조직구성원들의 충성심을 구하기 위해 감각적으로 체득해야 할 방법들을 구체적인 사례를 들며 소개한다. 첫째, 동질감과 소속감과 자긍심이 어떻게 형성되며 이를 구하는 방안을 소개한다. 둘째, 최고경영자가 이들 세 가지 감정의 조화와 균형을 다스릴 수 있는지를 소개한다. 셋째, 최고경영자의 직접적인 조치와 관리조직을 통한 조치를 합하고 나누며 충성심을 이끄는 종합 예술적 감각을 소개한다.

| 15 |
최고경영자는 조직구성원들과의 동질감을 어떻게 구할까

동질감은 너와 내가 같다는 생각인 동류의식에서 나온다. 동류의식은 대체로 같은 피를 나눴거나, 그게 아니면 적어도 같이 한솥밥을 먹고 생활하는 행동이 있어야 형성된다. 이를 '유전적 친족관계'와 '빈번한 상호관계'라고 한다. 조직에서는 대체로 빈번한 상호관계로 동류의식을 형성한다. 사람들 사이의 접촉빈도를 높여야 동류의식도 높아진다는 얘기다.

동류의식과 동질감

동류의식이 형성됐다하더라도 반드시 그 의식이 동질감이라는 감정으로 증폭되지는 않는다. 이를 어떻게 해결할 것인가? 최고경영자가 조직구성원의 동류의식을 동질감이라는 감정으로 어떻게 하면 바꿀 수 있는지가 첫 번째 고려사항이다. 또한 최고경영자를 구심점으로 조직구성원들의 동질감을 어떻게 모을 수 있는지도 관건이다. 이것이 두 번째 고려사항이다.

이에 관한 매뉴얼은 없다. 그렇지만 기본 전제를 충족시켜야하는 요건은 있다. 최고경영자가 조직구성원들과 접촉하는 절대적인 빈도를 높이는 것이다. 매뉴얼이 없다고 해서 기획이 없어서도 안 된다. 밥을 같이 먹는 접촉을 통해 어떻게 감동을 줄 수 있는지에 대한 고려가 있어야 한다. 예상하지 못한 식사자리를 기획하거나, 우연치 않은 만남을 식사자리로 이어가는 등 예측 불가한 최고경영자의 조치만으로도 직원들에게 감동을 줄 수 있다. 의식을 정서로 증폭시킬 수 있다는 것이다.

매일 점심시간을 비워놓고 부서별로 돌아가며 점심식사를 같이하는 조치 같은 접촉 그 자체로는 감동을 주지 못한다. 오히려 조직구성원들에게 부담만을 남길 수 있다. 그렇다고 누구를 만나는데, 누구를 만나지 않는다면 소외감을 남긴다. 접촉을 고려함에 있어서도 외줄타기 광대가 바람에 따라 무게중심을 나누듯 미묘한 정치적 감각에 따라야 한다.

최고경영자가 조직구성원들과의 접촉을 어떻게 감동의 무대로 연출할 수 있는가? 이 또한 원칙이나 매뉴얼이 없다. 정치적 감각에 따라야 한다. 설명과 충고가 필요한 상황에서는 얘기를 해야 하고, 조직구성원이 주장과 요구를 앞세우려는 상황에서는 경청해야 한다.

최고경영자인 내가 주장하고 싶을 때 들어야하며, 듣고 싶을 때 얘기해야 한다. 이 과정 속에서도 '더 해주고 싶지만, 그렇지 못해 미안하다'는 배려의 마음을 은연중에 전달하는 것을 잊으면 안 된다. 그리고 이 모든 조치들이 언제 어느 때던 상투적이거나 같아서도 안 된다.

수년전 한 대기업 총수의 건배제의로 인해 생겼던 에피소드가 있다. 그가 사석에서 처음 건배제의를 했을 때 많은 직원들이 감동을 받았다. 당시 그 총수는 경영권이 위태로운 상황이었다. 그 고심을 반영해서 '나는 회사다, 회사는 나다!'라는 구호를 건배제의사로 외쳤다. 모두 술잔을 들고 총수가 '나는!'이라고 외치면 나머지 참석자들이 '회사다!'를 외치고, 다시 총수가 '회사는!'이라고 외치면 나머지가 '나다!'라고 연창하는 식이었다. 더 나아가 총수는 각 참석자들에게 즉흥시를 짓듯이 돌아가며 건배를 제의하도록 하는 식이었다.

한 두 번의 회식자리에서는 호응이 컸다. 그러다 이게 1년이고 2년이고 계속됐다. 총수는 거의 매번 같은 구호를 외쳤고, 회식 참가자들은 항시 새로운 건배제의를 발굴하기 위해 머리를 쥐어짜내야만 했다. 감동은 잊혀지고, 짜증스러운 부담만 남은 것이다.

동질감은 최고경영자와 조직구성원들 사이의 심리적 거리를 줄이려는 노력의 결과다. 최고경영자는 조직구성원들과의 심리적 거리가 위치와 상황에 따라 달라지는 점을 이해해야 한다. 일반적으로 조직의 규모가 크면 클수록 최고경영자와 조직구성원들 간의 심리적 거리는 멀다. 또한 조직이 커지면 커질수록 조직구성원과의 심리적 거리는 더 멀어진다. 최고경영자는 여건과 상황에 따라 조직구성원들과 자신 간의 심리적 거리가 변화됨을 가늠해야 한다.

직원회식에 돌연 참석하는 최고경영자의 행동은 대체로 심리적 거리를 줄이는 조치다. 재벌총수가 신입사원 회식자리에 참석하면, 조직구성원들은 이를 로또와 같은 파격으로 받아들인다. 직원들과 어울려 소주잔을 돌리며 잠시라도 여직원의 예능프로그램 이야기를 듣고 공감하면, 그 파격은 짙은 여운을 남긴다. 상황에 따라서는 최고경영자가 조직구성원들의 동질감을 높이고, 이를 기반으로 소속감과 자긍심을 같이 끌어올리는 효과를 거둘 수도 있다.

　　전국시대 전략가인 오자吳子[18] 가 군대를 이끌고 출전하는데, 한 노파가 울고 있었다. 그 이유를 물으니 장군이 지난 전투에서 아들 상처의 고름을 빨아 고쳐줬다는 것이다. 이에 아들은 이번 전투에서 죽기를 각오하고 나설 것이니, 죽을 아들을 보내며 우는 것이라고 말했다. 조직구성원의 동질감이 극대화해 충성심을 불러일으키는 경우가 이런 것이다. 오자는 그 사졸에게 사수나 창수로서의 능력을 인정하거나, 국가관을 심어 줬던 것이 아니다. 단지 배려의 어진 마음과 사졸도 나와 같이 상처 나면 아프다는 생각에 따른 조치를 취했을 뿐이다. 그렇지만 사졸의 극대화된 동질감은 소속감과 자긍심을 같이 끌어올려 충성의 행동으로 표출된다.

　　앞서 소개했던 휴대폰 제조업체 최고경영자의 얘기다. 10여년을 열심히 경영한 결과 이 회사는 제법 준 재벌의 수준까지 성장했다. 우리가 함께 식사를 다 마칠 때 그는 우리에게 양해를 구하고 10분정도 자리를 비웠다. 다시 돌아왔을 때는 얼굴이 벌게질 정도로 얼큰하게 취해 있었다. 자리를 옮겨 맥주 집에서 앞서 어디 다녀왔냐고 물었더니, 한쪽 구석에 자기회사 직원들이 있어 다녀왔다는 것이다. 예전에 한 칸짜리 방에서 회사를 키울 때에는 모든 직원들과 동고동락했는데 지금은 태반의 직원 얼굴도 기억을 못하게 됐다며, 회사 밖에서 우연히 마주치는 직원이 있으면 최소한 아는 척이라도 해야겠다는 생각을 해왔다고 한다. 그는 그 밥집에서 만난 수 명의 직원들에게 소주 한잔씩을 돌리고 왔던 것이다.

　　최고경영자와 조직구성원의 심리적 거리는 항시 일정하지 않다. 내가 바뀌지 않더라도 상대가 바뀌기에 바뀐다. 나와 상대가 바뀌지 않더라도, 시간이 지나거나 상황이 바뀌면 바뀐다. 시시때때로 변하는 심리적 거리의 공백을 메울 수 있는 것이 상대를 배려하는 어진 마음뿐이다. 앞서 휴대폰 제조회사 사장은 이를 감각적으로 실천한 것이다.

공허한 친분

"동질감이 소속감을 넘어서면 지시와 질책을 원망하는 요인이 된다."

최고경영자는 '우리'라는 의식과 '하나'라는 감정을 구하기 위해 자신을 낮춰야 한다. 하지만 자신을 무작정 낮춰 친밀함만을 좇으면, 원망의 마음과 서운한 감정을 일으키는 원인이 된다.

업계 수위를 지키는 홍보대행사 사장이 있었다. 성격이 여리고 부드러웠고, 직원들과 어울리기를 즐겼다. 직원들에게 밥 사주고, 술 사주고, 같이 운동하는 데 노력을 아끼지 않았다. 직원들은 격의 없이 어울려주는 사장을 따랐다. 그렇지만 직원들은 사장과 함께 일하는 것을 어울리는 것만큼 좋아하지 않았다. 그 사장은 '요즈음 젊은 세대들은 다 그런 것 아니냐?'고 스스로를 달랬다. 직원들이 자신과 놀 때만큼 열심히 일하지 않는 이유를 세태 탓으로 돌렸다.

그러나 직원들이 지니는 사장에 대한 생각은 달랐다. 직원들은 사장이 놀 때와 일할 때 사람이 너무 바뀐다고 주장했다. 사장 자신도 실수를 하면서, 직원들의 사소한 실수에 민감하게 대응하는 게 부담스럽다는 것이다. 하루는 그 사장이 주재하는 업무회의에 참석했는데, 사장의 지적이 크게 무리하거나 지나치다는 생각이 들지는 않았다. 오히려 다른 기업 사장들에 비해 조심스러워하고 자제하려 했다. 그럼에도 사장은 직원들로부터 일할 때와 어울릴 때가 너무 다르다는 평가를 받았다. 이유는 평소 술자리에 적응한 동질감이 지나쳐 직원들이 사장으로서의 권위를 느끼는 마음, 즉 소속감마저 밀어 내친 것이다.

이는 동질감은 구했으나, 그 동질감이 소속감과 조화를 이루지 못한 사례다. 최고경영자가 조직구성원들과 밥을 같이 먹거나, 술자리를 하거나, 등산을 같이 가며 어울리려는 이유는 그들로부터 충성심을 얻어내기 위함이다. 그 충성심은 궁극적으로 최고경영자가 추구하는 업무에 보탬을 받으려는 데에 있다. 그 홍보회사 사장의 경우는 그렇지 못했다. 이를 동질감이 소속감을 넘어섰다고 하며, 서운함과 원망이 원인이 되는 이유다.

위험한 친분

"동질감이 자긍심을 넘어서면 최고경영자는 충성심에 도전을 받는다."

동질감이 자긍심을 넘어선다는 것은 조직구성원들이 최고경영자의 이념 이외의 새로운 이념을 따르는 경우다. 자긍심을 넘어선 동질감은 최고경영자에 대한 충성심에 도전한다. 조직구성원들 간의 동질감이 최고경영자의 권위를 넘어선 것이다.

한 대기업 최고경영자의 사례를 예로 들 수 있다. 수 년 전 이 최고경영자는 각 계열사의 자율경영 기조를 유지하고, 그러면서도 자신을 중심으로 한 통합을 추구한다는 측면에서 '따로 또 같이'라는 캐치프레이즈를 제시했다. '따로 또 같이'라는 이념을 추구하기 위해 여러 가지 기업문화 개선 프로그램을 진행했다. 체육대회는 그 가운데 하나였다.

여러 개의 구기종목을 설정하고, 각 계열사의 팀 단위부터 토너먼트 리그전을 진행했다. 체육대회는 수개월에 걸쳐 진행됐다. 종목별 선수로 선발된 직원들은 운동복을 회사에 비치하고 출퇴근했다. 업무시간에 연습하러 나간다는 직원들의 요구를 부서장은 수용할 수밖에 없었다. 최고경영자의 리더십 강화를 위한 강령으로 추진을 고시한 사항인 만큼, 각 계열사 부서장은 적극적으로 따랐다.축구나 농구의 스타플레이어 직원은 다른 직원들에게 각광을 받았다. 다음 경기까지 또 경기연습과 응원연습으로 축제를 이어갈 수 있었기 때문이다. 경기에 승리할 때마다 부서장의 치하가 이어졌다. 최종 결선에 오른 부서들은 최고경영자와 계열사 사장의 관심을 받았으며, 그 해의 경영성과와 크게 관계없이 우수한 인사평가를 받았다.

직원들은 축구나 농구를 매개로 강하게 결속했으나, 운동을 하는 게 최고경영자와 어떻게 연계되는지는 상관하지 않았다. 사실상 그 최고경영자는 테니스를 좋아하면 좋아했지, 축구나 농구, 피구에는 별반 관심이 없었다. 직원들은 최고경영자가 아쉬운 데가 많으니, 직원들에게 그저 복리후생 차원에서 선심을 쓰는 정도로 이해할 뿐이었다. 체육대회에 선수로 참여하지 못했거나, 결선리그에 오르지 못한 많은 다른 조직구성원들은 최고경영자가 '따로 또 같이 체육기업'을 만들고 있다고 조소했다.

이러한 사례가 최고경영자가 형식적으로 기업문화 개선 프로그램을 도입했을 때 나타나는 부작용이다. 이러한 경우를 동질감이 자긍심을 넘어선다고 하며, 조직구성원들이 최고경영자의 충성심에 도전하는 원인이 된다.

거래적 충성심

최고경영자가 조직구성원들의 동질감을 잘못 관리하면 배신당하거나 모욕을 당할 수 있다. 친분이 있으나 예의를 잃으면 최고경영자는 모욕을 당한다. 조직구성원들 간의 친분은 두터운데, 그 친분 속에 최고경영자가 배제돼 있으면 배신을 당한다. 이러한 상황에서 조직구성원들의 추종은 충성심이라고 말하기 민망한 것이다.

국가지도자인 대통령은 정부조직을 운영하는 과정에서 관료들과의 미묘한 줄다리기 신경전을 벌인다. 사실상 매번 반복되는 이 게임에서 대통령이 이기는 경우는 한 번도 없다. 최후의 승자는 항시 관료다. 특히 우리나라와 같이 5년 단임제 구조를 유지하고 있는 대통령이 헌법으로 직업안정을 보장받고 있는 관료를 제대로 관리하기에는 현실적인 한계가 있다. 제도에 문제가 있기보다는 최고통치자가 정권을 마칠 때까지 제도적 한계를 극복하고 관료의 충성심을 끌어내기 힘들다는 지적이다.

대통령은 자신의 집권기간 동안 관료들에게 적절하고 공평한 인사상의 보상을 내리려 노력한다. 그렇다고 하더라도 결국은 집권 말기에 관료들로부터 도전을 받는다. 흔히 말하는 레임덕 현상이 일어난다. 관료들은 대통령 임기 말에 이르러서는 현 대통령에게 충성하기보다는 다음 정권을 맡을 미래 대통령에 충성하려 하기 때문이다.

2016년 최순실 국정농단 파문은 박근혜 전 대통령의 레임덕을 가속화시켰다. 이에 따라 박 대통령은 관료들에 대한 지도력을 상실했다. 박 전 대통령은 외적의 침입으로 위기에 처한 왕을 구하기 위해 목숨을 바치겠다고 나서는 장수와 같은 충성심을 관료들로부터 구하지 못했다. 이러한 현상은 이명박 전 대통령 말기에도 있었다. 노무현 전 대통령이나 김대중 전 대통령 시절 혹은 그 이전의 모든 대통령 임기 말에도 나타났다.

대통령은 왜 자신의 임기 말에 자신에게 충성을 해야 할 조직구성원인 관료들로부터 배신을 당하는가? 본질적인 책임은 대통령에게 있다. 최순실 파문과 같이 대통령이 재직기간에 흠을 잡힐만한 행동을 했던 것에 원인이 있다. 그렇지만 모든 대통령이 자신의 흠 잡힐만한 처신으로 레임덕을 맞는 것은 아니다. 관료는 현직 대통령의 능력과 도덕성을 모두 인정하더라도, 차기 정권을 집권할 정치세력 쪽으로 눈을 돌린다. 이를 드러내는 행동으로 소위 현직 대통령의 지시에 복지부동하기도 한다. 그렇다면 그 이유는 관료조직의 특성에서 기인한 것으로 봐야 한다.

이의 본질적인 이유는 관료들의 동질감이 국가지도자의 이념을 넘어서고 있다는 데에 있다. 관료들의 강한 동질감은 임기 초반에는 대통령의 이념을 선택적으로 받아들인다. 그것이 그들의 인사상의 혜택이나 유지에 도움이 되기 때문이다. 그러나 대통령의 임기 후반이나 말기에 접어들면서 이를 벗어버린다. 더 이상 현직 대통령을 따르는 게 도움이 되지 않는다고 생각하는 순간부터 대통령에 과감하게 도전하기도 한다. 노무현 정권 기간 동안 검찰과 경제 관료가 그러했으며, 김영삼 정권 말기의 경제 관료가 그러했다.

이를 대통령의 입장에서 다시 표현하면, 대통령은 관료조직 조직구성원들의 동질감에 의탁해 충성심을 거래하고 있는 것이다. 관료의 입맛에 맞으면 충성심을 얻을 수 있지만 그렇지 않으면 언제든지 그 충성심은 소멸된다. 이러한 상황을 관료들의 동질감이 최고통치자의 이상과 이념에 관한 자긍심을 넘어섰다고 표현한다. 최고통치자 입장에서는 동질감이 자긍심을 따라잡지 못한 것이 된다. 이러한 상황에서의 충성심은 '거래에 따른 충성심'으로, 사실상 충성심이라고 말하기 민망한 것이다. 다음과 같은 세 가지 사례가 이와 유사한 경우다.

첫째, 일본 전국시대 쇼군將軍과 봉건 영주인 다이묘大名간의 거래적인 충성심이다. 막번체제幕藩體制[19]에서 다이묘는 쇼군에게 충성을 맹세하지만, 이는 양자의 힘의 역학관계에 따라 언제든지 깨질 수 있다. 쇼군은 수시로 다이묘를 감시하고 견제해야 하며, 다이묘를 제압할 수 있는 군사력과 정치력을 과시해야만 충성심을 유지할 수 있다. 쇼군이 약해지는 순간, 쇼군을 제압할 최대의 위험세력은 외적이 아니라 내부의 다이묘였다.

둘째, 조직폭력배들 사이에서 두목과 부하 간에 거래되는 충성심이다. 부하가 밖에 나가서 다른 조폭을 제압하고 조직영토를 확장시켰을 때, 두목은 노획물을 그 부하에게 적절하게 떼어줘야 충성심을 유지할 수 있다. 두목이 자신의 범죄를 부하에게 뒤집어씌워 옥살이를 하도록 하기 위해서도 부하의 조직이나 가족을 보호해 준다거나, 옥살이를 편하게 돌봐준다는 거래조건을 제시해야 한다. 이를 두목이 지키지 못했을 때 두목은 부하로부터 처절한 보복을 당한다.

셋째, 최고경영자가 노조와 충성심을 거래하는 경우다. 최고경영자가 노조의 존재를 어떻게 볼 것인가에 따라 노조는 집단적 이기심만을 쫓는 집단일 수도 있고, 조직관리를 위해 중요한 여론형성 채널이 될 수도 있다. 노조는 이 양면성을 다 지니고 있다. 최고경영자가 전자의 인식만을 따른다면, 노사협상은 1년에 한 번씩 치루는 '충성심 연간 거래계약' 이상의 의미가 없게 된다. 최고경영자의 철학과 이상에 대한 공감, 즉 자긍심이 노조의 동질감을 따라가지 못하는 것이다. 이를 다시 표현하면, 대통령과 관료, 쇼군과 다이묘, 두목과 부하 등과 다를 바 없다.

이를 어떻게 극복할 수 있는가? 국가지도자 입장에서는 관료집단을 어떻게 대응해야 하며, 최고경영자 입장에서는 강성노조를 어떻게 대응해야 이들로부터 안정적인 충성심을 구할 수 있을까? 현대 정치학political science을 비롯해 경영학이나 행정학도 아직까지 이에 대한 적절한 대안을 제시하지 못하고 있다. 현대 경영학이나 행정학 이론은 오히려 '충성심도 거래의 결과물'이라는 것을 현실로 인정하는 쪽으로 논의를 몰아간다.

경영학은 노조의 요구도 한계효용체감의 법칙을 따른다는 전제에서 높은 이익률을 실현하기 위한 기술과 관리혁신의 조치들을 통해 극복해야 한다고 답을 제시한다. 간단히 이야기하면 더 많은 이윤을 챙겨서 적정한 수준을 직원들에게 양보함으로써 충성심을 구하라는 처방이다. 행정학은 계산적인 경영학적 처방보다 훨씬 원리적이고 규범적이다. 관료는 정치로부터 중립성을 지킴으로써 국가공동체가 요구하는 전문성을 유지할 수 있다고 강조한다. 이것이 국가 발전과 안정성을 유지하는 길이라고 본다. 관료가 대통령을 비롯한 특정 정치세력에 대한 충성심으로 얽매여서는 안 되며, 정치와 행정은 이원적으로 분립하는 것이 바람직하다고 얘기한다.

노조가 없는 기업을 추구했던 삼성그룹은 1980년대 이래 대체로 이러한 처방을 따랐고 살아남았다. 노조를 협의대상으로 삼고 노동운동을 주도하던 소위 운동권출신 직원을 지배구조 안으로 끌어들였던 대우그룹은 그 반대의 길을 시험해 봤지만 사라졌다. 관료집단과 절충하며 그들과 같은 배를 몰았던 이명박 대통령은 퇴임 후 영욕에서 벗어날 수 있었다. 관료의 권위와 이기주의에 도전했던 노무현 대통령은 결국 영욕에서 벗어날 수 없었다.

그러나 현재까지 삼성과 이명박의 선택이 틀리지 않았으니, 앞으로도 영영 틀리지 않을 것이라고 속단할 수는 없다. 삼성이 언제까지 호황을 유지하며, 조직구성원의 요구를 초과하는 거래조건을 제시하며 충성심을 거래할 수 있을지 아무도 예상할 수 없기 때문이다. 또한 시민사회가 언제까지 누가 대통령이 되던 관료의 이해가 국정운영을 취사선택하는 관료주의를 용납할지는 알 수 없기 때문이다.

정치학은 2,500년 이전부터 최고지도자나 최고경영자에게 계산과 논리에 의존하지 말고, 마음으로 돌아갈 것을 주문해 왔다. 나의 마음을 먼저 바로 세우고, 남을 배려하는 어진 마음으로 하나하나를 바꿔야 하는 것이 현실적 처방이라는 것이다. 공자가 건본建本을 이야기하고, 어진마음仁과 겸양지덕謙讓之德으로 세상을 교화하는 것 이상으로 좋은 정치를 실현할 수 있는 대안이 없다고 한 주장을 이해해야 한다. 현실에서 동떨어진 단순한 '좋은 이야기'가 아닌 조직구성원의 충성심을 구하는 현실적 처방이요, 전략이자 실행 가이드인 것이다.

| 16 |
최고경영자는 조직구성원들의 소속감을 어떻게 얻을까

사람은 공동체에 대한 소속감을 언제 강하게 느끼는가? 이에 관한 논의는 다양하다. 조직구성원들이 조직의 소속감을 높이는 이유는 대체로 두 가지 의식의 범주를 따른다. '역할의식'과 '귀속의식'이다. 역할의식은 자신이 조직에서 의미 있는 역할을 하고 있다고 스스로 인정할 때 생겨난다. 귀속의식은 조직이 자신을 보호해 줄 것이라는 믿음이 있을 때 생겨난다. 귀속의식이라는 말이 어렵고 복잡하다면 연대의식이라고 표현해도 무방하다. 이를 최고경영자의 입장으로 돌려서 보자. 최고경영자가 조직구성원들의 역할이 중요하다고 인정해 줄 때, 조직구성원의 역할의식은 높아진다. 최고경영자가 구성원들을 보호해 줄 것이라는 믿음을 심어줘야, 조직구성원들의 귀속의식이 높아진다.

역할의식, 귀속의식
그리고 소속감

　　최고경영자는 어떻게 조직구성원들의 역할의식과 귀속의식을 높일
수 있을까? 어떻게 그들의 역할이 중요하다고 인정해줘야 하는가? 어떻게
자신을 보호해 줄 것이라는 믿음을 심어줄 수 있을까? 이 또한 일반적으로
적용할 수 있는 원칙이나 이론은 없다. 최고경영자는 상대적 여건과 상황에
따라 감각적으로 대응할 수밖에 없다. 구태여 범주를 구분하면 조직구성원
들은 대체로 조직이 자신의 역할을 얼마나 존중해주는가에 따라 역할의식
을 높이거나 낮춘다. 또한 조직이 대체로 조직구성원을 잘 보호해주는가를
통해 귀속의식을 가늠한다. 예컨대 조직구성원은 최고경영자가 나의 보고
를 귀담아 들어주는 것과, 성과를 인정해 주는 것으로 역할의식이 높아진다.
또한 조직구성원은 최고경영자가 다른 사람을 어떻게 대우하는가에 따라,
자신의 귀속의식이 강해질 수도 있고 약해질 수도 있다. 그러나 이 또한
일반적인 원칙은 없다.

　　최고경영자는 역할의식을 어떻게 소속감이라는 감정으로 증폭시킬
수 있을까? 앞서 소개했던 휴대폰 제조업체 최고경영자의 몇 가지 조치는
참고할 만한 사례다. 어느 해 임원들을 대상으로 송년회를 주재했다. 그런데
그 송년회에는 비밀스러운 기획이 포함돼 있었다. 임원들이 알지 못하는 사
이에 최고경영자가 각 임원들의 부인들을 송년회장으로 초청했던 것이다.
그리고는 부인들에게 남편을 매일 야근시키고 가정으로부터 빼앗아 미안하
다는 감사의 뜻을 전하며, 두 가지를 당부했다.

　　첫째가 1박2일의 호텔숙박권과 휴가였다. 남편을 위해 오늘만큼은

꼭 둘만의 시간을 가져달라는 당부였다. 둘째는 자신이 모두 진행할 수 없으니, 부부가 함께 힘을 합쳐 이와 같은 방식으로 수하 부서장들의 부인을 초청하는 연말행사를 주도해 달라고 부탁했다. 그 이후 그 최고경영자가 이와 동일한 행사를 진행했다는 얘기를 들어보지는 못했다. 그렇지만 이와 유사한 다른 여러 조치를 취했었다는 말을 전해 들었다.

최고경영자가 귀속의식을 어떻게 소속감으로 증폭할 수 있을까? 사실상 조직구성원들은 평상시에는 자신의 일로 인해 귀속의식을 문제제기할 동기를 찾지 못하는 경우가 많다. 조직에 있으면서 이를 확인할 수 있는 이유는 대체로 직장을 퇴직하는 다른 동료의 경험을 통해 간접적으로 확인한다. 이 이야기를 최고경영자의 입장에서 바꾸어 보면, 현직 직원들의 귀속의식은 대체로 다른 직원을 어떻게 관리하느냐에 많은 영향을 받는다는 것이다. 그렇지만 이 또한 일반화할 수는 없다.

앞서 소개한 대기업의 후임 사장의 사례는 이에 적용되는 경우다. 최고경영자가 누구도 예상하지 못했던 상황에서 퇴직임원을 예우하고 껴안는 조치를 취함으로써 궁극적으로 직장에 남아있는 그들의 후배들에게 감동을 전해준 것이다.

또 다른 사례도 있다. 앞서 휴대폰 제조기업 최고경영자의 사례다. 그는 한때 밀어붙이기식 경영을 주도했었다. 이에 반발했던 직원을 인정사정없이 내치기도 했다. 한 번은 경영회의에서 인사담당 임원이 이에 따른 문제를 보고했다. 과거 해임시켰던 직원이 1년이 지나도록 자리를 못 잡고 있다는 사실을 환기시키며, 회사 규모가 커졌으니 이제는 이들을 다시 받아들이는 것이 어떠냐고 제안했다. 이에 대해 최고경영자는 강하게 반대했다. 회사의 조치에 반발했던 직원을 다시 받아들일 수는 없다는 이유에서였다.

그날 회의를 마치고 얼마 지나지 않아 인사담당 임원을 만났다. 그는 최고경영자로부터 퇴직 직원들을 위해 거래처에 자리마련해 줄 수 있는지 알아보고, 자리 잡힐 때까지는 회사가 간단히 용역을 줄 수 있는 방안을 마련하라는 지시를 받았다는 것이다. 회의석상에서 그렇게 대노할 때는 언제고, 자리 마련해 주라고 지시내리는 것은 또 뭐냐는 푸념을 웃으며 들었다.

소속감의 연쇄효과

최고경영자가 조직구성원들의 소속감을 높이면 자긍심과 동질감도 따라 높아진다. 조직구성원들은 최고경영자의 행동을 최고경영자의 이념과 연관 지어 생각하기에 그렇다. 최고경영자가 자신의 역할을 인정하고 있다고 느끼면, 그 감동은 연쇄효과를 일으킨다.최고경영자가 자신을 보호하려는 의지를 지니고 있다는 믿음을 가져도 마찬가지다. 그래서 소속감이 높아지면, 조직에 대한 자긍심을 불러일으키거나, 다른 조직구성원들과의 동질감도 강화된다.

어렵거나 복잡한 얘기가 아니다. 나를 인정해 주는 사람을 위해 목숨을 바친다는 평범한 얘기다. 실제 목숨을 바칠지 아닐지는 잘 모르겠지만, 최소한 목숨을 바칠 수도 있다는 생각을 해보게 된다는 것이다. 인정認定이라는 행동에 따른 감동이 목숨을 희생할 충성심으로 연계될 수 있음을 지적하는 말이다. 최고지도자가 인정이라는 사소할 것 같은 행동으로 어떻게 직원들로부터 충성심이라는 마음을 끌어낼 수 있느냐가 정치적 감각이 펼치는 예술의 핵심이다.

춘추시대 제齊나라 환공桓公, ?~B.C.643■20이 자신을 죽이려 했던 관중管仲, B.C.723~B.C.645을 재상으로 삼았던 사례는 이에 해당한다. 관중은 왕자들의 왕위 쟁탈전이 일자 반대편에서 환공을 죽이려 했다. 우여곡절 끝에 막상 왕위는 환공이 잡았으며, 관중은 목숨이 날아갈 입장에 처했다. 그렇지만 환공은 포숙아鮑叔牙의 천거에 따라 관중을 재상으로 임명했으며, 관중은 죽기 전까지 환공을 충성으로 받들었다.

역사책에 올라오는 사실은 현실사회에서는 드물고 희귀한 사건이라고 오해할 수 있다. 그렇지만 꼭 그런 것도 아니다. 아직까지도 세상에는 대가를 주고받는 거래적 충성보다 환공과 관중처럼 신의로 맺어진 충성의 관계가 더 많다. 단지 그러한 사례를 제시하면 '결국은 그 또한 뭔가를 주고받은 거래가 아니었냐?'는 시각으로 말을 막을 뿐이다.

구자경 회장에게는 이헌조 부회장이나 변규칠 부회장이, 구본무 회장에게는 강유식 부회장이 그러했다. 김우중 회장에게 이우복 부회장이, 이건희 회장에게 이학수 부회장이, 최종현 회장에게 손길승 부회장이 그러했다.

이들은 각기 자신의 최고경영자를 월급주거나 누리는 직위를 제공하는 사람 이상으로 충성을 다했다. 제나라의 명신이었던 관중도 환공으로부터 녹봉과 직위를 받아 누렸으며, 명신인 안영晏□, B.C.578~B.C.500■21도 경공頃公, ?~B.C.582■22의 녹봉과 재상의 직위를 누렸다.

녹봉과 직위를 받고 누렸다는 이유로 관중과 안영이 주군을 위해 충성했다는 사실이 가려지는 것은 아니다. 최고경영자는 '왜 내게는 이런 충복과 충신이 없을까?'라고 한탄할 필요도 없다. 그러한 인물을 곁에 두고 싶다면, 거기에 합당하게 처신하면 된다.

삐뚤어진 소속감

"소속감이 과하면 동질감이 훼손된다."

최고경영자가 조직구성원의 충성심을 구하기 위해 무조건 소속감을 높이는데 치중하면 바람직한가? 전혀 그렇지 않다. 조직 내에서 역할에 관한 책임의식을 높이려는 조치는 조직구성원들 간의 경쟁심리를 자극한다. 경쟁심리는 성과를 높이기 위한 활력을 주입하는 다른 한편으로는 조직구성원간의 협력의지를 약화시키는 요인이기도 하다. 조직구성원간의 동질감을 떨어뜨리는 요인이라는 것이다. 소속감이 과하면 동질감이 훼손되기에 최고경영자는 소속감과 동질감 사이의 미묘한 균형을 감각적으로 맞춰야 한다.

'독립채산제'나 '사내인력 마케팅제도'는 조직관리 효율성과 인력운영의 유연성을 높이기 위해 사용하는 제도다. 그런데 최고경영자에 대한 조직구성원의 충성심 측면만을 놓고 볼 때는 부작용도 많은 조치다. 좀 더 직설적으로 얘기하면 이러한 조치들은 기업문화 상에서 조직구성원들의 정체성을 약화시킨다.

그럼에도 경영컨설팅 전문가들은 간혹 이러한 조치들을 조직문화 개선작업과 병행하라고 주문하는 경우가 있다. 사내인력 마케팅제도는 제도대로 운영하고, 기업문화 개선 프로그램은 또 그것대로 병행해 조직의 정체성을 강화하고 기업문화를 개선한다는 것이 대체로 제시되는 이들의 변화관리 방법이다. 경영 컨설턴트들의 그 깊은 뜻을 헤아릴 수는 없다. 그렇지만 대체로 이러한 이율배반적인 조치들의 병행은 부작용을 초래하는 경우가 많다.

국내 대기업 계열의 한 정보통신회사의 사례는 이를 드러낸다. 조직구성원들의 책임을 과하게 강조함에 따라, 동질감이 어떻게 훼손되는 지를 보여준다.

이 회사는 연말이 되면 항상 시장판이 됐다. 사내인력 마케팅제도 때문이었다. 이 회사에서 운영했던 사내인력 마케팅제도는 이러한 식이었다. 사업부별로 올해 경영실적에 따라 부서장들이 다음해에 구성할 팀들을 선정한다. 팀장을 구하는 것이다. 이것이 확정되면 팀장은 사내인력 마케팅제도를 통해 팀원들을 구한다. 팀장이 먼저 개인에게 영입을 요청하기도 하고, 팀원이 자신이 다음해 같이 일해보고 싶은 팀장을 찾기도 한다. 기본적으로 이 거래에서 상호합의가 되면, 팀과 팀원이 갖춰진다. 만약 그렇지 못하면, 인사팀이 나서서 '하자들'을 서로 연결시켜줌으로써 팀을 완비한다.

팀장이 우선적으로 구하려는 팀원은 소위 능력이 있는 '인재'다. 그리고 팀원이 찾으려는 팀장은 실적이 좋거나 좋다고 알려진 팀장이다. 그 실력이란 올해 경영성과가 좋은 팀을 관리했던 팀장이거나, 내년도 경영성과가 좋을 것이라고 판단되는, 떠오르는 팀장이다. 팀장이 능력이 좋더라도 돈안 되는 궂은 일을 맡았거나, 부서장과의 관계가 안 좋다는 평이 나면 '인재'들이 기피한다. 부서장은 팀장에게 어떤 일을 맡기면 내년에 성과가 좋아지고 나빠지는 지를 잘 안다. 부서장 못지않게 팀원들도 부서장의 의중이 어느팀장에게 실리는지를 잘 안다. 팀원들은 이에 따라 움직인다.

돈이 안 되는 일이라는 것이 대체로 지원사업이다. 영업기획은 지원이고 현장영업은 그 지원사업의 성과를 찾아 먹는다. 현장영업이 성과를 내지 못하면 그 책임을 영업기획에 미루면 또 그런가보다 하고 넘어간다. 팀장들 간의 경쟁은 동일한 출발선에서 시작되지 않는다. 팀장은 자신의 경영성과보다 부서장으로부터 인정을 받는 게 더 중요하다는 사실을 인식하게 된다. 다른 팀장의 인정은 곧 나의 가치 하락이 된다. 같은 부서 내에서 옆 팀의 성과는 상대적으로 우리 팀의 평가하락이 되기 때문이다.

이러한 구조 속에서 팀장의 가장 냉정한 경쟁상대는 옆 부서 팀장이 된다. 거래처나 경쟁사는 오히려 다른 팀장을 견제하고 나를 도와줄 협력 파트너로 인식된다. 실적만이 부서장으로부터 인정받을 수단이 아니라는 점도 부서장이 다른 팀장에 대해 관심을 갖지 못하도록 방해하는 실적관리 이상으로 중요한 업무가 된다.

최고경영자는 '사내인력 마케팅제도'를 통해 분립통치devide and rule를 실현하려 했다. 이를 통해 조직 장악력을 높이고, 업무 효율성도 개선하려고 했다. 그렇지만 이 제도는 조직구성원의 동질성을 지속적으로 훼손시켰다. 궁극적으로 회사와 최고경영자에 대한 충성심도 약화시켰다. 그래서 소속감이 과하면 동질감을 훼손한다고 하는 것이다.

위험한 소속감

"소속감이 자긍심을 넘어서면 충성심은 외부로 향할 수 있다."

조직이 조직구성원들에게 책임의식만을 지나치게 강요하면, 조직구성원들은 최고경영자와의 동질감을 상실한다. 최고경영자는 이를 경계해야 한다. 최고경영자와의 관계를 '부리는 사람과 부림을 당하는 자신'이라는 대립적 관계로 바라본다. 다른 조직구성원과의 관계에서도 경쟁 심리가 높아진다. 동료가 아니라 남보다도 더 못한 적이 되는 것이다.

　　이러한 환경에서 조직구성원들은 인간관계마저도 '성과'라는 단일의 가치로 측정하고 평가한다. 성과를 잘 내는 개인이나, 성과를 잘못 내는 개인이 모두 최고경영자와 조직에 상처를 입히고 조직을 이탈할 가능성이 크다. 이것이 최고경영자가 책임의식을 과하게 요구한데 따른 폐해다. 조직구성원들의 소속감이 자긍심을 넘어서면 충성심이 외부로 향할 수 있다는 말이다.

　　오래 전 대기업 휴대폰 기술개발 전무가 돌연 퇴사한 후 경쟁사로 이직해 세간의 이목이 집중됐던 적이 있다. 당시로서는 대기업 임원이 경쟁사, 그것도 중소기업으로 직접 전직한다는 것이 낯선 일이었다. 그래서 화제로 떠올랐고, 그 대기업은 벌집을 쑤셔놓은 것 같았다. 평소 중역과 친분이 있었던 직원들을 동원해 회유하고 협박했다. 이것이 먹혀들지 않자 법원에 전업금지가처분 소송을 제기하며 압박했다.

　　그 전무가 퇴사했던 데에는 나름대로 합당한 이유가 있었다. 그는 오랫동안 전문경영인인 사장으로부터 견제를 받았으며, 2년 전부터 퇴사 압력을 받아왔다. 그의 입장에서는 어떻게든 새로운 길을 찾아야 했을 때였다. 그러던 중에 중소기업 최고경영자로부터 영입을 제의받았던 것이다. 법적으로도 전무가 중소기업으로 전직하는 데에는 아무런 문제가 없었다. 재판부도 가처분신청을 기각했을 정도다. 그럼에도 하나의 궁금증이 남는다.

　　오랜 기간 같이 생활했던 동료들이 자신의 전직으로 어려워하는 현실 앞에서, 그리고 중소기업에서 성과를 낼 경우 예전 직장 동료들에게 음으로 양으로 피해줄 수 있다는 부담을 그는 어떻게 받아들일지가 궁금했다. 그렇지만 그의 대답은 의외로 간단했다. '그러한 심리적 부담을 없앴던 것이 그 대기업의 성과지상주의였다'는 것이다.

그 전무의 집으로는 수시로 예전 직장부하들이 방문했다. 그들은 매번 '회사에서 시켜서 오긴 왔지만 전무님이 잘 판단하신 것 같다'는 얘기를 남기고 돌아갔다는 것이다. 전무의 동료였던 인사팀장도 마찬가지였다. 회사가 시켜서 직원들을 집으로 보내고 가처분 소송을 걸지만, 잘 대응하고 버텼으면 한다며 오히려 전무의 사정을 이해하고 격려하더라는 것이다.

조직이 개인에 대한 책임의식을 과하게 요구함으로써 나타나는 문제가 이러한 것이다. 조직구성원들은 대체로 조직에 대한 자긍심이 낮았다. 그 개인이 도덕적이든 비도덕적이든 상관없다. 그 직원이 경쟁사로 이직해 조직에 직접 해악을 끼칠 것으로 예상되는 상황에서도, 동료 직원들은 이직하려는 동료를 우선적으로 생각하려고 한다. 문제 원인이 일차적으로 최고경영자나 조직에 있다고 간주하기 때문이다.

소속감이 자긍심을 넘어서면 최고경영자의 충성심은 위험에 처한다는 또 다른 사례는 앞서 소개했던 식품회사의 사례에서 찾을 수 있다. 이는 직원이 회사에 직접적으로 피해를 입힐 수 있는 정보를 왜 외부에 폭로하느냐를 설명한다.

그 식품회사에서 일어났던 일을 정리하면 대체로 이러하다. 최고경영자는 국내산 원재료 수급과 가격이 불안정하다는 이유로 다량의 원료를 해외에서 수입했다. 4~5개월 치를 대량으로 수입해 공장마당에 야적했다. 뜨겁고 습한 여름에 원료를 야적상태로 보관하다보니 습기가 차서 굳거나 곰팡이가 피기 시작했다. 이로 인해 공장직원들의 일손이 바빠졌다. 멀쩡한 원료는 포대채로 컨베이어에 올리기만 하면 자동으로 투입됐는데, 오래 야적 보관했던 원료는 선별을 해야 했고, 굳은 것을 풀고, 힘들여 별도 투입구로 넣어야 했다.

직원들의 일손이 늘었지만, 회사는 적절한 격려나 개선 조치에 신경 쓰지 못했다. 이러한 과정에서 원료투입 반에 근무했던 한 직원은 회사에 자신의 일이 너무 힘드니 개선하거나 바꿔달라고 요구했으나, 회사는 이를 수용하지 않았다. 동료들도 이 요구를 무시했다고 한다. 그러자 그는 '이렇게 만든 음식이 내 아이들의 입에 들어갈 수 있음에 죄책감을 느낀다'는 양심고백서와 관련사진을 관계기관에 제보했던 것이다. 이로 인해 그 회사는 언론의 질타를 받았고, 수사기관의 조사를 받았다.

이 사건을 폭로한 직원의 입장에서 다시 정리하면, 다음과 같은 세 가지 유의미한 사실을 찾을 수 있다. 첫째, 그는 조직에 대한 동질감이 무척 낮았다는 것이다. 평소 동료들과 친분관계가 낮거나 동류의식을 형성하지 못했다는 것이다. 둘째, 그 직원은 조직으로부터 소속감에 대한 부담을 받았다는 것이다. 평소보다 업무량이 늘었으나, 조직으로부터 이에 합당한 인정을 받지 못했다. 셋째, 일반적인 기업의 사회적 책임에 비춰볼 때 최고경영자와 조직의 조치가 불합리하다는 인식을 했다는 것이다.

그 직원이 외부에 제보를 하게 된 실제의 직접적인 동인이 위 세 가지 사실 중 어느 것에서 비롯됐는지를 하나로 꼬집어 밝히기는 쉽지 않다. 그렇지만 명확한 사실은, 과중한 업무를 감당하는 과정에서 조직에 대한 소속감보다 나에 대한 소속감을 더 중시하는 쪽으로 마음이 이동했다는 점이다. 나에 대한 소속감이 조직의 자긍심을 넘어선 것이다. 풀어서 간단하게 설명하면, '내가 힘들어 죽겠는데 업무는 무슨…'이라는 감정을 키운 것이다.

이처럼 소속감이 변질하는데, 동질감이 거의 아무런 제동을 가하지 못했다. 조직에 얘기해도, 동료에게 하소연해도, '너만 힘드냐, 모두 힘들다'

라는 답을 받았을 터이니 그러했을 것이다. '나에 대한 소속감'이 강해져 그것이 '조직에 대한 자긍심'을 넘으면, 자긍심을 채울 수 있는 대상을 외부에서 찾게 된다. 나름의 사회정의 같은 것이 그것이다. 그 직원이 외부에 제보한 행동의 원인은 '도덕성'이나 '업무 강도 변화' 때문만이 아니다. 소속감이 변질됐던 데에서 비롯된 문제다.

　　이와는 다르지만 유사한 경우도 있다. 조직에서 능력을 인정받는 직원이 돌연 퇴직해 이직하거나 회사를 차리는 경우다. 1990년대 국내에서 제일 잘나가는 무역회사의 직원들이 거액의 수출오더를 따서는 이를 챙겨 자기 사업을 시작하거나, 선배가 운영하는 회사로 이직하는 사례들이다. 이러한 회사들의 공통적인 특징은 조직을 경쟁적 상황으로 만들어, 개인들의 성과경쟁을 유도했다는 점이다.

　　이러한 모든 경우는 대체로 조직이나 최고경영자에 대한 소속감이 직원 자신에 대한 소속감과의 전투에서 패배한 경우이며, 자신에 대한 소속감이 조직의 자긍심을 넘어선 경우다. 자긍심을 제시할 새로운 요인, 창업비전이나 다른 회사의 처우비전을 따른다. 이처럼 소속감이 과해 자긍심을 넘어서면 최고경영자의 충성심은 위협을 받는다.

■ 20 환공桓公은 중국 춘추시대 제나라의 군주다. 성은 강姜, 이름은 소백小白이며, 희공僖公의 아들이다. 이복형인 공자 규糾와의 권력투쟁에서 승리해 왕위를 잡았으며, 포숙아鮑叔牙의 천거로 공자 규를 지원해 자신을 죽이려 했던 관중管仲을 재상으로 삼아 춘추시대 패자로서의 위상을 굳건히 했다.

■ 21 안영晏嬰은 춘추시대 제齊나라 정치인이다. 탁월한 정치가로서 제나라 영공, 장공, 경공 세 임금을 보좌했다. 저서로는 『안자춘추晏子春秋』가 있다.

■ 22 경공頃公은 춘추시대 제齊나라 군주다. 성은 강姜, 이름은 무야無野이며, 제 환공의 손자다.

최고경영자는 조직구성원들의 자긍심을 어떻게 얻을까

조직이 돈을 많이 벌어 이익을 많이 남긴다고 조직구성원들이 최고
경영자의 이상에 긍지를 갖지는 않는다. 많은 최고경영자들은 매출과 수익
이 조직구성원들의 회사와 최고경영자에 대한 자긍심을 높일 것이라고 오
해한다. 강남의 번듯하고 큰 빌딩으로 출퇴근하는 직원들은 변두리 지하 사
무실로 출퇴근하는 직원들에 비해 상대적으로 최고경영자에 대한 자긍심이
높을까? 반드시 그렇지는 않다. 조직폭력배 구성원이 남의 돈을 갈취하는
자신의 조직에 대해서마저 자긍심을 느끼기는 쉽지 않다. 그의 아들에게 앞
으로 크면 자신의 조직에서 일했으면 하는 마음을 가질까? 대부분이 그렇지
않지만 일부는 '그럼에도 그렇다'고 우길 수도 있겠다. 그러면 질문을 한마
디 더해보자. 그 조직의 두목이 조직이 번 돈을 모두 자신의 유흥비로 탕진

하거나 개인 재산으로 착복한다면 또 어떨까? 이즈음 되면 이번에는 '그럼에도'라는 말이 나오지 않을 듯하다.

호혜와 진정성

최고경영자에 대한 조직구성원들의 자긍심은 성과나 실적에 영향을 받기보다는 조직의 호혜의식과 관련이 있다. 쉽게 표현하면 최고경영자가 남들을 얼마나 배려하고 있으며, 이를 얼마나 폭 넓게 표출하는가의 문제로 가늠한다.

최고경영자는 호혜의식을 어떻게 표출하는가? 최고경영자가 자신만 잘 먹고 잘 살겠다는 생각으로 경영하면 조직구성원들로부터 욕을 먹는다. 최소한 최고경영자가 조직구성원들과 같이 잘 먹고 잘 살겠다는 의지를 가져야 조직구성원들이 최고경영자의 뜻을 따르는데 보람을 갖는다.

이 뿐만이 아니다. 조직구성원들은 최고경영자가 사회를 위해서도 의미 있는 일을 한다고 생각해야, 그의 지시를 따르는데 보람을 갖는다. 남들의 슬픔에 아랑곳하지 않고, 우리만 잘 먹고 잘 사는데 매진해서야 긍지를 느낄 수 없다. 조직구성원들의 긍지도 긍지려니와, 외부로부터 질시와 견제를 받지 않는다. 1960~1970년대 국내 재벌기업들이 형식적으로나마 산업보국을 외친 이유가 이와 무관하지 않다.

조직구성원들은 최고경영자가 호혜대상의 범위를 얼마나 넓게 설정하고 있는가에 따라 자긍심 수준이 달라진다. 조직이 지향하는 호혜대상의 범위가 넓으면, 조직구성원을 비롯한 외부 관계자들은 그 조직을 대체로 좋게 보려한다. 조직구성원들은 이에 보람을 느끼게 된다.

최고경영자는 자신의 호혜의지를 어떻게 조직구성원들의 자긍심이라는 감정으로 증폭시킬 수 있을까? 최고경영자가 조직구성원들의 자긍심을 올리면, 소속감이 더욱 높아지고 이를 기반으로 동질감도 강화된다. 최고경영자가 우리를 배려하는 마음을 확장해 사회를 위해 배려하는 마음을 표출하고, 이를 통해 조직구성원들의 마음에 울림을 주면, 조직구성원들은 최고경영자에 대한 소속감이 높아진다. 내가 조직에서 책임을 수행하는 것이 단순하게 내가 잘 먹고 잘 사는 것뿐만 아니라, 사회를 위해서도 기여하는 일이라는 소명과 긍지를 느끼게 되기 때문이다. 최고경영자를 구심점으로 '사회를 위해 뭔가 의미 있는 일을 하는 사람들'이라는 동질감도 따라 높아진다. 자긍심을 올리면 소속감과 동질감이 따라 높아지고, 이는 결국 최고경영자에 대한 충성심이 높아진다는 것이 이러한 이유다.

최고경영자의 호혜의지를 조직구성원들의 자긍심으로 어떻게 전환할 수 있는가하는 원칙은 없다. 최고경영자가 국가와 사회를 위해 헌신하겠다는 선언만으로도 조직구성원들에게 큰 울림을 줄 수 있다. 이를 꾸준히 실천하는 것 또한 마음의 울림을 줄 수 있는 길이다. 딱히 이 방법만이 정답이라고 지목할 것이 없다는 것이다.

그렇지만 역치의 길은 명확하다. 최고경영자의 호혜의지가 자긍심으로 전환하지 못하는 길은 명확하다는 말이다. 최고경영자의 호혜의지나 호혜적인 행위가 진정성을 의심받으면, 자긍심은 손상된다.

조직구성원들은 최고경영자의 호혜행위가 목적 그 자체로서 순수하다는 믿음을 지녀야 자긍심이 높아진다. 독일의 철학자 임마뉴엘 칸트Im-manuel Kant, 1724~1804가 『순수이성 비판』에서 얘기했던 '정언명령categorical imperative'[23] 까지는 아니더라도, 호혜적 행위의 다른 의도가 노출되거나 행위의 진정성을 의심받아서는 안 된다. 최고경영자가 조직구성원들로부터 호혜행위의 진정성을 의심받는다면, 사정은 달라진다. 자긍심을 위한 최고경영자의 조치는 조소의 대상이 될 수 있다. '제 할 도리나 제대로 할 것이지, 무슨 사회공헌사업이냐?'라는 냉소적 평가를 받을 수 있다.

명예로운 참여

수년전 한 특장차 제조 회사를 운영하는 한 중견기업 최고경영자를 만났다. 그 몇 해 전에 자신이 운영하는 특장차 회사보다 더 큰 에어컨 제조기업을 인수해 한창 정상화작업을 진행하고 있었다. 에어컨을 생산하는 기업은 민주노총 산하의 강성노조로도 유명했다. 노련한 최고경영자 입장에서도 노조를 대응하기가 쉽지만은 않았던 모양이다.

그는 모기업인 특장차 회사가 오랜 동안 장애인 체육지원사업을 진행해 왔는데 이 회사의 지원만으로는 부족하다며, 새로 인수한 에어컨 회사의 사회지원 예산을 이쪽으로 돌려도 될지를 물었다. 그것이 직원들에게 명분이 있을지 궁금해 했다. 노조가 반발하지는 않을지 우려를 표명했다.

이에 덧붙여 그는 장애인 체육지원을 시작했던 것은 사회공헌에 대한 뭔가 거창한 생각에서 시작한 것이 아니었다고 설명했다. 장애인 차량을 정부나 장애인 시설에 납품하다보니, 장애인 체육단체가 찾아와 지원을 요구하더라는 것이다. 어차피 영업비용도 들여야 하는 일이다보니, 엄한데 돈 쓰기보다는 이들을 지원하는 것이 괜찮겠다 싶어서 소액을 지원하기 시작했다. 그러다 끊기도 뭐하고, 의미도 있다 싶어서 매년 조금씩 지원을 늘려왔다는 설명이다. 최고경영자는 장애인 체육지원이 모기업의 영업지원 의도로 시작했던 일인데, 이 일에 직접적으로 연관이 없는 다른 계열사를 끌어들이는 것이 조심스럽다며 의견을 구했을 때, '이것이 진정성 있는 기업의 사회지원 사업'이라고 강조했다. 지금까지 했던 이야기를 하나도 빠짐없이 직원들에게 설명하고 이해를 구하면 동의할 것이라고 자신을 심어줬다.

최고경영자는 그 다음해 실제로 에어컨 회사의 사회지원 예산을 장애인 체육지원 사업으로 돌렸다. 이로 인해 사각지대에 놓여있던 그 장애인 체육회는 점차 두각을 보이기 시작했다. 후원을 받은 장애인 체육단체 소속 선수들은 런던과 리오 패럴림픽에서 선전을 이어갔다. 그 뿐만이 아니다. 장애인 체육지원과 선수들의 연습과 경기지원에 에어컨 회사의 공장직원들의 봉사참여가 늘어나고 있다.

이 최고경영자의 호혜성 범위는 그리 넓어 보이지 않는다. 이명박 정부 시절 미소금융재단을 설립해 복지금융의 새로운 개념을 주도하거나, 박근혜 정부에서 미르, K스포츠재단을 지원해 대한민국의 문화체육융성을 추구했던 국내의 한 대기업 총수의 호혜성 범위에 비교하면 조족지혈鳥足之血 수준이다. 그렇지만 최고경영자의 충성심 혹은 조직구성원의 정체성 강화측면에서는 엄연한 다름이 있다. 조직구성원들은 최고경영자가 왜 장애인 체육을 지원하고자 하는지를 정확하게 인식하고 있다. '장애인 선수를 지원하는 것', '우리가 장애인으로 인해 돈을 벌고 있으니, 그들에게 최소한의 책임의식을 표명하고 싶은 마음'을 이해하고 있는 것이다. 이처럼 주장과 내용이 같은 것을 '진짜의 사실'이라고 하고 이를 '진정성'이라고 한다. 최소한 조직구성원들은 특장차 회사 최고경영자의 진정성을 공감했다. 이처럼 조직구성원이 최고경영자의 조치에 진정성을 이해하거나 느껴야 마음에 울림이 온다.

수치스런 봉사

"자긍심이 동질감을 넘으면 비웃음을 산다."

조직구성원들이 최고경영자의 조치에 진정성을 이해하지 못하거나, 진정성을 느끼지 못하면 의혹이 생긴다. 미르재단을 설립하거나 미르, K스포츠재단을 지원했던 대기업 총수의 조치에 조직구성원들은 진정성을 가늠하기 쉽지 않다. 평소 그 총수가 서민들의 금융문제에 관심을 가지고 있었나, 아니면 사회문화체육사업에 대한 철학을 지녔나 등등을 고려해 봐도 아무런 연관성을 찾지 못하면 그 조치의 진정성을 의심한다. '정부에 환심 사려는 의도'라는 의혹을 제기할 수밖에 없게 된다. 최고경영자가 자긍심으로 조직구성원의 충성심을 구하는 것은 이처럼 미묘하고도 복잡하다. 그래서 정치적 감각을 예술적 감각에 비유하는 것이다.

최고경영자의 사회에 대한 배려가 조직구성원에 대한 배려를 넘으면 경시를 받는다는 것이 이러한 경우다. 형식적이거나 상투적인 사회책임활동이 조직구성원들에게 자긍심을 높이기보다는 오히려 최고경영자나 조직을 경시하는 요인이 된다. 좀 더 구체적으로는 그나마 쌓아 온 최고경영자에 대한 동질감을 해치고, 궁극적으로는 소속감을 낮춘다. 옛날부터 인색한 부잣집 개는 이웃집을 지킨다는 말이 있다. 부자가 자기 집 개에게 인색하니, 옆집으로 넘어가 밥 얻어먹으며 그 집을 지킨다는 말이다.

한 대기업의 사례가 그러한 경우다. 노무현 정부가 들어서면서 그 기업은 정부의 대기업 정책에 귀를 기울였다. 당시 노무현 정부는 경제양극화가 심해짐에 따라 대기업의 사회적 책임을 요구했다. 대기업이 자발적으로 중소기업과 협력하기를 기대하는 마음이 짙었다. 대중소기업 상생협력을 위한 간담회에서 대기업에 중소기업 지원방안을 촉구했다. 양극화에 따른 저소득층 보호에 대기업이 나서줄 것도 기대했다. 당시 김장행사, 연탄배달 등 소위 대기업의 사회공헌 활동이 붐을 형성했던 이유가 이 때문이었다.

분식회계 문제로 최고경영자가 검찰의 구속에서 막 풀려났던 이 대기업 총수는 사회공헌을 전사적으로 주도했다. 당시 천문학적인 돈을 사회에 기부했다. 전 계열사 임직원들을 대상으로 사회봉사 활동에도 참여하도록 주문했다. 현업에 바쁜 직원들이 자발적으로 연탄배달이나 김장하기, 밥 퍼주기 행사에 참여할 수 없음을 고려해 전 계열사의 대표이사의 성과평가 지표와 각 직원 성과평가 지표에 사회봉사 참여활동 배점을 포함시켰다. 각각의 현업 부서마다 이를 관리하는 직원도 별도로 붙여 직원들을 관리했다.

그 이후 여러 가지 요지경의 상황이 연출됐다. 연말에 실적이 좋지 않은 부서장은 평가지표를 높이기 위해 연탄 배달할 사회단체를 찾는데 주안을 뒀고, 직원들은 일주일에 수차례 하루는 연탄배달, 하루는 김장 봉사, 하루는 밥 퍼 활동을 위해 밖으로 돌았다. 신성한 사회봉사는 '아침에 출근할 때 처자식 보기 민망하다'는 푸념거리가 됐으며, 직원들의 퇴사 원인이 됐다. 직원들에게 그 진정성을 인정받지 못하는 최고경영자의 사회적 책임 수행을 위한 조치는 최고경영자에 대한 비아냥거림의 원인이 될 뿐이다.

한비자는 『한비자』에서 정치를 활쏘기에 비유해 활을 잘 쏘는 것이 무엇인가라는 질문에 답한다. 멀리 활을 날리는 것이 활 잘 쏘는 것이 아니라, 과녁에 잘 맞히는 것이 진정으로 활을 잘 쏘는 것이라고 말한다. 그러나 이에 대해 송대의 사상가 구양수歐陽脩, 1007~1072는 그 또한 숙련의 기술일 뿐 진정으로 활을 잘 쏘는 것이 아니라고 설파한다. 구양수는 과녁에 활을 잘 맞추는 북송北宋시대의 진강숙陳堯咨 앞에서 애꾸눈 기름장수 노인이 호리병에 엽전을 올려놓고 정확히 기름을 병에 담는 행동에 빗대어 자신의 정치관을 설파한다. 능숙해지면 기교란 당연히 생기는 것이다. 활을 잘 쏘는 기교가 있다고 해서 사냥이나 전쟁을 잘 치를 것이라고 교만해서는 안 된다.[24] 전쟁이나 사냥에서 활을 잘 쏘기 위해서는 바람의 미묘한 움직임과 상대의 변화를 가늠해 활의 힘과 방향을 조정해야 잘 쏘는 것이다. 정치란 그러한 것이라는 설명이다.

최고경영자가 조직구성원들의 충성심을 얻기 위해서는 미묘한 상황변화에 대응해 적절한 조치를 가려서 사용할 줄 알아야 한다. 조직구성원으로부터의 진정성을 구하는 것은 그러한 감각적 조치들이 빚은 결과다. 경영컨설턴트가 만들어온 매뉴얼에 따라서 오랜 기간에 걸쳐 일관성을 유지한다고 해서 구할 수 있는 것만은 아니다. 숙련된 기술만으로는 사람들의 마음을 구할 수 없다. 앞선 대기업 총수는 이를 간과했다.

돌발적 명예혁명

"자긍심이 소속감을 넘어서면 최고경영자는 모욕을 당하기 쉽다."

직원들의 자긍심은 높더라도 이를 최고경영자나 조직이 받쳐주지 못하면 최고경영자는 위험해진다. 최고경영자가 내부에 알지 못하는 것은 적을 두고 경영하는 것과 다름이 없다. 최고경영자의 상식적인 조치마저도 비난받는 경우가 이러한 경우다.

얼마 전 국내 항공사의 임원이 곤혹을 치른 경우가 있다. 최고경영자의 딸인 회사 임원이 미국 공항에서 이륙 전 비행기를 돌려 승무원을 비행기에서 쫓아내고 출발했던 사건이다. 2014년 말에 있었던 '땅콩회항' 사건이다. 항공사 직원들은 임원의 행위에 분개했다. 이 사실을 모바일 커뮤니티에 올려 외부로 알렸다.

그 임원의 평소 처신이 얼마나 단정하지 못했는지 아닌지에 관한 시시비비는 이 책의 주제가 아니다. 현장에서 직원을 지적했던 사실이 합당했는지 아닌지, 혹은 그 임원이 규정집을 승무원에게 던졌는지 아닌지도 이 책에서 논할 바가 아니다. 솔직하게 얘기하면, 직원들에게 그보다 더 불합리하고 고압적으로 처신하는 최고경영자가 적지 않다. 그렇지만 그들이 모두 직원들로부터 땅콩회항에서와 같은 모욕을 당하지는 않기 때문이다.

문제는 왜 이 사건이 회사직원의 입소문을 통해 사회 쟁점으로 불거졌느냐는 점에 있다. 그 이유가 어디에서 비롯됐는지 꼭 집어 설명할 수는 없다. 그렇더라도 이 사건은 임원이 승무원으로서의 자긍심을 일순간에 무너뜨렸던 데에 원인이 있었음을 알 수 있다. 그 임원은 승객들이 보는 앞에서 승무원의 자존심을 뭉개버렸다. 일순간 승무원은 '승무원의 명예'와 '항공사 직원으로서의 소속감' 사이에서 양자택일해야 하는 상황에 몰렸을 수 있다.

이를 임원의 입장에서 얘기하면, 승무원이 자신의 지적이나 처신에 물의가 있더라도 따를 것으로 기대했을 것이다. 그녀는 승무원을 승무원이기에 앞서 그 항공사 소속 부하 직원이라는 점에 더 많은 비중을 뒀을지도 모른다. '승무원이 승객들 앞에서 자존심 좀 상처를 받았다고 뭐 그리 큰일 날 일이냐?'는 생각을 했을 수도 있다. 그 임원은 설령 승무원이 개인적인 자존심에 상처를 좀 받았다고 하더라도, 회사내부의 구설거리 이상으로 확산될 이유가 없다고 생각했을 수도 있다. 한편으로는 자존심에 상처를 받은 직원을 다른 직원들이 잘 다독여줄 것으로 기대했을 수도 있다.

결과는 그 임원의 기대대로만 흘러가지 않았다. 그 임원은 '언론 재판'과 '실제 재판'으로 큰 모욕을 당했다. 졸지에 '금수저를 물고 태어난 안하무인 인사'가 됐다. 그 항공사는 '직원을 머슴처럼 부린다'는 불명예도 안게 됐다.

그 항공사가 직원을 머슴처럼 부리고 있는지, 그렇지 않은지는 확인할 수 없다. 이 문제를 놓고 언론이 보도했던 것처럼, 그 회사는 금수저와 머슴같은 비상식적인 기업문화를 가지고 있다고 볼 수 있다. 그렇지만 오히려 그 반대였을 가능성도 있다. 그 회사는 직원들에게 항공사 직원으로서의 자긍심을 높이는 데 더 많은 신경을 써 왔을 것으로 보인다. 그렇기에 직원들이 그를 넘어선 임원의 행위를 쉽게 문제 제기하며 반발했다고도 볼 수 있기 때문이다.

언론인인 김대영은 저서 『평판이 전부다』를 통해 이 문제를 나름 깊이 있게 따지고 있다. 그는 땅콩회항 파문으로 해당 항공사 오너 일가가 직원들을 고압적으로 대우한다는 사실이 널리 알려졌으며, 회사의 평판이 악화됐음에도 그 이듬해 마감한 신입사원 공채에는 왜 지원자가 줄지 않을까하는 의문을 제기한다. 그렇지만 막상 김대영은 행동주의 경제학자인 대니얼 카너먼Daniel Kahueman의 논리를 빌어 입사자들이 당장의 평판보다는 자신의 이익과 실리를 더 중요하게 생각했기 때문이라고 해석한다.[22] 김대영의 해석이 적절한지 여부를 따지는 것은 이 책의 기본 취지에서 벗어난다.

그렇지만 한 마디 사족을 달면, 해당 항공사에 입사신청서를 냈던 많은 사람들이 눈앞의 이익인 취직을 위해 머슴살이를 마다하지 않았다는 해석을 인정하기는 쉽지 않다. 그의 해석을 이분법적인 잣대로 재해석하면 그렇다는 것이다. 이를 부정할 수 있는 합당한 경험적 사실을 제시할 수 없다면, 다른 이론적 근거와 해석을 찾아야 한다.

그 항공사 직원들은 왜 비행기에서 벌어졌던 임원의 행동을 외부로 폭로하는 행동도 서슴지 않았을까? 직업인으로서의 자긍심이 소속감을 앞서 있었기 때문이다. 자긍심이 소속감을 넘어섰을 때에는 이러한 일이 발생할 수 있다.

자긍심이 소속감을 넘어서는 극단의 경우는 대체로 조직구성원들이 '비록 회사에서의 대우는 보잘 것 없고 처우도 별반 대단하지 않지만, 나는 사회적으로 인정받는 전문직업인'이라는 마음을 지닐 때 나타난다. 항공사 승무원들 가운데에는 이러한 심리를 지닌 사람이 의외로 많다.

병원의 간호사들이나, 편집기획회사의 디자이너, 호텔리어와 같은 직종에서 이러한 심리를 표출했던 사람들이 많다. 외부로 드러난 '전문성의 표지'와 회사 내에서 느끼는 '처우의 현실'의 차가 큰 경우다. 그 항공사 임원은 이 심리를 자극했으며, 그 역작용에 따른 대가를 치른 것이다.

그렇다고 해서 그 임원의 행동이 옳았다는 것은 결코 아니다. 그 임원은 남을 배려하려는 어진 마음을 지니지 못했다. 직원에 대한 최소한의 예의나, 고객 앞에서 조직구성원이 처해야 하는 상식적인 행동에 관한 기본을 다시 교육받아야 한다. 그렇지만 문제가 확산된 직접적인 이유는 임원이 직원들에게 소속감과 자긍심 사이의서 갈등할 수밖에 없는 요인을 제공한 점에 있다. 자긍심이 소속감을 넘어서면 최고경영자가 모욕을 당한다는 것은 이를 두고 하는 말이다.

혁명적 위협

"자긍심이 동질감마저 흔들면 최고경영자는 자리보전조차 어렵다."

조직구성원의 자긍심이 충성심에 도전하는 더 심각한 경우도 있다. 최고경영자에 대한 자긍심이 수치심으로 변질되는 경우다. 이는 조직구성원들이 최고경영자의 사소한 실수나 도덕적 흠결마저도 용인하지 않는 형태로 나타난다. 최순실 파문으로 박근혜 대통령의 도덕성이 문제되자 관료나 집권당이 대통령을 스스로 비판하고 퇴출시키려는 행동이 이러한 경우에 해당한다. 이러한 반전은 3류 드라마에서나 나올 이야기로 보이지만, 실제 오랜 인간의 정치역사에서 가장 많이 표출되고 있는 사례다. 정치보다 역사는 짧지만 기업사에서도 정치사에서보다 더 많은 사례로 등장한다.

대체로 다음과 같은 경우들이다. 첫째, 최고경영자에 대한 기능적 쓸모가 고갈됐다는 인식이 확산된 경우다. 둘째, 최고경영자에 대한 실체가 가짜였음이 확인된 경우다. 셋째, 최고경영자보다 자긍심을 구할 더 좋은 상대가 생긴 경우다.

첫째, 기능적 쓸모가 사라지면 새로운 자긍심 원천으로 눈을 돌린다. 인간사회의 현상을 동물 사회에서 일어나는 경험적 지식으로 빗대어 설명하는 것은 다소 무리가 있다. 그렇지만 곤충무리에서는 이러한 경우를 명확하게 예시할 수 있다. 꿀벌사회에서 여왕벌은 초개체 메커니즘의 자율적 통제구조의 정점에 있다. 여왕벌이 꿀벌 군체의 특성과 세대교체를 사실상 끌고 간다. 원리는 단순하다. 자신이 보유하고 있는 정자로 결정된다. 정자를 섞어 알을 낳으면 일벌이 나오고, 그렇지 않으면 수벌이 나온다. 일벌이 나와야 할 때 수벌만 나오면, 다른 일벌들은 여왕벌의 기능적 쓸모가 한계점에 다다랐음을 인식하고, 새로운 여왕벌을 맞을 채비를 한다. 여왕벌의 기능적 쓸모가 고갈됐다는 인식은 새로운 여왕벌을 키울 애기 집을 만드는 것이다.

조직구성원들이 최고경영자의 기능적 쓸모를 어떻게 인식하거나 인정하고 있는지는 천차만별이다. 그러나 그러한 인식을 형성하도록 유도하는 사람은 최고경영자다. 앞서 예시했던 인도네시아 석탄수출을 통해 코스닥 기업을 인수했던 최고경영자는 자신이 기업을 성장시키는 데 도움 될 두 가지 쓸모를 강조했다. 인수와 운영을 위한 자금동원 역량과 수익에 도움이 될 석탄수입 역량이다. 그렇지만 시간이 지나면서 자금동원에 한계에 부딪쳤고, 석탄 트레이딩을 붙여 봤으나, 워낙 석탄국제시세가 낮아 수익에 도움이 되지 않았다. 자신이 조직구성원에게 강조했던 기능적 쓸모가 쓸모없음으로 전환됐다. 이 과정에서 다른 쓸모를 찾거나 인식시키지 못했던 최고경영자의 기능적 쓸모도 사라진 것이다. 기능적 쓸모가 없어졌다는 조직구성원들의 인식은 최고경영자에 대한 자긍심을 낮춰 새로운 자긍심의 원천으로 눈을 돌리게 한다.

둘째, 최고경영자의 주장이 가짜임을 인식하면 조직구성원들은 충성심에 도전한다. 최고경영자가 쓸모가 약해졌다는 이유나, 법적이나 도덕적으로 흠 잡힐 행동을 했다는 이유로 조직구성원들이 최고경영자에게 도전하지는 않는다. 경우에 따라 편차가 있을 수는 있겠지만 대체로 그러하다. 그 보다는 최고경영자가 강조했던 규범적이거나 이념적 원칙이 사실이 아니었음으로 확인될 때 조직구성원들의 반감은 심해진다. 이러한 반감은 충성심에 도전한다. 예컨대 경영정상화를 위해 월급 한 푼 안 받고 봉사하는 마음으로 경영하겠다고 선언했던 최고경영자의 아주 사소한 접대비 사용 명

세서가 문제되는 것이 이러한 이유 때문이다.

　　수년 전 노사분규를 맞은 한 중소기업 사장을 만난 적이 있었다. 그는 노조가 자신이 고급승용차에 기사를 데리고 다니는 것을 문제 삼고 있다면서 그 원망을 노조를 비호하는 정부 노동당국과 좌파 정권에 탓을 돌렸다. 이유는 이러했다. 수출경기 침체로 공장 가동률이 떨어졌다. 그는 이에 대해 당분간 자신이 그 법인으로부터 무보수로 일할 것이라고 선언하며, 노조에 직원임금 삭감을 요구했다. 노조도 회사사정을 이해했고 이를 수용했다.

　　이와 병행해 최고경영자는 공장의 동남아시아 이전계획을 준비했다. 이 사실이 알려진 이듬해 회사노조는 최고경영자의 부도덕함을 주장하며 노사분규를 일으켰던 것이다. 그 과정에서 노조는 사장이 월급을 챙기지 않았던 것은 사실이지만, 그 이상의 돈을 접대비와 거마비 명목으로 지출했음을 공개했다. 사실상 그 사장은 다른 법인으로부터 정상적으로 월급을 받고 있었으며, 금액상으로는 그 이전보다 늘어나 있었다. 다른 계열사에서는 자신의 월급을 올렸고, 문제됐던 계열사로부터는 월급을 받지 않는 대신 접대성 경비를 지출했던 것이다. 차라리 무보수로 일하겠노라 떠벌리지 않았다면 문제없을 일에 스스로를 옭아맨 것이다. 사소한 조치로 큰 감동을 구할 수 있음을 이해한다면, 사소한 빌미가 자신을 나락에 빠뜨릴 수 있음도 알아야 한다.

　　셋째, 새로운 자긍심의 원천이 생기면 충성심은 최고경영자를 떠난다. 정체성이 약한 상황에서 최고경영자를 공격하는 세력은 회사 밖이 아니라 회사 안에 있기 마련이다. 최고경영자는 내부의 적이 누군지를 인식하지 못하는 경우가 더 많다. 최고경영자가 내부에 적이 누구인지 안다면 최소한 자리를 보전할 가능성이 있다. 그렇지 못하다면 제갈량을 측근에 두고 있어도 자리를 보전할 가능성은 없다. 그 적은 표면적으로 이적행위를 하거나 하지 않는 것과 상관없다. 정체성이 낮은 조직에서 조직구성원들의 자긍심이 의탁할 최고경영자 이외의 현실적 대안으로 존재하기에 충성심의 적이 되는 것이다.

배려의 어진 마음

최고경영자는 남을 배려하는 어진 마음을 기본으로 삼고 처신할 때만 조직구성원들로부터 충성심을 구할 수 있다. 최고경영자는 조직구성원들의 동질감과 소속감, 자긍심의 미묘한 조화와 균형을 통해서 충성심을 구한다. 동질감이나 소속감, 자긍심을 높이려는 조치를 순간순간의 변화하는 환경에 맞춰 감각적으로 운용해 조직구성원들의 마음을 울려야 충성심으로 이어질 수 있다.

어진 마음을 기본으로 하면, 다른 사람에게 해악을 끼치고도 오히려 그로부터 도움을 받을 수 있다. 수년 전 한 최고경영자로부터 자신이 정리해 고 했던 직원으로부터 도움을 받았던 이야기를 전해 들었던 바 있다. 그는 회사가 어려워 인력을 대거 정리했던 적이 있었다. 그런데 몇 년 후 자신이 정리했던 직원이 거래처인 한 대기업의 핵심 담당자로 자리를 옮겨 있었다.

최고경영자는 대기업과 협약을 맺기 위해서는 그 담당자를 찾아가 아쉬운 소리를 해야 했는데, 과거 자신의 행동을 생각하면 그럴 수 없었다. 전전긍긍하던 중에 담당임원으로부터 '대기업에서 먼저 우리가 원하는 제안을 제시해 왔다'는 보고를 받고 의아하게 생각해 그 직원을 만났다고 한다.

최고경영자가 그 직원을 만나 '내가 회사를 지키려는 욕심에 당신을 해고했던 것을 알지 않느냐, 이번이 나에 대한 원한을 갚을 수 있는 기회였을 텐데 어찌 나를 도와주느냐?'고 묻자 그는 이렇게 대답했다고 한다. "내가 잘린 것은 회사를 살리기 위해 어쩔 수 없었던 일 아닙니까. 그래도 사장은 나를 끝까지 해직자 명단 뒤에 놓고 남기려 했던 것을 알고 있었습니다. 내가 회사를 떠나던 날 사장의 눈빛에서 더 이상 나를 사사로이 구해줄 수 없어 애처로워했던 모습도 기억합니다. 사장님의 그 마음을 알고 있기에 이번에 도움을 드린 것뿐입니다. 그렇기 때문에 우리 회사 대표에게도 자신 있게 사장님의 회사 사정을 잘 설명해 이해를 구할 수 있었던 것입니다."

최고경영자가 조직구성원들에게 감동을 주느냐, 슬픔을 주느냐는 객관적 현실에만 좌우되지 않는다. 객관적 현실이 어쩔 수 없이 비운의 상황이라 할지라도 배려하는 마음을 잃지 않아야 남에게 슬픔마저 얹어 주는 패착을 피할 수 있다. 그 반대의 경우도 있다.

국내의 한 대기업 총수가 반대의 경우로 비운을 맞은 경우다. 그는 우리나라가 외환위기를 맞았던 1998년과 1999년에 이르는 기간에 기업이 해체되는 비운을 맞았다. 1997년 도래한 외환위기 상황에서 수출의존도가 높았던 그 기업은 정부의 무역금융 제재로 유동성 위기를 겪게 됐다. 엎친 데 덮친 격으로 그 기업은 1998년 12월부터 정부의 압력에 따라 다른 대기업과 빅딜 협상에 들어갔다. 그러나 빅딜은 무산됐다. 이로 인해 해당 기업은 1999년 8월 워크아웃에 들어갔다. 최고경영자는 자신의 사재를 포함해 수조 원을 출연해 채권단에 담보를 제공했으나, 곧바로 그룹 해체의 길로 치달았다. 이 그룹이 왜 해체됐으며, 이를 주도했던 당시 정부의 경제정책이 바람직했던가 하는 문제는 이 책의 주제가 아니다.

이 책에서 관심을 갖는 사항은 당시 정부 경제팀에서 해당 그룹의 해체를 주도했던 관료와 최고경영자간의 인연에 관한 뒷이야기들이다. 그 관료는 오래전부터 최고경영자와 인연을 맺었던 사이였다. 젊어서 잠시나마 최고경영자가 운영하는 기업에 근무한 경력도 있었다. 남들이 보기에는 돈독한 관계였다. 그런데 막상 그가 정부 경제팀의 요직을 맡으면서는 뭔가가 달랐다. 그는 최고경영자의 약점을 잘 알기에 이를 어떻게 대응할 수 있는지도 누구보다 잘 알았다. 그리고 수출금융 봉쇄, 빅딜 진행, 워크아웃 유도와 그룹해체를 적절하게 풀어나갔다.

　　해당 관료는 자서전을 통해 당시의 일을 회고하며 시장은 이미 그 대기업에 등을 돌렸었다고 얘기했다. 자신은 경제팀 수장으로서 시장을 안정시키기 위한 합당한 조치를 취했음을 강조한 것이다.

　　반면에 그 최고경영자는 당시 정부 경제팀의 조치는 자신의 그룹을 해체하기 위한 각본으로 움직였던 것이라고 하소연한다. 최고경영자는 1999년 12월 빅딜을 진행하면서도 그 관료로부터 그룹을 어떻게 부도내겠냐며 안심의 말을 들었으나, 막상 그가 경제팀을 지휘하며 그룹해체를 주도했다고 주장한다. 최고경영자의 말에 따르면 해당 관료는 앞에서의 말과 뒤에서의 행동이 달랐다는 이야기다.[23]

　　두 사람의 주장가운데 누구의 주장이 사실인지 진위를 따지는 것 또한 이 책의 직접적인 논제가 아니다. 그렇지만 논의전개를 위해 한 걸음만 더 나아가 본다면, 제3자인 언론인 출신 김수길은 공동저서 『금고가 비었습니다』에서 금융감독위원회는 그 관료가 최고경영자를 안심시켰던 시점보다 훨씬 이전인 1999년 1월부터 '해당 그룹은 채권단 주도로 구조조정을 해야 한다'고 주장해 왔으며, 이를 당시 대통령에게 보고했었다고 기술

하고 있다.[24]

관료는 과거 자신을 도와줬던 최고경영자에게 큰 굴레를 씌운 것이다. 당시 최고경영자에 대한 대통령의 신망은 두터웠다. 이를 고려할 때, 관료의 조치는 대통령의 의중에서 비롯된 것으로 해석하기 쉽지 않다. 또한 당시 부채비율이나 여건 면에서 그 대기업보다 더 기초가 허물어졌던 대기업도 없지 않았다. 최고경영자는 시장 신뢰를 돌리기 위해 정부에 10조원의 긴급자금 지원을 요청했었으나 거절당했다. 그러나 정부는 그 그룹을 해체한 이후 현대그룹에 대해서는 40조원을 긴급 수혈하기도 했다. 그 관료는 형평성에 있어서도 다소 애매한 기준을 적용했다는 지적에서 자유로울 수 없다.

두 사람의 관계가 어떠했으며, 그 관료의 입장이 실제 어떠했는지 속사정이야 알 길이 없다. 표면적으로 드러난 사실은 그 최고경영자는 관료에게 과거 은혜를 베풀었지만, 이를 덕으로 다시 돌려받지는 못한 것이다. 그 최고경영자 입장에서 보면 잘못의 원인은 두 가지 극단의 어느 중간에 위치해 있을 것이다. 사람을 잘못 봤거나, 은혜를 베푸는 배려의 마음이 잘못 전달된 경우다. 이 두 가지 극단의 상황은 결국 최고경영자의 문제로 귀결된다. 최고경영자는 누울 자리를 잘못 잡았던가 아니면 잘못 누워 영욕의 길로 들어선 것이다.

■ 23 '정언명령categorical imperative'이란 특정 행위가 그 자체로서 목적이 돼야 한다는 '목적 순수성의 원칙'이다. 그 행위가 다른 목적에 도달하기 위한 수단이라는 가언명령hypothetic imperative과 구별된 개념이다.

■ 24 '능숙해지면 자연히 기교가 생긴다熟能生巧'라는 고사에 얽힌 얘기다.

| 18 |
관리조직과 어떻게 조화를 이룰 것인가

　　최고경영자는 관리조직을 통해 자신의 의지를 조직구성원들에게
전달한다. 대체로 이것이 일반적인 실행방식이다. 그렇지만 항시 그래야
하는 것은 아니다.

　　최고경영자가 관리조직의 조치를 앞서기도 하며, 관리조직의 조
치를 최고경영자가 보태기도 한다. 관리조직의 조치를 최고경영자가 부정
하며 반전을 꾀하기도 하고, 때에 따라서는 최고경영자의 약점을 참모들의
조치로써 보완하기도 한다. 이러한 변화는 본질적으로 최고경영자가 관리
조직의 조치에 화룡점정畵龍點睛의 묘미를 더함으로써 큰 울림을 가져오거
나, 최고경영자의 조치를 관리조직이 따라감으로써 더 큰 감동을 주기 위
함에 있다.

상극과 상합

최고경영자는 관리조직과 어떻게 조화를 이룰 것인가? 이는 최고경영자가 어떻게 누울 자리를 잘 보고 자리를 펴느냐에 관한 문제다. 풍수지리에 관한 얘기가 아니다. 조직구성원의 충성심을 구하기 위해 조직과 자신과의 역할을 어떻게 조율하고 조화와 균형을 맞추느냐에 관한 논의다.

사람들은 상식적인 일상에서 안정감을 얻는다. 그렇지만 이의 파격으로 더 큰 울림과 감동을 받는다. 최고경영자는 이처럼 자신의 조치와 조직의 조치가 갖는 차이를 구별해야 한다. 이를 적절하게 구분해 활용함으로써 안정감의 감동과 파격의 울림을 구하는 감각을 익혀야 한다. 어떻게 이러한 감각을 체득할 수 있는가? 정답이나 매뉴얼은 없다. 그때그때의 상황과 입장에 따라 대응하며 체감하는 길 밖에는 없다. 그렇지만 2,500년 이상의 역사를 지닌 정치학이 제시하는 몇 가지의 충고를 귀담을 필요는 있다. 다음과 같은 것이다.

첫째, 배려하되 어진 마음을 넘어서는 안 된다.
둘째, 형식을 허물되 예의마저 넘어서는 안 된다.
셋째, 책임을 나누되 권위마저 나눠서는 안 된다.
넷째, 조직을 신뢰하되 의존해서는 안 된다.

이러한 충고를 단순히 윤리도덕 교과서적인 이야기 혹은 정신 수양을 위한 고리타분한 교범으로 받아들이는 것은 독자의 몫이다. 그렇지만 사람의 마음을 움직이는 것이 정치이고, 오래 전부터 정치에서 가장 중요하게 바라보는 통치자의 현실적 대안이자 처신의 감각이 이러한 것들이다. 덕목이면 윤리도덕 교과서적이고, 처신술이면 권모술수라고 단정해 현실적 대안이 아니라고 무시하면, 최고경영자가 답을 찾을 곳이 없어진다. 경영학이나 행정학에서 현실대안을 찾지 못하는 최고지도자와 최고경영자는 무당이나 사이비 종교에 의탁할 수밖에 없다.

오얏나무 탱자나무

"배려하되 어진 마음을 넘어서서는 안 된다."

이 말에는 두 가지 의미가 숨겨져 있다. 이익을 드러내 배려하지 말고, 상대와의 관계를 봐 가면서 배려하라는 것이다.

첫째, 최고경영자는 조직구성원이나 조직구성원 이외의 사람들에게 배려의 조치를 취하되, 그것이 나의 이해에서 비롯됐음을 구태여 드러내지 말라는 뜻이다. 이해를 생각하지 않고 배려하는 어진 마음을 갖추라는 것은 도덕관의 문제다. 이를 원리로 받아들이면 만사 이러한 도덕관에 따르라는 말이 된다. 이는 홍보와 정치의 논의에서도 벗어난다. 사실 공자나 맹자도 '이해를 드러내지 말라'는 것이지, 윤리교과서대로 처신하라고 강조했던 것은 아니다. 상대에 대한 배려가 본질적으로는 나의 이해에서 비롯됐을 수 있는 현실을 인정한다. 그렇더라도 내가 배려의 조치를 취하는 것이 다른 목적에서 비롯됐음이 아니라고 스스로의 행동을 규정하고, 남들에게도 그렇게 이해시켜야 한다. 이를 쉽게 풀어 이야기하면, 남을 도와주며 공치사를 하거나, 있는 채 없는 채 등 채 하지 말라는 것이다.

둘째, 최고경영자는 배려를 베풀 상황과 상대를 봐가며 베풀어야 한다. 어진 마음을 지니지 않은 상대나 어진마음을 나눌 수 없는 상황에서의 조치를 베풂으로 오해하지 말라는 얘기다. 상대가 어진마음을 지니고 있는지 없는지는 가늠할 수는 없다. 조선시대 중국으로 건너간 사신이 술집 기생을 불쌍히 여겨 방면을 위한 대가를 지불했다가, 추후 이 기생이 중국 왕의 귀인이 돼 사신을 도왔다는 이야기는 로또 당첨과 같이 멀게 느껴진다. 이 이야기 속에서 얻을 수 있는 교훈은 이러한 로또마저도 남을 위한 배려가 몸에 익은 사람만이 얻을 수 있는 행운이라는 점이다. 상대가 어진 사람인지 아닌지를 모르면 배려하지 말라는 식으로 '계산된 선행을 하라'는 말도 아니다. 오히려 그 반대다. 능력이 닿는 범위에서 남을 위해 배려하라는 것이다. 로또와 같은 행운은 남들을 위한 수많은 배려행위가 전제돼야 찾아온다.

그런데 이러한 경우와 달리 상대와 어진마음을 나눌 계제인지 아닌지를 가늠할 수 있는 경우가 있다. 예컨대 강도로부터 협박을 받는 상태에서 강도에게 돈을 주는 행동, 관료에게 세무조사를 받으면서 이들에게 술 사주고 밥 사주는 행동, 상인으로부터 물건을 사면서 그의 요구를 받아줘 돈을 더 지불하는 행동 등은 그 자체만으로는 어진 마음을 나눌 상황이 아니다. 거래관계다. 강도를 만나 돈으로 자신의 목숨을 거래한 행동을 강도에 대한 배려라고 우겨봤자 하등에 도움이 될 게 없다. 최고경영자는 거래관계에 따른 조치를 배려로 착각해서는 안 되며, 손해 본 거래를 배려로 오해해서도 안 된다.

'이해를 보면 의를 생각하라見利思義'는 이야기나 '오얏나무를 심으면 여름에는 그늘이 있고 가을에는 과실을 얻지만, 탱자나무를 심으면 여름에는 그늘도 없고 가을에 열매도 없다桃李'는 얘기는 모두 이 두 가지를 경계한 말이다. 춘추시대 제나라 재상이었던 안영에게 하루는 북곽소北郭騷라는 선비가 찾아와 도움을 요청했다. 부모 봉양할 양식이 없으니 도와달라고 부탁한 것이다. 안영은 그 부탁을 받아들여 그에게 양식을 건네줬다. 그 후 몇 해 지나 안영이 모함으로 귀양을 가는 처지에 놓였다. 북곽소는 왕에게 안영의 무고를 주장하며, 그 앞에서 스스로 목숨을 끊어 보답했다. 다소 극단적인 이야기지만, 마음을 울린 배려는 태산을 움직이는 힘보다 커질 수 있음을 알려준다.

진晉나라 대신인 조간자趙簡子에게 양호라는 사람이 위나라에서 쫓겨 찾아와서는 자신에게 평소 은혜 입었던 대신과 장수가 한둘이 아니었음에도, 왕에게 쫓기는 신세로 전락하자 그들은 자신을 잡기에 혈안이 돼 있었다며 하소연했다. 이에 조간자가 오얏나무를 심으면 여름에 그늘이 있고 가을에 과실을 얻지만, 탱자나무를 심으면 그늘도 과실도 구하지 못한다고 비유하며, 사람을 가려가며 배려해야 한다고 충고했다. 이미 가림 없이 베풀고 나서, 그것이 은혜로 돌아올 것으로 오해하지 말라는 충고다.

수년 전 두 기업 최고경영자 사이에서 섰던 적이 있었다. 한 최고경영자는 과거 홍보컨설팅을 하면서 인연을 맺었던 사람인데, 스스로를 부회장으로 낮추며 다른 사람과의 의리와 신의를 무척 중요시했다. 다른 최고경영자는 당시 직접 회장으로 모시고 있는 관계였다. 당시 회장이 운영하는 대기업은 외국계 헤지펀드로부터 경영권 도전을 받았고, 이들로부터 대표이사 교체를 위한 임시 주총 소집요구를 통보받은 상황이었다. 실제 우호지분을 다 합쳐 봐도 헤지펀드가 보유했다고 판단되는 적대적 지분에 크게 못 미쳤다. 회장은 은행이나 거래처 최고경영자들과 접촉하며 우호 지분 매집을 요청했다. 그러나 막상 그들도 면전에서는 지원의사를 밝혔지만, 주식 구매를 행동에 옮기지는 않았다. 그들도 눈치를 보고 있던 상황이었다.

회장과 비서실장이 내게 방도를 물었을 때, 내가 과거 홍보컨설팅을 했을 때 사귀었던 최고경영자에게 도움을 구해볼 것을 권했다. 회장도 이미 그 최고경영자를 알고는 있었으나, 친분이 두텁지는 않았다. 상대측 최고경영자가 우리를 도와줄 것으로 보이냐는 비서실장의 질문에 대해 '회장이 그와 거래로 접근해서는 도와주려하지 않겠지만, 신의로 접근해 마음을 움직이면 도우려 할 것이고 그의 사소한 도움마저도 지금 이 상황에서는 큰 물꼬를 여는데 도움이 될 것'이라고 강조했다. 그리고 회장은 그 최고경영자를 만났고 그의 도움을 받았다.

몇 개월이 지나 회장은 또 다른 난관을 맞았다. 자신의 계열사 가운데 테스트용 단말기 생산을 위한 휴대폰 단말기 제조사가 있었는데, 이 회사가 당초 정부와의 약속을 어기고 해외에 단말기 제조공장을 추가 설립했다. 테스트용으로 설립한 제조사가 연간 120만대라는 규정을 넘어 생산 대수를 늘리려는 계획이 알려지면서, 국회와 정통부가 발칵 뒤집혔다. 이기심으로 인해 정부와의 신뢰를 어겼다는 지적이 나왔다. 정보통신서비스 사업을 운영하는 다른 계열사의 경영이나, 회장 자신의 경영권을 유지하는 데 어려움이 커질 수 있음을 예고했다. 어찌해야 하느냐는 비서실장의 질문에 '일전에 경영권 방어에 도움을 받았던 최고경영자에게 단말기 계열사를 통째로 넘기는 방안'을 제안했다. 회장 입장에서는 다른 선택지가 없었다. 휴대폰 단말기를 생산했던 그 최고경영자의 입장에서도 나쁠 것이 없는 제안이었다.

며칠 후 휴대폰 계열사 매도의향을 전해들은 최고경영자로부터 전화를 받았다. 회장이 왜 이러한 인수합병 의사를 자신에게 제안하는지, 회장을 믿어도 되는 것인지를 물었다. '회장은 당신의 인품을 믿고 있으며, 적어도 어차피 끌고 가기 힘든 계열사를 당신에게 넘기려는 데에는 다른 의도가 없다'는 말에 최고경영자는 이를 흔쾌히 수용했다.

　　수년이 지났을 때 그 휴대폰 단말기 제조회사는 많은 어려움에 처했으며, 최고경영자는 자신이 설립한 회사에서 손을 떼야할 상황을 맞았다. 세간에는 이 회사가 어려움에 처한 이유가 대기업으로부터 단말기 제조사를 인수했기 때문이라는 식으로 해석하며 이를 '트로이 목마'에 비유하는 구설수가 회자됐었다. 그 경황이 없던 때에 최고경영자를 다시 만났다. 그는 자신이 어려움에 처한 이유를 세평과 달리 해석했다. 지금 어려움에 처한 자신을 위해 그 회장이 여러모로 도움주고 있었다는 것이다.

어리석은 노인의 마을

"형식을 허물되 예의마저 넘어서서는 안 된다."

　　형식을 허물면 친밀감을 구할 수 있다. 그렇지만 친밀감이 지나치면 권위를 잃는다. 이는 두 가지의 의미가 있다. 최고경영자가 엄하면, 관리조직은 이에 따라 더 엄해진다. 조직이 엄하면 조직구성원은 의견을 제시하지 못하고, 조직구성원이 벙어리면 최고경영자는 귀머거리가 된다. 반면에 최고경영자가 엄한데 관리조직이 이를 따르지 않고 조직구성원들과 친하면, 이는 새로운 충성심의 대상을 키우는 것이다. 최고경영자는 이러한 양 극단의 가운데에서 균형을 잡아야 한다.

　　관리조직은 성격상 형식을 주도한다. 상하관계를 구별하며, 조직에서의 직계구조를 중요시한다. 최고경영자는 이러한 일상에 파격을 가하는 조치를 통해 동질감을 충성심으로 증폭시킬 수 있다. 그렇지만 그 파격 또한 정도를 벗어나서는 안 된다. 조직의 형식과 관례를 벗어나 친밀감을 구하되, 일탈이 예의를 넘어서거나 일탈이 일상화돼서는 곤란하다. 관리조직과 최고경영자의 조치 사이의 미묘한 긴장과 조화를 유지해야 한다.

최고경영자는 관리조직이 갖추고 있는 불필요한 형식을 허물되 예의를 넘어서서는 안 된다. 이 말은 서로 친해서 터놓고 지내는 것이 지나치면 허투루 대할 수 있음을 경계하라는 뜻이다. 직원들이 노는 만큼 같이 일하는 것을 피했던 홍보대행사 사장의 앞선 사례는 이의 단편적인 경우다. 최고경영자가 격식과 격의를 피하고, 관례와 상식을 넘어서 조직구성원들에게 접근하려는 이유는 그들의 의견을 열어놓고 듣기 위함이다. 격의를 없앰으로써 조직구성원들의 의견을 존중하는 모습을 보이고, 이를 통해 동질감을 높여 충성심을 구하기 위함이다. 그렇지만 그러한 파격이 최고경영자 자신의 위신을 낮추고, 조직의 규정을 흔들어서는 곤란하다. 이를 경계해야 한다.

이것만이 다가 아니다. 최고경영자는 관리조직이 조직구성원들의 의견을 제대로 수용하고 있는지를 항상 확인해야 한다. 조직이 유연하지 못해 조직구성원들의 의견과 여론을 제대로 수용하지 못하면, 이를 풀 수 있는 사람은 최고경영자 밖에는 없기 때문이다. 관리조직의 의견과는 다른 조직구성원의 의견을 최고경영자가 듣기 위해서라도, 또는 조직구성원들의 의견과 여론을 관리조직이 제대로 수용할 수 있는 구조를 유지하기 위해서라도, 최고경영자는 관리조직의 형식과 관례를 깨는 경각의 조치를 취할 줄 알아야 한다.

제나라 환공이 사냥을 나갔다가 한 마을에 들었다. 그 마을 이름이

'어리석은 노인의 마을愚公之谷'이었다. 연유를 물으니 한 노인의 소가 송아지를 낳기에 이를 망아지로 바꿨다. 그런데 어느 날 젊은이가 찾아와 소가 망아지를 낳을 수 없는데, 망아지가 어찌 당신 것이냐며 노인의 망아지를 빼앗아 갔다는 것이다. 사람들이 그 노인을 어리석게 여겨, 그가 사는 마을 이름을 그렇게 부르게 된 것이라 설명했다. 환공이 관중에게 이 이야기를 들려주자, 관중은 사기를 치는 자로부터 노인을 보호해주지 못한 관리의 책임을 통감하고 반성했다고 한다.

실제 기업 컨설팅에 참여하다 보면, 관리조직이 조직구성원들의 입을 막는 경우가 비일비재하다. 수년 전 한 기업과 공동 프로젝트를 추진했던 적이 있었다. 그 기업이 프로젝트 추진의 자금을 대고, 우리가 실행을 맡는 형태였다. 그 회사 최고경영자는 재무담당 임원을 파견했다. 그는 회사 안에서 최고경영자의 의중을 잘 이해하는 사람이었다.

최고경영자의 '의중을 잘 아는 임원'을 둔 조직은 장점이 있는 반면, 반드시 단점도 있게 마련이다. 장점은 최고경영자가 용인할 수 있는 대안으로 조직의 의사를 빠르게 수렴할 수 있다는 것이다. 반면 최고경영자가 용인하지 못했던 대안, 즉 그 임원이 최고경영자의 입장으로 빙의해 들어가서 보더라도 상상도 할 수 없는 대안에 대해서는, 조직구성원들이 제시하는 의견이 원천 봉쇄당할 가능성이 크다. 조직의 유연한 사고가 떨어질 수 있다.

이를 미처 경험해 보지 못했던 사람은 '의중을 아는 임원'을 건너 뛰어 최고경영자에게 직접 의견을 제시하는 경우도 있다. 그렇지만 대개의 경우, 최고경영자는 현장에 파견한 임원을 통해 직원의 제안을 다시 평가해보려고 한다. 그리고는 조직구성원들은 최악의 상황을 맞게 된다. 최고경영자는 조직구성원들에게 '당신들의 생각이 뭔가 미심쩍고, 신뢰하기 힘들다'는 메시지를 '의중을 잘 아는 임원'을 통해 내려 보낼 것이며, 이로 인해 조직구성원은 자신의 의견을 적극적으로 제시하기보다는 '최고경영자의 암호 같은 의중'을 따라 미지의 동굴을 탐험하게 된다.

초동과 맹견

"책임을 나누되 권위마저 나눠서는 안 된다."

최고경영자는 조직구성원들의 환심을 사기 위한 조치로 오히려 화를 맞는 경우가 있다. 춘추전국시대 사성자한司城子罕 이 송나라 재상으로 있으면서 왕에게 제안했다. 백성들은 상을 내리는 사람을 좋아하고, 형벌 내리는 사람을 싫어하니, 앞으로 왕은 상을 내리고 형벌은 자신이 처리하겠다는 것이었다. 왕은 제안을 수용했다. 그런데 형벌이 오로지 사성자한을 통해 결정된다는 사실을 알게 된 사람들은 그에게 빌붙기 시작했고, 그의 말만 따랐다. 1년 후 사성자한은 그 위세로 왕을 내쫓았다. 이는 마치 어린아이가 자신의 몸집보다도 큰 맹견을 끌고 가는 것과 같이 위태한 일이다. 이에 관해 노자老子는 물고기가 물을 떠나 살 수 없듯이 통치에 꼭 필요한 권력을 남에게 빌려주지 말라고 강조한다.

최고경영자는 조직을 관리하기 위해 어쩔 수 없이 관리조직을 두고 운영한다. 필요에 따라서는 외부의 전문가로부터 의견을 구하기도 한다. 관리조직을 두거나 외부 전문가를 활용하는 이유는 최고경영자의 정확한 의사결정과 결정된 의사를 효과적으로 수행하기 위해서다. 최고경영자의 판단력과 수행력을 분산하려는 데 있어서는 안 된다. 이는 마치 최고경영자가 스스로 조직구성원들에게 다른 사람에게 충성하라고 알리는 것과 같다.

수년 전 투자자관리 홍보컨설팅을 위해 한 바이오 기업 최고경영자를 만났다. 그는 자수성가해 사업을 일군 사람이었다. 사업을 키우는 과정에서 몇 차례의 실수가 있었는데, 그때마다 아내의 도움으로 위기를 극복했던 모양이었다. 그 부인은 회사의 부회장으로 재직하고 있었으며, 최고경영자는 항시 아내에 대한 고마움을 표출했다.

그런데 그는 일을 진행하는 과정에서 수차례 말을 번복해 주변사람들을 곤혹스럽게 만들었다. 가령 경영회의를 진행하는 과정에서는 광고 집행이나 기자 간담회 등을 최고경영자가 결정했음에도 막상 실행단계에 들어서면 말이 달라졌다. 최고경영자가 결정한 일에 관해 예산담당 부사장이나 관리담당 임원과 진행을 논의하다보면, 담당임원들이 회사 방침이 아직 확정하지 않았다고 미뤘다. 그리고는 얼마 후 담당임원이 조정된 예산과 바뀐 내용을 들고 와 이렇게 조정해 진행하면 안 되겠냐고 문의하는 것이다. 최고경영자인 회장과 임원들이 경영회의에서 결정했던 사항을 구태여 번복한 이유를 묻자, 임원들은 주저주저 합당한 이유를 대지 못했다. 이를 회장에게 직접 물어보니, 자신이 다음날 다시 생각해 보니까 조정하는 것이 바람직하다는 생각에 그리 판단했다고 둘러댄다. 문제는 이러한 일이 짧은 프로젝트 기간 중에 수차례 반복됐었다는 것이다.

프로젝트를 마무리하는 자리에서 담당 부사장에게 최고경영자가 이처럼 의사결정이 변덕스러워 직장생활이 힘들겠다는 위로의 말을 꺼냈다. 그러자 부사장은 이를 긍정도 부정도 하지 않으며, '그래서 회장의 결정사항을 직원들이 믿지 않는다. 실질적인 결정은 회장의 부인인 부회장이 하기에,

부회장의 결정이 나올 때까지 그냥 지켜볼 뿐'이라고 설명했다.

　　또 다른 사례가 있다. 선대회장으로부터 회사를 물려받았지만, 선대
회장이 육성해 놓은 조직문화로 곤욕을 치른 한 최고경영자의 얘기다. 선대
회장은 죽기 전까지 전문경영인 중심의 기업을 일구려는 자신의 뜻을 실천
에 옮겼다. 그래서인지 그 기업의 문화는 다른 재벌기업과 달랐다. 회장가會
長家 사람들, 그러니까 회장 집안사람들에 대한 예우에 크게 신경 쓰지 않았
다. 창립기념 행사나 선대회장에 대한 추모 행사를 진행하더라도 상석은 각
계열사의 전문경영인이 앉았고, 회장가 사람들을 당연히 일반석에 배정했
다. 선대회장이 죽은 이후 이러한 조직문화를 끌고 갔던 사람이 선대 회장의
충복이었던 부회장이었다.

　　그런데 선대회장이 이룬 조직문화는 선대회장의 아들인 후임회장의
뜻과 맞을 수도 있고, 그렇지 않을 수도 있다. 이 회사는 후자의 경우에 해당
했다. 이 회사의 부회장은 선대회장의 유지가 후임회장을 통해서도 계승될
수 없음을 몇 차례에 걸친 후임회장의 조치들을 통해 확인했다. 후임회장이
자신의 위태한 기업지배권을 확보하기 위해 회사 자금을 잠시 밖으로 돌려
선물투자 등을 통해 증식한다던가, 이의 회계 상의 근거를 없애기 위해 계
열사의 장부를 분식 처리하는 등의 무리한 행동을 진행했던 것이다. 부회장
은 지속적으로 후임회장에게 기업지배권을 확보하기 위해 조직구성원들이
용인하지 못할 무리한 방법으로 진행해서는 안 된다는 점을 충고했다. 선대
회장이 키워 온 조직의 문화가 후임회장의 행동을 이해 못할 것이며, 회장이
조직구성원들조차 이해하지 못하는 행동을 하면 화를 불러올 뿐이라고 조
언했다. 그렇지만 후임회장은 이 말을 귀담아 듣지 않았다. 단지 그렇게 충
고하는 부회장을 원망했다.

얼마 후 부회장의 우려대로 회사의 기밀문서가 한 시민단체로 유출됐다. 이로 인해 후임회장은 옥고를 치르는 비운을 맞았다. 후임회장은 부회장 측에서 회사의 기밀문서를 빼돌렸다고 오해하기도 했다. 그래서 원망은 더욱 짙어졌다. 하지만 그렇다는 근거도 없었으며, 부회장이 그러한 행동을 고려조차 하지 않았을 것이라는 점을 조직구성원들이라면 누구라도 인정하고 있었다. 설령 부회장의 의도가 아니라 부회장 측의 사람들이라고 포괄한다면, 그 사람은 사실상 해당 기업의 모든 조직구성원이었다. 신임회장이 검찰에 구속됐던 기간 중 조직구성원들을 대상으로 이 문제를 어떻게 수습해야 하느냐는 질문에 구성원의 80% 이상이 회사를 살리기 위해서는 후임회장이 물러나야 한다는 의견을 제시했으니 말이다.

이 사례는 최고영영자의 권위가 관리조직과 나뉜 상태에서 최고경영자가 얼마나 위험해 질 수 있는지를 드러내는 사례다. 최고경영자는 책임을 나누되 권위마저 나눠진 상황을 경계해야 한다. 최고경영자는 관리조직으로 나뉜 권위를 먼저 수습하지 않았을 경우, 자신의 사소한 결점의 행위조차 큰 문제로 불거질 수 있음을 인식해야 한다.

열린 귀와 맑은 눈

"조직을 신뢰하되 의존해서는 안 된다."

최고경영자에게 있어 관리조직은 자신의 관리를 대신 수행하는 분신이다. 조직구성원들은 관리조직이 자신을 어떻게 대우하느냐에 따라 최고경영자에 대한 평판을 달리한다. 관리조직이 엄하고 냉혹하면 최고경영자가 포악하다고 평가하며, 관리조직이 허술하고 조리 없으면 최고경영자가 무능하다고 생각한다. 결국 최고경영자는 자신 주변에 어떠한 사람들이 참모로 모여 있고, 이들이 조직을 어떻게 관리하는지를 항시 눈 여겨 봐야 한다. 그래서 신뢰하되 의존해서는 안 된다고 말한다.

최고경영자는 자신의 주변에 어떠한 사람을 모아야 하는가? 이 질문 대해서도 정해진 답은 없다. 기술이 문제되면 기술 전문가를, 영업이 문제되면 영업 전문가를 가까이 하듯이 필요요건과 상황에 따라 자신의 주변에 적임자를 모은다. 하지만 몇 가지 충고할 말은 있다.

최고경영자는 자신의 가려운 데를 긁어줄 사람보다는 가르침을 받을 수 있는 사람을 찾는 데 우선해야 한다. 필요한 일에 대한 계산과 기능, 기법을 제시하는 사람보다는 자신의 전문분야에서의 통찰력을 지닌 사람을 먼저 구해야 한다. 이를 다른 말로 표현하면 자신의 전문 역량을 기반으로 한 현명함으로 최고경영자를 가르치고, 다른 조직구성원들의 모범이 될 수 있는 사람이다.

이에 안영은 제나라 경공에게 충신이란 왕의 잔심부름이나 하는 사람이 아니라 왕을 가르치는 선생이라고 갈파했다. 관중은 환공에게 마부가 말을 곧게 키울 수 있는 비결은 첫 번째 마사의 첫 기둥을 곧고 바른 재료로 세우는데 있음에 비유해, 왕이 일인지하 만인지상의 참모에 얼마나 현명하고 올곧은 사람을 앉히느냐가 통치의 핵심임을 설파했다.

최고경영자를 가르칠 수 있는 현명한 사람이 누구냐를 가르는 기준은 명확치 않다. 대체로 나이와 배움이 많고 적음이나, 지식과 경륜이 깊고 얕음의 문제일 수도 있지만 그렇지 않을 수도 있다. 그렇지만 그 조직이 정부가 됐든, 기업이 됐든 조직구성원을 제대로 이끌어야 할 위치에 있는 최고경영자라면 다음과 같은 옛 사람들의 충고도 고려해 볼 필요가 있다. '최고경영자의 과실을 지적해 줄 수 있어야 한다'는 점이다. 최고경영자가 성공에 교만해지지 않도록 경계해 줄 수 있어야 하며, 옳은 말을 들으면 이를 조치하도록 충고할 수 있는 사람이어야 한다. 이러한 참모를 존중하는 최고경영자는 최소한 크게 망하지 않는다.

현명한 참모를 어떻게 구할 수 있는가? 대부분 최고경영자들은 자신의 주변에는 주周나라 무왕武王[25]의 태공太公[26]이나, 제나라 환공의 관중, 경공의 안영과 같이 배울 만하고 다른 조직구성원들에게 귀감을 살 만한 참모가 없음을 아쉬워한다. 그러나 주변에 없는 것이 아니라, 찾거나 구하려 하지 않았다는 점을 깨닫지 못한다. 이미 옆에 우수한 참모로서의 자질을 갖춘 사람이 있는데도 이를 알아보지 못하는 경우가 허다하다. 현명한 참모를 구하는 방법은 의외로 간단하다. 최고경영자가 눈을 뜨면 된다. 자고이래로 최고경영자가 눈을 뜨는 가장 확실한 방법은 자신에게 듣기 좋은 소리만을 듣지 말고, 쓴 소리를 하는 사람의 얘기를 귀담아 듣는 것이다. 쓴 소리를 하는 사람 중에 현명한 참모의 자질을 지닌 사람이 있다.

최고경영자는 측근인사들로 인해 눈과 귀가 가려짐을 경계해야 한다. 누군가가 자신의 방문턱을 높이고 문고리를 쥐고 있다면 이를 시급히 개선해야 한다. 이를 개선하는 것은 소위 '문고리 3인방'과 같은 측근을 내치는 것만으로는 안 된다. 근본을 바꾸지 않으면, '문고리 3인방'을 내쳐도, 또 다른 '문고리 5인방'을 불러들이는 것 이상의 결과를 구하지 못한다. 근본을 바꾸는 것은 주변사람의 사사로운 선심이나 좋은 말만 들으려는 습관을 고치는 데에서 출발해야 한다.

태공은 주나라 무왕이 현명한 사람을 곁에 두고도 통치를 망치는 경우가 있다면 어떠한 경우인지를 묻자, '사사로운 칭찬이나 찬사의 말에 귀기울이지 말라'고 충고한다. 왕이 좋은 말 듣기만을 좋아하면, 어질지 않는 자를 어진 사람으로, 선하지 않은 자를 선한 사람으로 착각하게 된다. 그 결과 왕은 자신의 잘못을 지적하는 사람을 죄인으로 여기거나, 성과를 낸 사람에게 죄를 뒤집어씌우는 어리석은 행동을 하게 된다. 왕이 자신에 대한 칭찬의 말만 듣길 좋아하면, 왕 주변에는 아첨과 아부하는 사람이 모인다. 그들은 자신의 이익과 출세를 위해 현명한 사람을 가로막거나, 서로 작당해 곧은 말로 충고하는 사람을 퇴출함으로써 결국 나라가 망한다는 것이다. 최고경영자가 자신의 기업을 망치는 이유도 이와 다르지 않음을 알아야 한다.

박근혜 전 대통령의 국정파탄과 실정에 관해 그를 지지하는 일부 인사들은 '그것이 어찌 박 전 대통령의 책임이냐, 주변의 참모들이 무능했거나 과도한 사욕을 부린 때문'이라며 아쉬움을 드러내기도 한다. 모질게 들릴지는 모르겠지만, 말 같지도 않은 푸념이다. 무능하거나 사욕에 찬 참모를 주변에 갖다 앉힌 사람이 박 전 대통령이며, 그들의 무능과 사욕을 용인하고 제대로 관리하지 못한 책임도 박 전 대통령에게 있다. 그래서 대통령과 같은 최고정책결정권자나 기업 최고경영자가 냉철하게 주변을 주시할 수 있는 개안開眼이 중요하다. 총명함이란 들리지 않는 소리를 들으려 하는 것이며, 보이지 않는 곳도 밝게 보려는 것이다. 최고경영자는 이처럼 매일 해가 뜨고 바람이 부는 것 같은 사소한 원리를 한시도 잊으면 안 된다.

■ 25 주周나라 무왕武王은 상商나라를 멸망시키고 주周나라를 세운 군주다. 본명은 희발姬發이며 주문왕周文王의 차남이다.

■ 24 태공太公은 주周나라 건국에 공을 세우고 제齊나라의 시조가 된 인물이다. 성은 강姜, 이름은 여상呂尙이다.

04
홍보대상

"홍보가 바라봐야 할 대상은 인간이 만들어가는 쟁점이다. 문화에 관한 쟁점, 규범과 질서에 관한 쟁점, 자연환경에 적응하기 위한 도구와 기술에 관한 쟁점을 총체적으로 이해하는 시도가 곧 홍보논의의 출발이다."

| 19 |

그렇다면 홍보의 대상은 누구인가

지금까지 홍보가 무엇이며, 홍보의 주체가 누구냐는 문제를 논의했다. 홍보행위의 주체가 있다는 것은 홍보행위의 객체인 대상도 있다는 말이다. 이 장부터 이어지는 몇 개의 장은 홍보의 대상에 관한 논의다. 홍보주체가 자신의 뜻과 의사를 소통하려는 대상이 곧 홍보대상이다. 최고경영자의 입장에서는 홍보대상이 자신의 관리조직일 수도 있으며, 조직구성원일 수도 있다. 또한 조직의 울타리 밖의 사람들인 사회구성원일 수도 있다.

과학적 패러다임에 근거한 홍보이론들은 홍보대상을 조직과의 기능적 관계에 따라 따져보려 한다. 최고경영자와 혹은 최고경영자가 운영하는 조직과 무엇을 매개로 거래관계를 맺고 있는가에 따라 대상을 구분할 수 있다고 설명한다. 이들은 조직과의 이해관계 내용에 따라 홍보대상을 분류한다. 조직이 판매하는 재화나 용역을 매개로 기능적 관계를 맺는 대상을 고객 혹은 소비자로 구분한다. 이를 조직의 자금을 매개로 관계를 맺는 주주와 투자자나, 조직의 공적책임을 매개로 한 지역사회, 정부 등과 구별하는 방식이다.

과학적 패러다임은 이를 전제로 '홍보를 과학적이고 체계적으로 진행하기 위해서는 이해관계자의 특성에 따라, 특화된 메시지와 매체를 활용해 의사소통해야 한다'고 주장한다. 조직이 홍보를 잘 못했다면 그 이유는 일차적으로 이해관계 내역에 따른 대상을 제대로 파악하지 못한데 있고, 그다음은 이해관계 특징에 부합하는 메시지 구성과 홍보채널 운영을 적절하게 하지 못한데 원인을 찾아야 한다는 주장이다. 경영학은 이를 마케팅 대상을 적절하게 세분화하고, 세분화된 대상의 특성에 맞는 메시지와 미디어를 설정하라는 말로 표현한다.

빛 좋은 개살구

그런데 문제가 있다. 기능적으로 분류한 이해관계자 집단은 누가 참여한 집단이고, 이들이 다른 이해관계자 집단과 어떻게 다르냐를 엄밀하게 구분할 수 없다는 문제다.

한 집단과 다른 집단과의 차이를 구별하는 방법은 대체로 두 가지다. 구성원이 다르다는 점과, 집단 구성원들이 공통적으로 지니고 있는 생각이 다르다는 점으로 구별한다. 전자를 '인구학적 구성'이라고 표현한다. 후자를 '집단의식'이라고 얘기한다. 두 개의 집단이 서로 다르다고 주장할 때에는 적어도 '인구학적 구성'이 어떻게 다른지를 설명할 수 있어야 한다.

'인구학적 구성'으로 구분할 수 없다면, '집단의식'의 차이로 구별할 수 있어야 한다.

그런데 기능적으로 나누어진 2개의 집단인 소비자 집단과 주주 집단은 '인구학적인 구성'면에서도 '집단의식' 측면에서 어떻게 차이가 나는지 구분하기 쉽지 않다. 삼성전자의 주주와 삼성전자 고객은 인구구성 면에서 그리고 삼성전자에 지니고 있는 생각 측면에서 어떻게 다른지를 구별할 수 없다는 얘기다.

이해관계자처럼 홍보대상을 조직과의 기능적 이해관계로 구분하려는 것이 바람직하지 않다는 점을 다음과 같은 세 가지 논지로 정리해 볼 수 있다.

첫째, 이해관계자 집단의 구성원을 특정할 수 없다. 이해관계자 집단 중의 하나인 고객을 예로 들면, 고객을 누구로 특정할지 생각해 봐야 한다. 과거에 출시한 상품을 구매한 사람이 고객이다. 그런데 이들만을 고객으로 간주해 홍보대상으로 삼지는 않는다. 앞으로 구매할 의사를 지니고 있는 사람인 가망 고객이나, 구매의사가 없더라도 설득해야할 사람인 잠재 고객을 고객의 범위에 포함시킨다. 잠재고객까지를 대상으로 포함할 경우, 고객이라는 이해관계자집단의 구성원을 어디까지 특정해야 할지 애매해진다. 삼성전자 휴대폰의 가망 고객은 누구인가? 사회의 모든 소비자일 수 있다.

집단구성원이 사회의 모든 구성원에 달할 정도로 많다는 것이 문제는 아니다. 요즘처럼 컴퓨터와 정보통신망이 발달해 있는 사회에서 빅 데이터를 가공하면 이들을 찾는 것이 아주 어렵지 않다. 그렇지만 더 큰 문제는 집단 구성원이 항시 가변적이어서 이들을 묶을 수 있는 현실적 기준이 없다는 데에 있다.

삼성전자의 주주를 홍보대상으로 설정하는 것을 예로 든다면, 현재 주식을 보유하고 있는 사람을 대상으로 삼을지, 과거 보유경험이 있는 사람들을 대상으로 삼을지, 아니면 앞으로 보유할 가능성이 있는 사람들을 포함시켜야할지 생각해야 한다. 그리고 현재 주식을 보유하고 있는 사람만을 대상으로 삼더라도 언제를 기점으로 삼느냐에 따라 집단 구성원이 크게 바뀔 수 있다. 시냇물처럼 시시각각으로 변하는 사람들을 집단으로 묶기 어렵다. 사람들을 한 데 묶을 수도 없는데, 그들이 대체로 어떠한 매체를 보며, 어떠한 이야기에 감동을 받을지에 대한 일반적 특성, 즉 정향성을 파악하기는 말처럼 쉽지 않다.

둘째, 집단구성원이 집단으로 분류되지 않는다. 기능적 관계에 따라 집단을 분류하는 이유는 기능적 관계에 따라 생각이나 반응이 각기 다를 것이라는 전제에서 비롯된다. 고객의 반응은 주주의 반응과 다를 것이라는 데에서 특정 이해관계로 구분하려는 이유가 있다. 하지만 현실적으로는 고객과 주주처럼 사람들이 여러 개의 집단에 중첩되는 경우가 많다. 예를 들어 한 개인이 주주이면서 협력업체 관계자이며, 소비자인 동시에 지역공동체 구성원일 경우가 이에 해당한다.

집단구성원이 한 조직과 관련된 여러 개의 집단에 중복돼 속할 수 있음은 당연하다. 그런데 문제는 서로 다른 이해를 계층화하는 원리가 존재할 수 없다는 데에 있다. 풀어서 이야기하면, 사람들은 고객으로서의 이해를 항시 주주로서의 이해보다 중요하지도 않고, 그 반대도 아니다. 삼성전자 갤럭시노트7 리콜에서처럼 고객의 이해와 주주의 이해가 대립할 때, 고객의 이해를 우선해야 하는지, 아니면 주주 이해를 우선해야 하는지에 관한 이론적 근거를 제시할 수 없다면 기능적 관계에 따라 사람들을 가상의 집단으로 분류할 이유가 없게 된다. 기능적 관계에 따른 이해관계자 집단의 분류가 겉모양으로는 과학적이고 세련된 분석기법과 대응 매뉴얼을 제시할 수 있을 것 같지만, 실제 조치를 취함에 있어서는 주먹구구식과 다를 바 없다.

셋째, 집단이 표출하는 의사가 일정한 성향을 드러내지 않고 일관적일 수도 없다. 상품에 따라 소비자들의 선호가 변하듯이 이해관계자들의 조직에 관한 반응은 이해 현안에 따라 다르게 반응한다. 특정한 이해관계에 따른 반응은 그 집단이 조직에 대해 지니고 있는 공통적이고 일반적으로 지닌 반응일 수도 있고, 그렇지 않을 수도 있다. 조직에 대한 반응이 현안에 따라, 그리고 집단구성원들마다 제각각일 수밖에 없다면 이를 집단으로 묶어 이해하려는 시도가 무슨 이론적 의미가 있을까? 또한 이를 기반으로 고객을 어떻게 분류하고 매뉴얼을 어떻게 정립할 수 있느냐는 의문이다.

주주는 자신이 투자한 기업의 주가가 안정적으로 관리되길 기대한다. 그렇지만 주가가 안정적이라는 것도 주주가 처한 입장에 따라 지극히 상대적이다. 자신이 어느 가격대에 매집했느냐에 따라 현재 주가를 안정적인 가격으로 인정하느냐 아니냐가 달라지며, 현재 주가가 적절한지 아닌지에 대한 인식은 주주마다 제각각이다.

기능적 관계에 따라 집단을 구분하더라도 그 집단구성원을 특정할 수 없으며, 서로 다른 집단과의 차이를 가늠하지 못한다. 이 뿐만이 아니다. 집단구성원의 집단의사가 어떠한지, 어떠한 특성을 지니는지를 특징화할 수 없다면 이는 분석 수단으로서의 의미를 잃는다. 좀 모질게 표현하면 차라리 없느니만 못하다. 이해관계자 집단으로 대상을 구분하는 것은 조직의 이해영역을 범주화하는 것 이상의 의미가 없다. 다시 이야기하면, 이해利害라는 기능적 관계로 홍보대상을 구분해 뭔가를 세분화하려는 시도는 대단히 과학적이고 합리적인 것처럼 보이지만 사실은 빛 좋은 개살구다.

상황 이론

미국의 홍보학자 폴 허쉬Paul Hersey는 사람들이 쟁점에 따라 반응하는 차이를 기준으로 홍보대상을 일반화해보자는 논의를 제안했다. 이를 상황이론situation theory이라고 한다. 허쉬의 이러한 주장은 정치학에서 공중 public과 여론public opinion이라는 개념을 주장한 존 듀이의 다소 철학적 논의를 기초로 한다. 이를 분석적 개념으로 재정리한 허버트 블러머Herbert Blumer의 분석틀을 따른 것이다. 사람들이 쟁점에 대해 반응하는 행태적 특성을 귀납적으로 추론해 홍보대상을 일반화해보려는 시도다.[25] 허쉬는 이를 기초로 조직에 관한 홍보대상을 네 가지 유형으로 일반화할 수 있다고 주장했다.

> 첫째, 문제인식이 높고 한계인식이 낮은 사람들,
> 문제를 잘 알고, 이에 따른 행동을 잘하는 사람들이다.
>
> 둘째, 문제인식이 높지만 한계의식이 높은 사람들,
> 문제인식 만큼 행동을 옮기지 않는 사람들이다.
>
> 셋째, 문제인식이 낮지만 한계인식이 높은 사람들,
> 참여행동을 일상화하는 사람들이다.
>
> 넷째, 문제인식도 낮고 한계인식도 높은 사람들,
> 운명에 따라 행동하는 사람들이다.

허쉬는 또 관여도가 높은지, 낮은지에 따라 네 가지 유형을 다시 8개의 분석유형으로 구분했다. 허쉬는 이 여덟 가지의 홍보대상 유형을 통해 홍보대상을 과학적으로 일반화할 수 있다고 주장한다. 이를 풀어서 얘기하면 대체로 이렇다.

당신이 갤럭시노트7을 구매했다면 일단 관여도가 높은 사람이다. 삼성전자에 관해 관심이 높은 사람이라고 할 수 있다. 갤럭시노트7의 리콜 필요성을 인식하고 있고 이의 필요성을 삼성전자 홈페이지에 댓글로 올렸다면 8개 유형의 홍보대상 중에 첫 번째인 관여도가 높고 문제인식도 높으며 한계인식이 낮은 사람들의 범주에 속한다. 갤럭시노트7을 구매했던 사람들 중에 '문제를 인식했지만 댓글을 올리지 않은 사람들'이나 '아무런 생각이나 인식 없이 댓글을 올린 사람들' 혹은 '생각도 하지 않고 댓글도 올리지 않은 사람들'과 구분된다는 것이다. 또한 갤럭시노트7를 구매한 이들 네 가지 부류의 사람들은 갤럭시노트7을 구매하지 않은 네 가지 부류의 사람들과도 구별된다.

이러한 논리적인 추론과 이를 바탕으로 한 이론적 매뉴얼은 홍보주체가 어떻게 대응해야할지를 방정식과 같은 계산으로 답을 내릴 수 있게 한다는 점에서 일견 시사점이 있다. 가령 표본에 따른 설문조사를 통해 보니 80%의 사람들이 나와 같은 1번 범주에 속하고, 나머지 20%가 7개에 분산돼 있다고 한다면, 1번 범주에 있는 사람들을 대상으로 한 홍보에 집중하면 된다. 메시지와 매체 운영을 여기에 집중하는 것이다. 이론적으로는 그렇다.

빗나간 화살

그렇지만 현실은 다를 수 있다. 이렇게 홍보대상을 분류해봐야 별 쓸모가 없을 수 있다. 그 이유를 대체로 다음과 같은 세 가지로 정리할 수 있다.

첫째, 분류는 사실상 이해를 간편하게 하기 위한 이론적 전제라는 측면에서만 설득력이 있다.

경험적 사실은 분류기준의 사이에 집중돼 있거나, 기준과 경계를 넘나드는 경우가 더 많다. 우리가 신라시대와 고려시대, 조선시대를 구분하는 것은 이해의 편의를 위해 왕조의 변화라는 사실만으로 사회를 구별하려는 전제를 받아들인 것뿐이다. 실제 사람들의 인식과 삶을 보면, 고려시대 사람들의 생각과 삶이 조선시대 사람들의 그것과 연속선상에 있는 경우가 더 많다. 유럽과 아시아에 대한 구분도 마찬가지다. 아시아에 속한 터키 사람들의 삶은 한국 사람들의 삶의 방식보다는 유럽적이다. 그럼에도 터키를 아시아에 속했다고 단정하는 이유는 영토에 따른 지역분류의 전제를 인정한 때문일 뿐이다. 우리는 해가 떠 있는 낮과 해가 진 밤을 구분한다. 그러면 밤과 낮의 사이는 어떠한가? 동쪽은 밤이고 서쪽을 낮으로 갈려 우리 몸의 가운데가 밝음과 어둠 사이로 나뉘지 않는다. 미명이나 저녁노을을 맞으며 시나브로 대기가 바뀜을 체감할 뿐이다.

허쉬의 이론이 지니는 본질적인 한계를 알기 쉽게 표현하면 이런 것이다. 아시아 사람들은 대부분이 젓가락으로 밥을 먹는다. 표본조사를 해 보면 전체 인구의 70% 이상이 젓가락을 사용한다. 따라서 아시아에서는 젓가락 장사가 잘 될 것이라는 일반론을 성립하고, 이에 따라 매뉴얼을 제시할 수 있겠다. 가령 터키에서 젓가락 장사를 하면 잘 될 것이라는 대안이다. 그런데 터키 사람들은 젓가락을 사용하지 않는다. 아마 터키에서 젓가락 장사를 하면 대체로 망할 가능성이 크다.

둘째, 조직의 조치에 대해 사람들이 인지하거나 반응하는 정도는 제각각일 수밖에 없다.

조직의 특정한 조치에 대한 사람들의 인지와 반응 정도가 어떻다고 해서, 다른 조직의 조치에 대한 반응도 같을 것이라고 단정하기가 어렵다. 상대적이기 때문이다.

삼성전자가 7천억 원을 들이는 것은 조직규모에 비추어 큰 부담이 아닐 수 있지만, 중소기업에게 있어서는 엄청난 거액이다. 상대적이라는 것이다. 뿐만 아니다. 사람들은 동일한 7천억 원이라는 돈을 지불하는 행위에 대해 어떤 조직이나 사안에 대해서는 과하게 많은 돈을 지불했다고 평가하지만, 어떤 조직이나 사안에 대해서는 그것밖에 지불하지 않는다고 오히려 욕을 한다. 이 또한 상대적이다. 한 걸음만 더 나아가 보자. 어떤 사람은 자신에게 삼성전자가 70만원을 보상해 주는 데 대해 무척 감사해하는 반면, 어떤 사람은 그 보상은 있어도 그만이고 없어도 그만으로 생각한다. 사람들조차 상대적이다. 이러한 상대적 입장을 고려하지 않는다면 인간의 행동을 적절하게 설명할 수 없다.

기업에 관한 부정 기사를 막기 위해 언론사와 교섭을 진행하는 경우를 예로 들 수 있다. 요즈음은 그러한 경우가 많지 않지만, 대체로 언론에 일정 금액을 협찬하면 기업의 부정 기사를 내릴 수 있었다. 그 가격은 기업과 언론사의 상대적 입장에 따라 부침이 있다. 기업이 큰 기업이냐 아니냐에 따라 금액은 더 올라가기도 하며, 내려가기도 한다. 기업과 언론이 기사의 심각성을 어떻게 보느냐에 따라서도 협찬금액은 달라진다. 기사의 심각성이 낮으면 말 한 마디로도 기사를 고칠 수 있다. 그렇지만 기업과 언론사가 모두 심각한 기사로 인정하면 훨씬 높은 금액으로도 해결되지 않는다. 이 뿐만이 아니다. 언론사가 누구냐에 따라서도 달라진다. 대형언론사와 중소 인터넷 매체에 따라 기업이 협찬하는 금액이 달라진다.

주체와 객체 그리고 관계사항의 상대적 위치에 따라 대응방식이 천차만별이다. 허쉬가 제시한 8가지 모델과 이에 따른 매뉴얼로는 세상 문제를 풀기 위한 한 걸음도 나갈 수 없다.

셋째, 인식과 행동 사이의 관계만으로 사람들의 행동을 이해할 수 있는가하는 문제다.

나는 하루 일상생활을 하면서 논리적으로 설명될 수 있는 일을 하는 시간보다는 그렇지 않은 시간이 더 많다. 논리적으로는 먹고살기 위해 업무를 해야 하지만, 그러지 않고 내 마음이 가는 대로 책을 읽기도 하고 이러이러한 제도를 만들면 사람들이 더 행복해질까 하고 상상하는 데 시간을 허비하기도 한다. 직원들을 대할 때 화를 내서도 안 되고, 화를 내는 것이 여러모로 나의 이해에 맞지 않다는 것을 알면서도 화를 낸다.

내 마음이 가는대로 혹은 감정에 이끌려 행동하는 경우가 솔직히 더 많다. 그런데 이는 내가 정신적으로 문제가 있어서가 아니라 나 이외에 다른 사람들의 행동을 보더라도 비슷하다. 그 뿐만이 아니다. 사람들은 나의 이러한 행동을 인간적이라고 본다. 물론 정도의 차이는 있겠지만 말이다. 내가 보기에도 오히려 많은 사람들이 냉정하게 계산대로 행동하는 사람을 인간미가 없다고 평가하며 가까이하지 않으려 한다. 많은 사람들이 대체로 마음이 가는대로 행동하거나 감정에 이끌려 행동한다는 것이다. 또한 사람들의 평상시 행동이 논리적 계산과 이에 따른 합리적 판단보다는 이유를 설명할 수 없는 느낌과 감성에 따른다.

인식은 분명히 행동의 원인이 된다. 그렇지만 모든 행동의 원인이 '그 이유를 설명할 수 있거나 논리적으로 납득될 수 있는' 인식에서 비롯됐다고 볼 수는 없다. 오히려 좋고 싫은 감정이 행동의 직접적인 원인이 되기도 한다. 명확하게 설명할 수 없는 이유로 그냥 삼성전자의 갤럭시노트7이 좋아이를 구매했을 수 있다. 그렇기에 배터리가 터진다는 기사에 민감하게 관심을 가졌을 수 있으며, 실망감이 더 커졌을 수 있다. 그러한 감정이 삼성전자 홈페이지에 리콜을 요구하는 댓글을 올렸을 수 있다는 것이다. 인식과 행동 사이의 인과관계를 통해 사람들을 구분하려 했던 허쉬의 이론은 여기에 한계가 있다. 감정이 인식을 어떻게 바꾸는지, 감정이 인식을 건너뛰어 행동에 직접적으로 어떻게 영향을 미치는지를 고려하지 않는다면, 순박했던 농민들이 왜 갑자기 폭도로 뒤바뀔 수 있었으며, 폭도들이 왜 갑자기 생업으로 돌아가는지를 이해하지 못한다.

예상치 못한 성과

허쉬의 이론을 현실적으로 적용하는 데 있어서는 이처럼 많은 한계가 있다. 그럼에도 허쉬는 홍보이론의 발전에 많은 의미 있는 기여를 했다. 조직의 홍보대상을 이해관계자라는 불분명한 범주에서 끌고 나와서 공중으로 전환할 것을 제안한 것이다. 홍보대상을 이해관계자에서 공중으로 바꾸는 것이 뭐 그리 대단한 주장이냐고 반문할 수도 있다. 심지어는 그게 그거 아니냐고 이야기할 수도 있다. 실제 최근 경영학에서 파생된 홍보지침서들은 이해관계자가 공중이고 공중이 이해관계자로 나눠있다고 간주하며 그 차이를 간과하고 있다. 그렇지만 그 안에 숨겨져 있는 내용은 하늘과 땅처럼 다르다.

여론의 엄밀한 사전적 의미는 공중의 의견이다. 공중이란 공동체 생활에 영향을 미치는 공적 선택에 관한 의견을 표출하는 사람들이며, 여론이란 이들의 공적 선택에 관한 의견이다. 사회구성원들의 정치적 의견이다. 이는 상품이나 자금, 세금과 기업규제 등을 매개로 기능적 관계를 맺고 있는 이해관계자와 비교해 보면 형태는 같아 보일지 모르지만 내용면에서는 전혀 다른 대상으로의 변화다. 기업을 거래관계 측면에서만 바라보지 말고, 기업의 사회적 역할과 책임의 관점에서 조망하라는 말이다. 이는 사실상 기업운영원리마저도 경제적 관점에서 정치적 관점으로 회귀하라는 조언을 조심스럽게 표현한 것이다.

기업이 소비자와 같은 이해관계자들과의 거래관계를 유리하게 끌고 가면되지 왜 공공의 문제로 관심을 돌려야 하는가? 이해관계라는 기능적 관계에서 따져보면, 물건을 잘 팔기 위해 고객들을 대상으로는 합리적 가격을 제시하고 적절히 잘 선전하고, 정부의 규제를 완화하기 위해 세금이나 고용창출 등과 같은 보상조건을 적절하게 달아서 잘 설득하면 충분하다. 주주와는 주식거래 안정과 배당을, 채권자에게는 적절한 이자를, 조직구성원들에게는 급여를 통한 거래관계를 잘 유지하면 된다. 이해관계자의 선호와 이에 따른 합리적 선택을 잘 들어주거나 적절히 조율하면 된다는 것이다.

그렇지만 허쉬는 기업이라고 하더라도 이해관계만으로 모든 문제를 해결할 수 없다는 점을 인정했다. 기업은 그동안 시장의 원리를 믿고, 이를 철저히 지키면 아주 합리적인 시장을 지닌 사회가 될 것이라는 상상속의 질서를 맹신해 왔다. 이 상상속의 질서를 구성하는 요인은 대체로 이러한 것들이다. 개인의 선호preference를 존중해야 하며, 개인의 선택은 이 선호에 의해 결정된다는 사고다. 또한 개인이 자신이 선호하는 것을 구하기 위해서는 적절한 대가를 지불해야 한다. 선호하는 것을 구하기 위해 얼마만큼의 대가를 지불하겠느냐는 양 당사자 간의 '거래에 관한 합의'를 통해 결정되는데, 이러한 거래조건들을 최종 결정하는 것이 개인의 거래들이 모여진 시장이다. 이 시장의 원리를 따름으로써 인간은 합리적으로 결정할 수 있다는 시장주의 논리를 전제로 한 주장이다.

그러나 시장이라는 상상속의 질서는 또 다른 상상속의 질서와 충돌했다. 공동체 유지를 위해 개인은 사회적인 책임과 책무를 수행해야 한다는 기존의 전통적 질서다. 오래 전부터 '정치가 터를 잡아 왔던 사회'에서의 질서다. 이는 개인이 공동체를 위해 일정정도 희생하거나 책임질 행동을 해야 한다고 요구한다. 사실상 사람들은 18세기 이래 개인적 선호를 이 공공적 책임을 요구하는 기존 질서와 분리하려고 해왔으며, 기존 질서와 별개의 새로운 상상속의 질서인 시장원리를 정착시키려 노력해왔다. 그렇지만 그것이 말 만큼 쉽지만은 않다는 점도 이해하고 있었다. 개인적 선호라고는 하지만 이것이 대중적으로 확산되면 공공적 쟁점을 불러일으킨다. 또한 공공적 쟁점은 어떠한 형태로든 사람들의 관심을 돌려 개인의 선호를 돌려놓기도 했다.

기업은 단순히 개인의 취향과 선호에 맞는 재화와 용역을 생산해 판매하려 하지만, 무수히 많은 사회적 쟁점을 야기한다. '생산 공장을 해외로 이전하는 것이 바람직한가?', '본사를 해외로 이전하지 않더라도, 해외 현지생산 공장을 둔 하청업체에 의존하는 것은 바람직한가?' 하는 등의 논의가 불거진다. 시장의 원리만을 놓고 볼 때 이는 하등의 문제가 없어야 한다. 노동력이 싼 곳에서 물건을 생산해 판매하는 것은 궁극적으로 소비자에게 싼 가격으로 재화와 용역을 구매할 수 있는 기회를 제공하는 것이다. 이를 위해 노동의 비교우위가 있는 베트남에서 물건을 생산하는 것이 미국이나 한국에서 생산하는 것보다 시장의 원리로 보면 더 합리적이기 때문이다. 그렇지만 사람들이 그렇게만 바라보지 않는 게 문제다. 기업의 행동을 자신의 이기심만을 채우려는 약삭빠른 조치라고 비판한다. 여기서 끝나지 않는다. 사람들은 이기적이고 약삭빠른 기업에 대해 뒷담화하기 시작한다. 사람들의 이런 뒷담화의 끝은 대체로 기업을 따돌리는 것으로 귀결된다. 기업에 공공적 책임을 물어 생산시설의 해외이전을 제재한다든가, 아니면 다른 핸디캡을 씌우는 형태다. 이것이 개인적 선호가 공공적 선택에 영향을 미친다는 것이다.

공공적 선택도 개인적 선호에 영향을 미친다. 정부의 규제나 보조금 지원 등에서 대체로 공공적 선택이 개인적 선호의 변화를 가져온다. 정부는 지구환경보호와 지구온난화 방지를 위해 태양열과 같은 신재생에너지 개발에 관심이 높다. 이와 관련한 환경정책은 여러 방면으로 정부정책과 조치의 변화를 가져오며, 이는 기업의 시장원리에 따른 행동을 간섭한다. 예를 들어 태양열 발전시설 보급을 장려하기 위해 보조금을 지원하는 경우다. 이는 한전이나 한국수력원자력 등이 주도하고 있는 집단전기공급 시장의 변화를 가져온다. 전기효율을 높이기 위해 절전등급을 표시하도록 규제하는 조치도 이러한 범주로 볼 수 있다. 이로 인해 자연스럽게 백열전구 시장이 축소되고, 발광다이오드LED 전구 시장으로의 변화를 유도할 수 있다.

허쉬가 기업의 홍보대상을 고려함에 있어서 구태여 존 듀이가 제안한 공중이란 개념을 끌어들일 수밖에 없었던 이유가 여기에 있다. 자유주의 경제학자들이나 경영학자들이 맹신해 온 시장이라는 새로운 상상속의 질서 세계는 '아직까지' 완공되지 않았으며, 개인적 선호와 공공적 책임을 분리하기 힘든 현실이 존재하고 있다는 점을 이해했기 때문이다.[26]

수다쟁이 인류

홍보의 대상은 누구인가? 기업이라고 하더라도 그 홍보대상은 듀이나 허쉬가 지목했던 공중의 의견이다. 사회구성원들의 여론이라는 것이다. 조직의 특정 사안에 대한 사회구성원들의 인지, 정서, 평가에 따른 의견인 사회여론이 홍보대상이다.

그렇다면 이들이 누구이며 이들은 어떠한 특징을 지니고 있는지를 알아야 한다. 수천 년에 걸쳐 인류는 스스로를 이해하기 위해 다양하고 많은 노력을 꾀해 왔다. 철학과 정치학, 사회학과 인류학 등 인문학은 궁극적으로 사회구성원인 인간을 그 관심의 대상에 올려놓고 있다. 최근 진화생물학을 기반으로 등장하는 진화심리학과 같은 새로운 조류도 결국은 인간을 들여다보고 있다.

다시 아이작 아시모프의 이야기를 반복해야 할 때가 된 것 같다. 역사의 극단인 현재를 이해하기 위해서는 인류의 원초적 상황을 이해하는 데에서 출발해야 한다. 사회구성원의 현재의 모습과 특징을 제대로 이해하기 위해서는 이들이 어떠한 길을 걸어왔는지를 이해해야 한다. 그래야 이들의 특징을 제대로 이해하고, 이들과의 적절한 의사소통 방안을 구할 수 있기 때문이다. 나는 인류가 다른 이 지구상에 존재하는 생명체들과 구별되는 독특한 특징을 '수다'로 본다. 호모사피엔스homo sapiens는 원래부터 지혜로운 사람이 아니었다. 수다를 떨다 보니 지혜로워졌다. 지혜롭다보니 부수적으로 수다쟁이가 된 것이 아니라, 수다쟁이다 보니 부수적으로 지혜로워졌다.

호모사피엔스가 수다를 떠는 이야기는 대체로 상상과 추상과 허구다. 눈에 보이는 사물을 소재로 삼을 뿐만 아니라 상상의 사물, 추상적 사실,

허무맹랑한 허구를 소재삼아 수다를 떤다. 이들의 수다는 대부분 거짓말이다. 그래서 인류는 지혜로운 자이기에 앞서 수다쟁이다. 수다쟁이 인류라는 뜻의 라틴어 '호모로쿠악스homo loquax'로 명명하는 게 더 명확해 보인다. 앞으로 이어지는 몇 개의 장을 통해 호모로쿠악스가 지난 수 십 만년을 통해 어떻게 변화해 왔는지를 간단하게 짚고 넘어가 본다.

| 20 |
'협업혁명', 홍보는 인류를 어떻게 바꿨나

인류학자들은 250만 년 전 아프로아시아[27]에 서식했던 오스트랄로피테쿠스를 현생 인류의 조상으로 지목한다. 인류의 조상님께 서식樓息이라는 표현을 써서 다소 불경스러울 수도 있겠다. 하지만 우리가 시간을 거슬러 그들을 만났다면 그런 생각이 들지는 않을 것이다. 그들은 수 명 혹은 많게는 수십 명으로 무리생활을 했는데, 그들을 지금의 눈으로 바라보면 침팬지나 고릴라 무리와 크게 다를 게 없기 때문이다.

머리 큰 원숭이

오스트랄로피테쿠스를 자세히 뜯어보면 침팬지나 비비원숭이와는 다른 몇 가지 사소한 특징은 있었다. 걸어 다니는 시간이 다른 영장류보다 길다거나, 뇌가 기형적으로 좀 컸다. 걸어 다닌다는 것과 뇌가 크다는 것은 환경에 적응하는 데 각기 장점과 단점이 있다.

걸어 다니면 멀리 볼 수 있다. 손을 자유로이 쓸 수 있는 장점도 있다. 그렇지만 직립보행을 위해서는 골반이 작아져야 한다. 골반이 작아진 개체가 잘 걸었고 이들이 살아남기에 유리해진다. 골반이 작아지면 암컷의 경우는 산도가 좁아진다. 뱃속에서 크게 자란 새끼를 낳기 힘들어진다. 미숙아를 낳는 것이 새끼와 암컷의 생존에 유리해진다는 말이다. 이는 태어난 새끼가 성체로 제구실을 할 때까지 어미가 오랜 시간을 부양해야 한다는 것을 의미한다. 초식동물인 사슴이나 영양의 경우는 태어난 지 대략 서너 시간이 지나면 걸을 수 있다. 하루 이틀이면 정상적으로 무리를 쫓아다니기도 한다. 강아지도 태어난 지 수개월 안으로 제 앞가림을 한다. 하지만 인간은 태어난 지 3년이 지나도록 똥오줌도 가리지도 못한다. 스스로 먹이를 구하기까지는 그보다 몇 배의 많은 시간이 걸린다.

뇌가 크다는 것은 많은 장점이 있다. 예전에 어디에 맛있는 과일이 많았는지를 잘 기억할 뿐만 아니라, 하다못해 두목이 예전에 어떤 놈과 싸웠는지를 기억해 그 놈과 함께 힘을 합쳐 두목을 제거하는 데에도 용이하다. 그렇지만 큰 뇌를 유지하기 위해서는 칼로리가 높은 음식을 많이 먹어야 했다. 뇌는 근육에 비해 칼로리 소비가 많기 때문이다.

인간이 언제부터 도구를 사용하기 시작했는지, 언제부터 불을 다루기 시작했는지는 명확치 않다. 인류학자들은 대략 200만 년 전 호모에렉투스가 등장하면서부터 간단하게나마 도구를 사용했을 것으로 추정한다. 불을 다루기 시작한 시점을 대략 80만 년에서 30만 년에 이르는 기간으로 추정한다.

타임머신을 타고 30만 년 전으로 다시 거슬러 올라가 보자. 거기서 마주친 원시인류도 250만 년 전이나 크게 달라진 게 없다. 모닥불에 둘러앉아 돌이나 나무창을 끼고 있으면서 사자나 늑대의 침략을 가까스로 면하고 살지만, 인류는 여전히 생태계에서 약자다.

다소의 차이가 있다면 불로 음식을 익혀먹을 줄 아는 정도다. 불로 고기를 익혀먹는다는 것은 먹을 수 있는 음식의 가지 수를 늘리게 했다. 채집의 대상에 밀알과 같은 곡류가 포함됐다는 것을 의미한다. 불의 사용은 음식물을 소화하는 데 부담을 줄어준다. 위와 소장, 대장이 작고 짧아져도 괜찮다는 뜻이다. 이는 긴 장기에 들어갈 영양분을 뇌로 돌려도 된다는 뜻이기도 하다. 그럼에도 이러한 변화는 눈에 띌만한 변화는 못된다. 고작 이렇게 변화하는데 200만 년이 걸렸다. 그 이후 인류가 겪은 변화에 비하면 변화라고 하기도 민망할 정도다.

무자비한 인종청소

인류는 대략 15만 년 전부터 1만5천 년에 이르는 기간에 걸쳐 급격히 변화했다. 급격한 변화라고 해도 10여만 년에 걸친 변화다. 불과 수백 년만에 산업사회를 거쳐 정보통신사회로 변신하는 오늘날의 변화에 비견하면 무척 오랜 기간이다. 그렇지만 그 이전 시대의 인류가 겪어온 변화에 비하면 하늘과 땅만큼 차이진다. 원시인류가 주도했던 첫 변화는 민망하게도 인종청소다. 인류의 다른 종을 깨끗하게 제거했다. 인류의 다른 종만 제거했던 게 아니다. 인류의 손에 멸종된 생태계의 다른 종들도 늘어났다.

현생 인류의 조상은 호모사피엔스다. 정확히 표현하면 호모사피엔스사피엔스다. 이들은 대략 15만 년 전에 등장했다. 호모사피엔스는 10여만 년에 걸쳐 동시대에 지구상에 살았던 네안데르탈인이나 호모에렉투스를 비롯해 다른 모든 호모 종들을 청소하듯 멸종시켰다. 호모솔로엔시스와 호모데시소바는 약 5만 년 전을 전후로 지구상에서 사라졌다. 네안데르탈인은 약 3만 년 전에 사라졌다. 호모사피엔스가 지나간 자리에는 대형 포유류와 조류, 유대류를 비롯해 수많은 동식물들도 멸종했다.

이 기간 동안 현생인류인 호모사피엔스에게 무슨 일이 일어난 것일까? 유발 하라리Yuval Harari, 1976~는 자신의 저서 『사피엔스Spance』에서 호모사피엔스에게 이 기간 동안 '인지혁명'이 일어났다고 얘기한다. 인지혁명은 '호모사피엔스가 찾은 언어라는 대안' 때문에 생겨났다. 인류는 언어를 통해 존재하지 않는 사실을 상상할 수 있는 능력을 개발했다. 이를 남에게 전달할 수 있도록 언어를 '유연하게' 사용할 줄도 알게 됐다. 이것이 인지혁명을 일으킬 수 있었던 이유라는 게 그의 설명이다. 그는 인간의 유연한 언어 구조, 뒷담화를 소통할 수 있는 언어의 활용, 존재하지 않는 사실을 언어로 전달할 수 있는 능력을 지녔던 호모사피엔스가 다른 인류를 물리치고 지구 생태계의 정점에 올라설 수 있었던 이유라고 강조한다. 신석기 혁명이라고 일컫는 농업혁명에 앞서 인류는 언어를 기반으로 한 생각의 혁명적 변화기를 거쳤다는 것이다.[27]

그의 인지혁명을 다른 각도에서 조망할 필요가 있다. 호모사피엔스는 어떻게 같은 시기에 지구상에 존재했던 네안데르탈인을 비롯한 다른 인간의 무리를 몰아내고 독점적 지위를 얻을 수 있었을까? 호모사피엔스와 동시대에 같이 살았던 네안데르탈인과 같은 호모 종은 호모사피엔스처럼 인지혁명에 준하는 언어나 문화적 행위가 일어나지 않았을까? 만약 다른 호모 종도 호모사피엔스처럼 그러한 증후들이 있었다면, 호모사피엔스는 어떻게 다른 종에 비해 우세함을 드러냈는가? 등과 같은 문제들이다. 비유하자면 1234년 고려高麗의 장인들은 세계 최초의 금속활자를 개발했다. 1세기 가량 늦게 독일의 구텐베르크도 금속활자를 개발했다. 1300년 이후 동양의 고려와 서양의 독일은 모두 금속활자라는 기술을 지니고 있다. 그런데 왜 독일의 금속활자는 종교개혁과 시민혁명, 산업혁명으로 이어지는 '혁명적 변화'로 이어졌고, 고려高麗의 금속활자는 그러한 사회적 변혁을 이끌지 못했는가 하는 문제다.

유발 하라리의 주장은 그래서 좀 더 정교해질 필요가 있다. 구텐베르크의 금속활자가 근대 유럽에서는 어떻게 활용됐기에 고려高麗에서와는 다른 종교개혁과 산업혁명으로 이어졌는지를 설명해야 '구텐베르크 금속활자와 종교개혁간의 인과성'을 이해할 수 있듯이, 호모사피엔스가 '유연한 언어'를 어디에 어떻게 활용했는지를 가늠해야 인지혁명과 인종청소 간의 인과성을 적절히 설명할 수 있다. 나는 이를 '협업과 분업'의 수단으로 언어를 사용한 데에서 찾으려 한다. 호모사피엔스는 다른 호모 종들에 비해 협업과 분업을 잘 이뤘다. 언어를 사용할 줄 알았다는 점은 네안데르탈인과 차이가 없다. 그 차이는 언어를 사냥도구 혹은 전쟁도구로 사용한 데에 있다.

구라와 패거리

네안데르탈인과 호모사피엔스가 일대일로 맞상대했다면 호모사피엔스에게 승산이 없었을 것이다. 네안데르탈인도 대체로 호모사피엔스와 비슷한 무기를 사용했다. 그런데 체격조건 면에서는 오히려 네안데르탈인이 우세했다. 체격조건 면에서나 사용하는 도구의 측면에서 절대로 유리하지 않았던 호모사피엔스가 네안데르탈인을 무찌를 수 있었던 이유는 수적 우세 밖에는 없다.

호모사피엔스가 네안데르탈인이 갖추지 못했던 수적 우세를 확보할 수 있었던 비결은 무엇인가? 협업과 분업의 묘미를 터득했던 데에 있다. 협업과 분업을 위해 언어를 잘 적용했던 것이다. 이러한 사소한 차이가 수 만년의 시간이 지나면서 네안데르탈인을 역사의 뒤안길로 밀어 넣었다.

한발 더 들어가 보자. 호모사피엔스는 언어를 어떻게 사용했기에, 언어를 협업과 분업에 적합하게 적용할 수 있었는가? '언어를 유연하게 사용했다'는 설명만으로는 답답함을 해소할 수 없다. 호모사피엔스가 협업에 성공할 수 있었던 핵심 비결은 '비록 사실이 아니더라도 자신의 이야기를 다른 사람이 믿게 만들도록 언어를 활용했던 데'에 있다. 저 언덕 너머에는 큰 사슴이 있는데, 이를 잡으면 우리가 한 달은 족히 배불리 먹을 수 있다는 식의 설득이다. 그 이야기는 '진짜'일 수도 있고 '가짜'일 수도 있다. 자신의 희망과 기대가 섞인 '가짜'의 사실로 다른 사람을 교묘하게 설득하는 능력이 협업을 가능하게 했다. 구라[28] 가 세상을 바꾼 것이다. 15만 년 전 호모사피엔스는 대학에서 홍보나 수사학을 배우지 않았다. 그래도 홍보를 제대로 활용했다. 이러한 사소한 차이가 수 만년의 시간을 거치면서 엄청난 변화를 가져왔다.

구라수준의 언어만으로 얼마만한 크기의 집단을 모을 수 있을까? 꿀벌이나 개미도 언어를 사용한다. 꿀벌은 언어를 인간처럼 유연하게 사용하지 못하지만 '8자 춤'으로 저 언덕너머에 큰 밀원이 있음을 동료 꿀벌들에게 알린다. 단순한 언어를 지님으로써 꿀벌은 대략 수천에서 수만에 이르는 군체를 유지한다. 호모사피엔스가 사자나 들소, 코뿔소를 대적하기 위해 사냥에 같이 나가려면, 불과 수 십여 명의 동료를 믿게 만드는 것만으로도 충분했다. 언어가 고도로 유연해지고 장례나 암각화와 같은 그림을 그릴 수준이 못되더라도 무리를 모을 수 있다. 인지혁명 이전에도 '허구를 말할 수 있는 능력'만으로도 협업은 가능해진다. "우리가 한 데 힘을 합치면, 저 무시무시한 들소도 사냥할 수 있다, 믿어 봐."

호모사피엔스에게 구라는 사냥방식과 전쟁방식을 바꿀 수 있게 했다. 바뀐 사냥방식은 생활방식을 바꿨다. 소규모 무리가 대규모 무리로 바뀐 것이다. 생활방식이 바뀌니 구라도 다시 세련될 수 밖에 없게 됐다.

호모사피엔스는 그 이전까지는 들소를 멀리서 쳐다보거나 피해 도망가기 바빴다. 들소나 사자는 맹수이고 포식자이지 사냥감이 아니었다. 그런데 언제부터인가 자신들이 힘을 합치면 위험한 들소도 사냥감이 될 수 있다는 믿음을 가지게 됐다. 누군가가 그러한 믿음을 다른 사람들에게 심어줬을 것이다. 그래야 여러 사람이 같이 사냥에 나아가 혼자 힘으로는 사냥할 엄두조차 내기 힘들었던 들소를 대적할 수 있으니까.

그리고 네가 들소에게 창을 던져 실패하더라도 들소의 공격으로부터 보호받을 수 있을 것이라는 믿음을 주는 것도 중요하다. 창을 던져 맹수를 섣불리 자극했다가는 자신의 생명이 위태로워질 수 있다. 맹수를 상대하려면 창을 끝까지 붙잡고 있어야 한다. 여분의 창이 많으면 좋겠지만, 너무 많은 창을 지니면 빠르게 이동하는 데 제약을 받는다. 들소나 코뿔소를 사냥하기 위해서는 창을 던지고 난 후를 걱정해야 한다. 그러기 위해서는 동료들에 대한 믿음이 중요하다.

무리를 이뤄 큰 맹수를 제압할 수 있는 능력은 15만 년 전에서 7만5

천 년 전에 이르는 기간 동안 호모사피엔스가 아프리카에서 새로운 강자로 군림할 수 있었던 이유다. 다른 사람을 협업에 끌어들일 수 있는 믿음과 신뢰를 심어줄 수 있는 방식은 다양하다. 그렇지만 본질은 단순하다. 자신의 이기심을 숨기고 상대에게 도움이 된다는 호혜적 성향을 드러내는 것이다. 이야기를 통해 사람들에게 맹수도 사냥할 수 있다는 꿈을 심어주고 이를 믿게 했던 능력, 즉 홍보가 있었기에 가능했다는 것이다.

협업 우위

협업을 통해 맹수를 제압할 수 있는 능력을 갖춘 호모사피엔스는 대략 7만5천 년부터 아프리카를 떠나 유럽과 아시아 지역으로 진출했다. 이 과정에서 '언어를 사용할 줄 알고, 죽은 사람을 매장하는 풍습과 문화를 지니고 있었던 네안데르탈인'을 비롯한 많은 인류를 차례로 청소해 나갔다. 이러한 과정에서 희생된 네안데르탈인이나 동시대 다른 곳에 거주했던 호모에렉투스가 유발 하라리가 호모사피엔스의 특징으로 인정했던 '유연한 언어의 사용'이라는 '인지혁명 단계'에 진입하지 않았었다고 속단할 수는 없다.

빈약한 고고학적 근거이긴 하지만, 네안데르탈인의 경우도 죽은 사람을 매장하는 풍습을 지녔다. 바위에 자신의 손을 프린트하는 문화적 족적도 남겼다. 죽은 사람을 포장해 장례를 치렀다는 것은 꿀벌이나 들쥐들이 은신처를 숨기려는 본능적 습성과는 다르다. 사후세계라는 허구의 사실에 대한 상상을 기초로 형성된다. 그런데 이러한 상상은 유발 하라리가 지적한 호모사피엔스가 득세했던 결정적 요인, 즉 인지혁명의 결과물이다. 또한 현대 인류학자들은 네안데르탈인의 골격에 관한 해부학적인 자료를 기초로 이들도 유연한 언어를 사용하는 데 따라 형성되는 성대나 구강의 구조를 이루고 있었다고 분석한다. '언어적 능력'은 동시대에 호모사피엔스만의 전유물이 아니었을 수 있다는 추론이 가능해 진다.

이러한 인지능력이 네안데르탈인을 호모사피엔스의 공격으로부터는 왜 보호하지 못했을까? 그 이유는 '언어적 인지능력의 여부' 문제가 아니라 호모사피엔스의 '협업혁명'에 따른 결과가 문제였기 때문이다. 네안데르탈인이 인지혁명 수준이 낮아서였기보다는 호모사피엔스가 터득해 온 협업의 사냥방식과 수적우세를 감당하지 못했다는 점이다. 네안데르탈인은 수적으로나 전쟁기술에서 한 수 아래였다. 또한 수적 우세도 네안데르탈인으로서는 감당하기 어려운 문제였다. 한 두 번은 호모사피엔스의 공격을 당해 낼 수 있었을지 모르지만, 수 만 년에 걸쳐 이어지는 공격에는 속수무책일 수밖에 없었다. 호모사피엔스는 아프리카 초원에서 소나 코뿔소, 매머드 같은 큰 짐승, 심지어는 사자와 같은 맹수마저도 사냥할 수 있게 됨으로써 지속적으로 머릿수가 늘어났다. 아프리카라는 거대한 호모사피엔스 생산 공장은 지속적으로 유럽과 아시아로 호모사피엔스 잉여 생산물을 흘려보냈다. 이것이 네안데르탈인을 비롯한 다른 어떤 인류도 이들을 감당해 낼 수 없었던 이유다.

창의적 구라

우리는 언어를 통해 다른 사람에게 협업과 분업에 대한 믿음과 신뢰를 주는 행위를 홍보라고 표현한다. 홍보는 호모사피엔스를 현존하는 유일한 인류의 종으로 만든 이유다. 또한 인류가 생태계의 유일한 최정점에 등극

할 수 있도록 인도한 수단이었다.

호모사피엔스는 사자 같은 맹수나 매머드 같은 거대 포유류에 비해 상대적으로 약한 인류가 이들과 경쟁하기 위해서는 협업이 필요하다는 사실을 깨달았다. 협업을 위해서는 손동작이나 지시보다는 말이 더 효과적이라는 사실도 깨달았다.

다양한 형태의 협업을 위해서는 말이 점차 자연에 존재하는 사물을 구별해 표현할 수 있을 만큼 유연해져야 했다. 인류는 수렵과 채집을 통해 잡식성으로 뭐든지 먹을 수 있다. 그러다보니 다양한 먹거리와 먹거리가 있는 상황을 말로 표현해야 했다. 소나 말처럼 자연에 존재하는 먹잇감에 특정한 이름을 붙였다. 이 뿐만이 아니다. 물과 바위, 돌 같이 사냥터에 있는 자연적 구조물에 구체적인 이름을 붙여야 한다. 어디에 들소가 있는지 사슴이 있는지를 말로 구별해야 상대를 더 잘 이해시킬 수 있었을 테니까. 대체로 생태학자들은 개미가 사용하는 언어가 꿀벌의 언어보다 다양함을 인정한다. 이러한 이유는 본질적으로 꿀벌의 먹거리보다 개미의 먹거리가 더 다양한 데에서 원인을 찾을 수 있다. 미어캣은 매를 봤을 때와 여우를 봤을 때 각기 다른 소리로 동료들에게 경고하는 방법을 알고 있다. 미어캣의 언어는 대체로 매나 독수리와 같은 맹금류로부터 생명의 위협을 느끼지 않는 얼룩말이나 사슴에 비해 대체로 유연할 수 있다. 살아있는 얼룩말을 사냥할 수 있는 맹금류는 없을 테니까.

협업의 규모가 커지면 커질수록, 분업이 복잡해지면 복잡해질수록 이에 따라 언어는 자연에 존재하지 않는 사물도 표현할 수 있을 만큼 창의적이어야 했다. '사냥감을 모는 행위'와 '창을 던지는 행위' 혹은 '창을 찌르는 행위'를 말로 구별해야 한다. 그래야 협업과 분업이 가능하다. 이들은 말

언어의 유연성은 대체로 그 종이 적응해야 할 자연환경의 특수성에 영향을 받는다. 맹금류까지도 천적으로 두고 있는 미어캣의 경고 언어는 그렇지 않는 얼룩말이나 사슴의 경고 비해 대체로 더 유연하다. 미어캣에 관한 연구자들은 미어캣이 여우를 봤을 때와 매를 봤을 때 서로 다른 경고음을 활용하다는 사실을 밝혔다. (출처: 게티이미지)

을 타고 들소 무리를 쫓을 수 있는 시절을 살던 사람이 아니다. 사람의 뜀박질보다 빠른 들소 무리를 사냥하기 위해서는 대략 수십 명에서 많게는 수백 명이 협업을 펼쳐야 한다. 자칫하면 들소 무리에 휘말려 밟히거나 받쳐 죽을 수도 있다. 이러한 사태가 벌어지지 않기 위해서는 계획이 필요하다. 또한 현장에서 벌어지는 일은 계획대로만 움직이지 않는다. 들소라는 상대가 있기에 계획이 틀어졌을 때에는 이를 반대편에 있는 동료들에게 제대로 알려야 한다. 이러한 협업과 분업의 필요성, 즉 계획적 대처와 임기응변적 대처의 필요성은 자연에서는 존재하지 않는 사물들도 표현할 수 있도록 언어의 유연성을 더욱 높였다.

협업의 규모가 커지고 분업이 복잡해질수록 또 다른 문제가 발생했다. 이는 누가 어려운 일을 감당하고, 누가 더 많은 몫을 가지느냐를 결정하는 권위의 문제에서 비롯된다. 사람들이 그 권위를 인정하지 않는다면, 다음번 사냥에는 나서지 않을 가능성이 크다. 초기에는 용맹한 사람이 사냥을 주도하고 가장 좋고 많은 몫을 챙겼을 수 있다. 그렇지만 항시 용맹한 사람이 주도하지 못할 수도 있다. 용맹한 사람은 제일 위험한 일을 감당해야 했을 테고, 죽거나 다칠 가능성이 상대적으로 크다. 또한 그도 늙고 병든다. 용맹자 우선의 원칙이 항시 통용됐던 진리는 아닐 수 있다는 것이다.

용맹한 사람의 공백은 점차 '사람을 동원할 수 있는 능력을 가진 사람'으로 대체됐다. '펜은 칼보다 강하다'는 진리는 오늘날만의 교훈이 아닐 수 있다. 호모사피엔스는 '구라는 용맹보다 강하다'는 진리를 이미 수 만 년 전부터 터득하고 살았을 지도 모른다. 창을 들고 맹수와 단기로 맞대결해야 상황에서는 용맹한 사람의 역할이 중요하다. 그렇지만 여러 사람이 사냥감을 몰거나 집단적으로 창을 던져 잡는 방식에서는 상대적으로 덜 용맹한 개인들의 역할 비중이 높아진다. 사냥감이 어디 있는지, 얼마나 많은 사람들을 모을 수 있는지, 몰이꾼에 몰린 사냥감이 어디로 뛰어갈지를 잘 이해하는 사람이다. 사람들에게 이를 잘 이해시키지 못하면 사람들을 동원할 수 없으며, 동원된 사람들을 관리할 수 없다.

사람들을 잘 이해시킬 수 있는 방법은 무엇이었을까? 초기 형태는 외부의 권위를 활용하는 방식이다. 외부의 권위를 잘 활용하기 위해서는 다소의 상상력과 거짓말을 필요로 한다. 사슴사냥을 성공하기 위해서는 사슴과 통하고 있다는 믿음 이상의 권위는 없다. 혹은 사슴이나 노루, 소를 잘 사냥하는 사자나 곰과 통한다는 믿음도 다르지만 유사한 방식이다. 사냥감이나 사냥을 잘 하는 동물 혹은 제3의 객체의 정령을 활용하는 방식이다. '사자의 정령이 이야기하건데 다음 보름달이 뜰 때 저 언덕 너머에 사슴무리가 나타날 것이며, 이 때 너희는 몰이꾼으로 너희는 창꾼으로 나서면 많은 사슴을 잡을 것'이라는 식으로 구라를 펴는 것이다.

정령을 활용해 사람들을 믿게 만들 수 있는 사람은 다른 사람들을 동원할 수 있다. 동원한 사람들의 역할도 배정할 수 있다. 또한 그 권위는 사냥감을 분배하는 권위로 이어진다. 이렇게 역할과 배분을 결정하는 과정에서 언어는 존재하지 않는 사실마저도 담아야 했다. 유연성이 더욱 강화됐다는 의미다.

다시 정리하자면, 호모사피엔스가 유럽과 아시아로 진출하던 7만5천 년 전부터 4만5천 년 전에 이르는 기간에 함께 존립했던 네안데르탈인이나 호모에렉투스 등 다른 인류가 모두 언어를 사용하지 못했거나, 상상과 추상을 언어로 표현할 수 있는 인지혁명의 맹아단계마저도 들어서지 못했다고 단언할 수는 없다. 앞서 네안데르탈인의 장례풍습을 보더라도 그렇지 않았을 가능성이 있다. 그럼에도 이들이 호모사피엔스의 대 범람을 막지 못하고 멸종했던 이유는 이들이 언어가 가져온 결과를 생활방식의 변화, 즉 사냥방식과 거대규모의 무리를 형성할 수 있는 현실적 기반으로 연결하지 못했음에서 비롯된다. 금속활자를 발명했던 독일의 구텐베르크는 종교개혁과 산업혁명의 모티브를 제공해 유럽사회의 식민지 진출을 촉발시킨데 반해, 이보다 앞서 고려에서 발명한 금속활자는 그와 같은 사회 대 변혁을 이끌지 못했던 것과 같은 이치다.

홍보는 인류를 어떻게 바꿨는가? 협업과 분업을 일으켰고, 인류가 큰 무리로 맹수와 대적할 수 있는 능력을 일깨웠다. 이를 통해 인류에게 다른 종의 인류를 모두 제거하고 유일하게 군림할 수 있는 기회를 제공받았다. 또한 다른 한편으로는 자연 상태에 존재하는 사물뿐만 아니라 존재하지 않는 현상마저도 언어로 추상해야 할 필요를 제기했다. 이 뿐만이 아니다. 상상으로 구성한 허위의 사실마저도 이야기로 표현할 수 있는 능력과 이를 통해 권위를 형성하는 능력도 찾은 것이다. 상상의 추상화와 추상적 사실을 다른 사람들에게 이야기함으로써 권위를 얻을 수 있다는 점도 깨닫게 한 것이다. 이렇게 사람들의 믿음을 이끈 본질은 '너에게도 도움이 된다'는 호혜성에 대한 믿음을 심어준 홍보에 있다.

■ 27 아프리카와 유라시아 대륙이 합쳐져 있던 수백만 전의 대륙이다.

■ 28 '구라'란 이야기를 속되게 이르는 우리말이다.

21

'지식혁명', 홍보는 어떻게 인류를 지혜롭게 했는가

집단지성 작동의 여건,

거대무리

현생인류는 대략 4만5천 년 전에서 1만5천 년 전에 이르는 기간에 걸쳐 스스로 또 다른 혁명적 변화를 겪었다. '지식혁명'이다. 이는 협업과 분업을 통해 거대한 무리를 구성할 수 있었던 여건을 기초로 한다. 호모사피엔스는 맹수를 제압하지 못했던 시절과는 차원이 다른 규모의 무리를 구성할 수 있게 됐다. 홍보를 통해 정보를 소통하는 것만으로도 대략 500명 내외의 사람들의 협업이 가능했다. 소나 매머드와 같은 거대한 포유류를 사냥함으로써 큰 무리가 먹고사는 데 큰 지장이 없었다. 때에 따라서는 더 큰 무리로 뭉칠 수도 있었다. 인지혁명을 거치지 못한 꿀벌이나 개미들도 8자 춤이나 페로몬 교환을 통한 정보전달 만으로도 수만에 달하는 개체들이 참여하는 협업을 진행한다. 그보다 유연한 언어를 기반으로 협업과 분업을 실현했던 인류가 500명 내외의 사람들과 협업을 못했을 것이라고 볼 수 없다.

　　홍보는 호모사피엔스에게 또 다른 추가 능력을 부여했다. 존재하지 않는 사물을 추상하거나, 상상하는 능력이다. 이러한 능력은 새로운 도구의 고안과 같은 창조적인 행위로 이어졌다. 인류가 이러한 능력을 언제부터 터득했는지는 명확치 않다. 호모사피엔스가 협업을 통해 아프리카 초원의 대형 포유류를 잡아먹기 시작했던 시기일 수도 있고, 그 이전일 수도 있다. 도구를 사용하기 시작했던 그 이전부터 이러한 능력을 갖추고 있었을지도 모른다. 명확한 것은 협업과 분업을 통해 거대 무리를 구성하게 된 이후부터 이런 능력이 혁명적으로 변화했다.

　　이 기간 동안 실과 바늘을 비롯한 다양한 생활용구들이 등장했다. 활과 화살을 비롯한 다양한 수렵도구들과 심지어는 대양을 항해할 수 있는 배를 발명했다. 이러한 도구들의 변화는 수렵과 채집의 효율성과 생산성을 더욱 높였다. 이는 인류가 더 큰 무리로 생활할 수 있는 여건을 제공했다. 더 커진 무리들 속에서는 또 다시 더 많은 관계적 행위가 등장했고, 이를 추상화해 전달할 수 있는 더 많은 용어와, 더 많은 무리의 사람들을 권위 있게 설득하기 위한 더 많은 상상의 이야기들을 필요로 했다.

도구의 창작

"홍보는 인류의 도구발전에 어떻게 기여했는가?"

홍보는 어느 한 사람의 공상을 공유하고 저장한다. 집단지성과 집단 저장을 가능하게 했다. 이것이 그 이전의 인류와 다른 점이다. 누군가의 고안한 도구가 공유되거나 어딘가에 저장돼 있지 않는다면 개량되거나 계승될 가능성도 낮아진다. 역으로 누군가가 고안한 도구가 개량되거나 계승되기 위해서는 이를 믿고 사용해 줄 일정 수준 이상의 인구가 있어야 한다. 50명 내외의 무리집단으로 생활했던 인류는 그들이 어쩌다 생활에 필요한 도구를 새로 창작했더라도, 개량되거나 계승되는 데 한계가 있다.

일단 도구의 종류 면에서 50명 내외의 무리에서 사용할 도구는 500명 혹은 5000명 이상의 무리에서 필요로 하는 도구의 다양성을 따라올 수 없다. 도구의 개량에서도 차이가 있다. 50명이 써보고 새로운 편의를 추가하는 것은 500명의 다양한 느낌에 비할 바가 못 된다. 계승측면에서도 차이가 있다. 어느 해 자연재앙으로 50명이 멸족함으로써 유용한 도구도 흙 속으로 묻힐 수 있기 때문이다. 그렇지만 500명의 무리가 공유했던 도구는 다르다. 그 도구의 유용성을 기억하는 한 사람만이라도 살아남는다면 계승될 가능성이 있다. 여기서 잊지 말아야 할 것이 있다. 인류가 문자를 통해 기록을 남길 수 있었던 것은 불과 수천 년 전부터의 일이다. 그 이전까지 인류가 지식을 저장할 수 있었던 유일하고도 일반적인 수단은 오직 사람의 기억뿐이었다. 사람이 죽으면 그 지식도 사라지는 위험이 있었다는 것이다.

추상적 언어

"홍보는 언어의 추상성을 높이는 데 어떻게 기여했는가?"

도구의 개량은 더 많은 수렵과 채집의 생산성을 높였다. 이는 더 많은 인구로 구성된 무리가 생존할 수 있는 기반을 형성했다. 무리가 더 커진다는 것은 사람들 간의 관계가 더 복잡해졌음을 의미한다. 이는 필연적으로 언어의 추상성을 높였다. 무리가 커지면 커질수록 언어는 사냥감과 같은 자연에 존재하는 사물이나, 사냥을 위한 사냥감과의 관계를 추상화하려는 것뿐만 아니라, 사람과의 관계를 표현하기 위한 다양하고 복잡한 추상적 개념들을 필요로 했다.

'자연과 대화할 수 있는 능력을 가진 사람'이라는 기존에 없던 개념과 새로운 도구인 '바늘을 다루는 행동'을 설명할 수 있는 언어를 필요로 했던 것이다. 홍보는 이러한 언어를 개발하고 공유하는 혁명적인 변화에 기여했다. 다른 사람을 언어로 이해시키고 믿음을 주기 위해서는 부단히 새로운 개념에 대한 홍보가 필요로 했기 때문이다.

관습과 질서

"홍보는 무리의 권위와 질서를 형성하는 데에 어떻게 기여했는가?"

분업과 협업은 역할과 결과의 배분을 위한 권위를 필요로 했다. 그런데 시간이 지나면서 그러한 권위는 점차 관습화되거나 정형화됐다. 필연적으로 질서를 형성할 수밖에 없다. 이는 인간의 속성이기도 하고 대체로 모든 동물들이 지니고 있는 습성이기도 하다. 한 번 성공한 방식을 다음번의 실패가 생기기 이전까지는 답습하는 습성이 있다. 지난해 사자와 통했던 사람의 이야기를 따랐더니 풍성한 결실을 얻었다면, 이번에도 그의 말을 따르려는 습성이 그것이다. 이번에도 그의 이야기를 따랐던 것이 더 큰 결실을 가져왔다면, 다음에도 그의 말을 따를 것이라는 생각이다. 이러한 관습적인 추종은 무리의 질서를 형성했다.

사냥에 성공하고 수렵물을 분배하기 위한 사냥 관계에서 필요했던 권위도 변형되기 시작했다. 무리의 수가 늘어남에 따라 사냥감과의 관계 이외에 사람과의 관계에 대한 질서를 유지하기 위한 권위를 필요로 했다. 예컨대 자신의 여자를 겁탈한 이웃집 남자와의 갈등에 관한 문제다. 만약 이 분쟁에서 사자와 통하는 사람이 권위 있게 문제를 해결하려면 우선적으로 해소해야 할 의구심이 있다. 사냥터를 찾는 일도 아니고, 사냥하는 일도 아닌데, 왜 사자와 통하는 사람의 말을 따라야 하는가에 관한 의구심이다. '사냥을 위한 권위'를 '생활에서의 권위'로 확장하기 위해서는 새로운 권위의 원천과 이를 모든 사람들이 믿게 만들 수 있는 이야기를 필요로 했다. 곰이나 사자와 통할 수 있다는 수준의 이야기만으로는 모든 생활에서의 권위를 갖추기 힘들다.

신화적 권위

"홍보는 무리간의 협력이 이뤄지는 데 어떻게 기여했는가?"

사자와 통하는 사람을 따르는 무리와 곰과 통하는 사람을 따르는 무리가 협업하기 위해서는 어떻게 해야 했을까? 가령 사자 정령은 서쪽 사냥터를 지목하는데, 곰 정령은 동쪽 사냥터로 나갈 것을 얘기한다. 사자의 정령을 믿는 무리와 곰의 정령을 믿는 무리가 협업하기 위해서는 어떻게 절충점을 찾았을까? 사자 정령이 '네 이웃을 죽이지 말라'고 얘기했을 때 사람들에게 먹혀들어갈까? 이를 극복하기 위해서는 사자와 곰의 정령과는 다른 '의탁依託 대상'을 필요로 했을 것이다. 새로운 권위의 원천이다.

이는 대체로 시간과 공간을 초월해 존재하는 사물을 끌어들여 그 답을 찾았을 가능성이 크다. 또는 죽고 이미 세상에 존재하지 않는 위대한 조상을 끌어들이는 방식을 동원했을 것이다. 태양과 달, 나무와 숲, 산과 호수 등 고정불변의 고귀한 사물도 그 대상이 될 수 있다. '정령과 이야기할 수 있는 능력을 지닌 사람'은 이처럼 새로운 이야기를 상상했다. 또 이를 사람들에게 전파시킴으로써 정령의 권위에 힘입어 사람들에게 질서에 대한 믿음을 심어줬다. 이것이 홍보가 지식혁명을 더욱 촉진시킨 용광로 역할을 했던 것이다. 더 많은 사람들을 무리로 한데 담을 수 있는 큰 그릇을 제공했으니까.

인간에게 새로운 일을 할 수 있도록 도움을 주는 정보가 지식이다. 홍보는 추상과 상상의 결과물인 정보를 공유하고 대물림할 수 있는 여건을 창출하면서 초기 인류의 지식혁명을 이끌었다. 홍보가 초기 인류의 지식발전을 이끈 촉매제였다는 것이다. 문자와 같은 기록수단이 없는 시대에서 지식혁명을 이루기 위해서는 어느 정도의 적정 인구 규모가 필수다. 정보는 소통되고 공유돼야 힘을 발휘한다. 이를 위해서는 그 정보가 당신에게도 도움이 된다는 믿음과 확신을 제공해야 한다.

홍보는 상상의 이야기와 생활의 질서를 무리의 사람들에게 믿게 만듦으로써 늘어나는 사람들을 하나로 담을 수 있는 방주를 지속적으로 넓혀왔다. 홍보는 지식혁명을 이끌 수 있는 사람들을 담는 그릇을 지속적으로 변용하고 확장하는데 기여했다는 얘기다.

22

'초개체 혁명', 홍보는 어떻게 인류를 거대하게 만드는가

초개체

목수이자 양봉가였던 요하네스 메링Johannes Mehring, 1815~1878은 곤충에 불과한 꿀벌에게 척추동물의 지위를 부여했다.[28] 꿀벌 군락을 하나의 생물체로 간주한 것이다. 여왕벌과 수벌을 생식기에, 일벌을 신체에 비유했다. 협업이나 분업이 이루어지는 군락을 하나의 유기체인 군체群體, bein로 이해했다. 미국의 생물학자 윌리엄 모튼 윌러William Morton Wheeler, 1865~1937는 개미군락을 초개체超個體, superorganism로 규정했다.[29] 꿀벌과 유사한 군집생활을 하는 개미 군락도 거대한 유기체로 본 것이다. 초개체가 하나의 유기체라는 것은 아니다. 단지 비유적 표현일 뿐이다.

생명체들은 자연환경에 적응하기 위해 다양한 생존전략을 선택한다. 꿀벌과 개미는 군체로 대응한다. 이들은 먹거리 부족에 따른 위협을 상대적으로 덜 받는다. 농사를 짓듯이 스스로 영양분을 생산한다. 비축경제 활동을 통해 변덕스러운 환경에 적응하기 때문이다. 이들은 인간처럼 안전한 생활공간을 조성해 살아간다. 구조물을 지어 천적이나 자연으로부터 스스로를 보호한다. 때에 따라서는 생활공간 내의 기후까지도 적절하게 조절함으로써 날씨에 구애받지도 않는다. 이들은 새끼들을 전문적으로 돌보고 거둔다. 물고기나 다른 곤충들에 비해 적은 수의 후손을 낳더라도, 이들을 전문적으로 양육함으로써 안전하게 자신의 유전자를 다음 세대로 전달한다.

개미나 꿀벌과 같은 초개체적 군체의 작동원리는 무엇일까? 핵심은 분산적이면서도 자기 조직적인 조절시스템에 있다. 분산적이라는 말은 전체 상황을 관장하는 지휘부가 없다는 뜻이다. 자기 조직적이라는 말은 군락 안에서 노동력 투입이 개별 개체들 간의 잦은 접촉을 통해 저절로 이뤄진다는 뜻이다. 누군가 노동력 투입을 지휘하거나 통제하지 않더라도 꿀벌 군락은 노동력 투입과 성과의 배분을 최적으로 조절한다. 꿀벌 군락은 그래서 개별 꿀벌로서는 도저히 이룰 수 없는 일을 이룬다.

외통의 인류사

인류는 분열의 흐름을 따르고 있는가, 아니면 통합의 흐름을 따르고 있는가? 지난 2천년의 역사를 통해 보면 인류는 개인의 이성과 개성을 존중하는 사회를 지향하고 있다. 17세기 이후 확산된 자유주의와 민주주의 이념에 힘입어 국가와 사회가 점차 원자화되는 추세를 따르고 있다고도 보인다. 그렇지만 기록된 역사라는 현미경을 벗고 250만 년의 인류사를 바라보면 전혀 엉뚱한 속내가 드러난다. 인류는 부단히 통합의 길을 걸어오고 있다는 점이다. 그것도 단순한 통합이 아니다. 지구상에 존재하는 모든 인류를 하나의 꿀벌 군체나 하나의 개미 군체로 통합하려는 것과 같은 흐름이다. 인류는 초개체를 구성하려는 외통의 길을 걸어오고 있다.

15만 년 전부터 호모사피엔스가 선택했던 협업은 7만5천 년에 이르러 혁명적 변화를 가져왔다. 큰 짐승을 사냥할 수 있는 능력을 갖추는 협업 혁명이다. 이후 3만 년에 이르는 기간 동안 인류는 다른 인간 종을 대부분 청소하며 아프리카에서 유럽과 아시아로 확산해 생태계의 최정점에 올랐다. 이 과정에서 체득한 지식화 능력은 도구개발과 질서창안에 있어서 또 다른 혁명적 변화를 창출했다. 지식혁명이다. 이를 기반으로 인류는 4만5천 년에서 1만5천 년에 이르는 기간 동안 아프리카 주변의 일부 섬을 제외하고는 지구 전역으로 퍼져나갔다. 그리고 아메리카 대륙이나 호주 등 그 동안 인류가 진출하지 못했던 지역으로도 퍼지며, 대부분의 거대 포유류와 거대 유대류, 조류를 먹어치웠다.

수렵과 채취에 의존하던 인류가 농작물을 재배하고 가축을 기르기 시작한 것은 대략 1만 년 전으로 거슬러 올라간다. 우연찮게도 인류가 전 세계로 퍼져나가 더 이상 새로 개발할 사냥터가 고갈된 시점과 일치한다. 그렇지만 이를 우연으로 보기만도 쉽지는 않다. 고대 인류의 지역이동이라는 것은 오늘날의 이동과는 차이가 있다. 이들이 어느 날 짐을 꾸려 아프리카에서 유라시아로, 그리고 유라시아에서 인도를 거쳐 배를 타고 인도네시아 섬으로 들어선 것이 아니다. 이들은 그냥 옆 마을 부족의 사냥터로 넘어간 것이다. 그리고 그 옆 마을의 부족은 다시 그 옆 마을로 도미노나 파도처럼 흘러 넘어간다. 파도가 해안가 모래밭에 다다르면 다시 썰물로 역진한다. 도미도가 역진하는 것이다.

누군가가 지구 끝 사냥터까지 인류가 다 들어찼다고 경고한 것도 아니다. 아프리카 살고 있던 사람들은 더 이상 유라시아에 있는 옆 마을로 이동하기 힘들게 됐음을 알았을 뿐이다. 옆 마을 사냥터로 넘보기 위해서는 예전보다 더 심한 대가를 치러야 했을 테니까. 농작물 재배와 가축화는 이러한 수렵 채집의 한계상황에 따른 것이다. 누군가가 시도했던 농사라는 창의적 발상이 무리의 협업과 분업을 사냥에서 농작물 재배로 돌리게 한 셈이다.

인류가 농업 기술을 언제 어디에서 처음 체득했는지는 명확치 않다. 250만 년 이전부터 수렵과 채집에 의존했던 인류 중 누군가는 농작물 재배 가능성을 알았을 수도 있다. 씨를 뿌리면 그 작물이 다시 자란다는 사실을 인지했을 가능성도 있었을 테니. 특히 불을 다뤄 곡식을 먹을 수 있었던 80만 년 전에서 30만 년 전에 이르는 50만 년의 기간 동안 누군가는 이를 알았을 수 있다. 그 누군가는 아마도 여자였을 가능성이 크다. 그렇지만 그 여자의 발견은 시대적으로 의미 있는 변화를 가져오진 않았다. 농업이 혁명적으로 늘어난 시기는 대체로 1만 년 전 이후부터다. 수렵으로 더 이상 대규모 무리를 안정적으로 먹여 살리기 힘든 시기와 맞물린다.

인류는 7만5천 년 전에서 1만5천 년 전에 걸친 기간 동안 협업혁명과 지식혁명을 거치면서 무리를 유기적 공동체로 변화시켜왔다. 단순한 무리가 아니라 주변의 자연을 스스로 통제할 수 있는 공동체로 탈바꿈했다. 공동체는 꿀벌이나 개미의 군체와 같은 초개체에 비유할 수 있다. 이의 작동 원리는 자기생산 메커니즘과 자기분배 메커니즘 그리고 생산과 분배의 기자재를 개선하고 변용할 수 있는 자기창조의 메커니즘이다. 풀어서 이야기 하면 이렇다.

자기생산 메커니즘

인간은 협업을 통해 더 큰 동물을 사냥할 수 있게 됐다. 또한 협업의 방식에 맞춰 효율적인 사냥도구를 고안했다. 이는 다시 보다 쉽고 안전하게 많은 동물을 잡을 수 있게 됐다. 사냥감이라는 자연여건에 대한 제약을 덜 받게 됐다. 먹거리 확보에 있어서 자연환경으로부터 자유로워질 수 있도록 생산 메커니즘이 달라진 것이다. 이전까지는 사냥하는데 환경적 제약이 심했다. 코뿔소나 사자를 잡는다는 것은 꿈에도 생각하지 못할 일이었다. 맹수들이 사냥해 먹다 남은 사슴의 골수를 파먹을 수만 있으면 그나마 행운이었다. 사슴을 쫓다가 중간에 사자를 만나면 피해 달아나야 했다. 잡은 사슴을 집으로 들고 오다 하이에나 떼를 만나면 잡은 사슴을 포기하고 도망가야 했다. 그러던 인간이 달라진 거다. 때로 무리지어 사냥에 나서다 보니 코뿔소나 사자가 무섭지 않다. 그들을 제압할 수도 있고, 사슴을 잡아도 하이에나 무리들에게 빼앗길 일도 없어졌다. 협업사냥은 사냥감과의 관계에서 이전과는 다른 변화를 가져왔다. 먹잇감만 있다면 그 먹잇감이 맹수든 큰 짐승이든 가리지 않고 잡을 수 있게 됐다. 협업을 통해 사냥의 자기생산 메커니즘을 찾은 것이다.

우리는 현재의 시각으로 이러한 변화가 얼마나 혁명적 변화인지를 가늠하기 어렵다. 사냥감이 지천으로 깔려있는 자연환경을 가늠할 수 없기에 그렇다. 또한 사자나 하이에나 무리에 시달리는 인간을 상상하기도 쉽지 않다. 그렇다면 바다를 생각해보자. 아직도 바다에는 물고기들이 지천이다. 통발이나 낚시로 조그마한 물고기를 잡던 인간이 배와 그물을 짊어지고 바다로 나간 경우다. 이는 먹거리 확보에 있어서 혁명적 변화다. 최소 무리지어 배타고 나갈 수만 있으면 굶어죽지는 않는다. 상어 떼를 걱정할 이유도 줄어든다. 과거 어느 순간부터 호모사피엔스는 이러한 혁명적 변화를 거쳤다. 홍보는 인류의 생산 메커니즘을 혁명적으로 변화시키는데 큰 역할을 했다.

자기분배 메커니즘

애초에 혼자 생활했던 개인은 질서에 구애받지 않아도 살아간다. 그렇지만 무리지어 살아갈 경우는 다르다. 관습과 문화까지는 아니더라도 질서를 따라야 안전하게 무리 내에서 생활할 수 있다. 문화 이전단계에서도 인류는 질서를 만들고 유지할 수 있었다. 유연하진 않더라도 언어가 있었고, 그 언어로 다른 사람을 설득할 수 있었기에 가능했다. 홍보는 초기 인류가 질서를 유지했던 중요한 수단이다. 침팬지나 고릴라 혹은 꿀벌이나 개미가 관습이나 문화를 지니고 있다고 볼 수는 없다. 그렇지만 이들도 나름의 언어로 서열관계를 정리하거나, 역할을 나누는 등 질서를 유지한다.

초기 협업은 구성원들의 역할을 스스로 분배하는 과정에서 나타난다. 그리고 이는 점차 하나의 운영원리로 정착된다. 자기생산 메커니즘의 혁명적 변화를 가져온 협업과 분업은 인지혁명의 결과가 아니라 남다른 언어적용의 결과다. 호모사피엔스는 언어를 협업의 수단으로 적극 활용했다. 이점이 네안데르탈인이나 인류의 다른 종들과 다른 점이다. 정찰벌이 8자 춤을 추듯이, 호모사피엔스는 사냥방식에 언어를 활용했다. 언어는 협업과 분업을 유지하는 운영원리인 자기분배 메커니즘을 정착시켰다.

자기분배 메커니즘은 사자나 곰의 정령으로 시작됐든, 위대한 조상이나 해와 달과 통하는 능력에서 비롯됐든 권위를 통해 사람들이 역할이나 성과의 분배, 심지어는 생활을 통제하는 질서를 스스로 잡아나갔다. 사자와 곰과 통할 수 있는 사람이 구태여 사람들에게 매사를 지시하고 수정하지 않더라도, 사람들은 그 무리가 원하는 최소한의 규율범위 내에서 스스로 알아서 움직일 수 있게 됐다.

자기창조 메커니즘

이뿐만이 아니다. 인류는 협업혁명을 통해 대규모 무리집단으로 생활하면서 지식을 저장하고 창조하는 집단지성의 능력을 혁명적으로 변화시켰다. 한 사람의 뇌와 인지능력으로는 해결할 수 없는 창조능력을 지니게 된 것이다. 도구를 발명하고, 새로운 언어와 질서를 고안했다. 도구와 기술은 자기창조 메커니즘의 기자재다. 언어와 질서는 자기분배 메커니즘의 기자재다.

한 사람의 상상이 무리집단의 자기창조 메커니즘이 될 수는 없다. 누군가가 어느 날 뼈를 갈아 가죽을 꿰맬 수 있는 바늘을 상상했다. 그리고 실제 이를 만들었다. 그래서 가죽옷을 잘 지어 입었다고 하더라도 그 자체만으로는 자기창조 메커니즘 기자재가 되지 않는다. 이를 주변에서 봐주는 사람이 아무도 없다면 창작물은 그의 수명과 함께 사장된다. 다른 사람들에게 바늘이 통용되는 게 일차적인 전제다. 또한 계승돼야 한다. 언어나 질서도 마찬가지다. 바늘이라는 없던 용어를 내가 고안했다고 하더라도 이것이 무리

집단에서 통용되고 계승되지 않으면 아무런 의미가 없다. 인류 역사는 적어도 '의미 있는 사건들'의 집합이다.

초개체 통합의 흐름

인류는 농업혁명이 일어나기 이전에도 부단히 사냥터를 놓고 이웃 부족을 제거하거나 복속시키는 통합을 진행했을 것이다. 2만 년 전 아프리카에 살던 호모사피엔스가 그보다 1만 년 전에 유럽에 터를 잡고 살고 있는 호모사피엔스를 친척으로 생각해 '이들은 네안데르탈인이 아닌 같은 종족이니 그들의 사냥터를 침범하면 안 된다'라고 생각하진 않았을 테니까.

소나무의 일차적 경쟁상대는 옆에서 자라는 소나무다. 사자의 일차적 경쟁상대도 내 영역을 호시탐탐 노리는 다른 사자 무리다. 인간도 인간이 일차적인 생존의 위협요소이자 경쟁상대다. 무기가 앞서면 상대를 제압할 수 있다. 전략이 앞서도 이길 수 있다. 그렇지만 무기와 전략이 엇비슷하면 승부를 결정하는 결정적 요인은 머릿수다. 머릿수를 늘리기 위해서는 더 많이 사냥해야 하는데, 내 사냥터에서 나올 수 있는 사냥감은 한정돼 있다. 오히려 사냥감은 시간이 지날수록, 즉 인구가 늘어날수록 줄어들었다. 자기생산 메커니즘에 빨간불이 켜지는 것이다. 이를 극복하려면 사냥터를 더 넓혀야 한다. 옆 부족을 정벌하거나 제휴해야 한다. 농업혁명 이전에도, 이러한 일들이 다람쥐 쳇바퀴 돌듯이 이어지며, 인류는 통합의 흐름을 타고 있었다.

인류는 농업혁명을 이룬지 1만 년이 채 안 되는 기간 동안에 그 전까지는 상상할 수 없었던 변화를 일궜다. 이 기간에 인류는 대부분의 사냥터를 농지로 바꿨다. 먹을 수 있는 모든 식물을 재배했다. 우리가 오늘날 먹고 있는 대부분의 식물들이다. 사냥감을 가축으로 전환시켰다. 이 또한 우리가 오늘날 가축이라고 알고 있는 소, 말, 양, 돼지, 닭 등 대부분의 동물을 이 기간 동안에 가축화했다. 단지 예외가 있다면 2만5천 년 전부터 이미 가축화했던 개 정도다.

수렵과 채집을 위한 협업과 분업이 농작물과 가축의 재배를 위한 협업과 분업으로 전환됐다. 인류는 '생산기자재의 자기창조 메커니즘', '자기생산 메커니즘', '인구증가', '분배기자재의 자기창조 메커니즘', '자기분배 메커니즘'이 순환적으로 작동하면서, 농업에 맞는 사회를 발전시켰다. 풀어서 이야기하면 이렇다. 쟁기와 수레가 고안됐고, 이로써 경작지를 넓히고 수확량을 더 늘렸으며, 인구도 증가했다. 인구 증가에 따라 이에 맞는 새로운 분업과 분배에 관한 권위 및 질서를 형성하는 상상력을 발휘했으며, 이를 통해 새로운 무리의 질서를 재정립했다. 새로운 질서는 또다시 그에 상응하는 기술과 도구를 상상하고 개발해 무리에 적용했다. 이런 식으로 순환적이거나 혹은 서로서로 자극해 무리의 규모를 키우는데 조력했다. 이 과정을 통해 인간 무리는 빠르게 거대한 무리로 다시 뭉쳐졌으며, 이는 다시 부족국가, 부족국가 연맹체, 국가, 제국 등의 형태로 통합되는 과정을 거쳤다.

시대를 거슬러 예수가 태어난 시점으로 돌아가면, 전 세계의 지도는 그 이전과 비교할 때 무척 단출해졌음을 알 수 있다. 수많은 작은 무리들이 분점을 했던 이 전의 지도와는 달리 이베리아반도에서부터 유라시아까지는 대체로 로마라는 거대한 제국이, 중국은 한나라라는 거대한 제국이 자리 잡고 있다. 나머지 지역에서도 크고 작은 국가들이 그 이전에 여러 무리들이 사냥터로 쓰던 지역을 통합했다.

'한번 해병은 영원한 해병'이라는 말이 있다. 해병의 굴레에 한번 발을 디디면 영원히 빠져나갈 수 없다는 뜻이다. 인류가 협업과 분업을 위해 이룬 선진적인 초개체 운영 메커니즘에도 한번 '통합'이라는 사회공동체 형태에 발을 디디면, 이전으로 되돌아가는 경우는 없었다. 앞으로 나아갈 뿐이다. 아프리카의 부족사회가 제국의 침략에 의해서든, 제국의 위협으로 국가를 설립했든 마찬가지다. 제국이 빠진 자리마저도 다시 부족사회로 복귀하기보다는 다른 제국이 들어서거나 국가가 대체했다.

인류는 점차 지구상의 모든 사람들이 단일의 초개체로 묶이는 사회인 '글로벌 초개체'로 진화해 나아갔다. 사람들과 사람들이 사는 지정학적 경계인 영토는 점차 그 의미가 실추되고 있다. 협업혁명 이후 공동사냥과 이에 따른 새로운 분배의 권위를 형성할 수 있는 이야기의 창작, 이를 무리 구성원들의 생활 관습과 질서로 내면화시키는 행위, 그리고 이를 기반으로 한 또 다른 도구의 창작이라는 순환 굴레는 내용을 달리하며 계속 확대됐다. 기술의 상상과 창작에 관한 결과물들, 그리고 거래와 화폐, 질서와 제도, 윤리와 종교 등 사회가치들의 창작의 결과물은 다양한 재화와 용역의 생산과 거래라는 자기생산 메커니즘을 진화시켰다. 또한 이는 구성원들의 삶을 변화시켰고, 자기분배 메커니즘의 변화와 또 다른 가치창작과 기술창작의 개선과 개량의 순환 고리를 형성했다.

인류사의 250분의 1에 불과한 지난 1만 년의 인류역사는 전 세계로 퍼져 유일한 인류로 자리매김한 호모사피엔스가 단일의 초개체로 재탄생하는 과정이다. 인류의 '초개체 혁명'이다. 어느 누구도 이를 기획하거나 의도하지는 않았을지 모르지만, 그렇게 가고 있다는 점은 명확하다. 과학기술의 발전을 위한 국제적 공조, 글로벌 시장경제로의 통합, 인터넷을 통한 언어의 통합, 보편적 평등이념의 확산 등이 이의 구체적 결과물이자 앞으로의 진화

방향을 드러내는 징후다.

확장되는 호혜성,
그리고 홍보행위

　　인류가 초개체로 진화하는 과정에서 홍보는 어떠한 역할을 수행했나? 이쯤 되면 홍보가 만능도 아닌데 무슨 정신 나간 소린가하는 조소와 비아냥거림이 나올 만도 하다. 홍보는 과학기술을 개발할 능력도 없으며, 철학처럼 인간이 살아가야 할 가치를 찾지도 못한다. 그냥 정치가 존재하기 이전부터 정치에 도움을 준 설득수단에 불과하다. 그런데 주제넘게 홍보가 인류사에 의미 있는 역할을 수행했거나 앞으로 할 수 있다고 헛소리 하느냐고 비웃을 수도 있다.

　　기원전 18세기경 바빌로니아 제국은 당시로서는 세계 최대 규모의 제국이었다. 오늘날 이라크의 대부분과 시리아와 이란의 일부를 포함한 대영토를 장악했다. 바빌로니아 왕은 대략 100만 명 이상의 백성들을 거느렸다. 바빌로니아 하면 떠오르는 두 가지가 있다.

　　유명한 함무라비 법전이다. 비석에 새겨진 이 법전은 이후 바빌로니아 사람들의 의식을 이해하는 귀중한 자료일 뿐만 아니라, 세계 최초의 법전이다. 이 법전 첫 머리는 이렇게 시작한다.

　　"메소포타미아의 주신인 아누, 엔릴, 마르두크 신은 함무라비에게 정의가 지상에서 널리 퍼지고, 사악하고 나쁜 것을 폐지하며, 강자가 약자를 억압하는 것을 방지하는 임무를 줬다"

　　바빌로니아로 연상되는 또 하나는 1천 년의 시간이 흐른 이후 이야기인 바빌론 유수와 유대인 노예 방면이다. 신바빌로니아 왕 키로스 2세는 과거에 노예로 끌려왔던 유대인 노예들을 방면해 그들을 고향으로 돌려보 낸 것이다. 그들이 고향에 돌아가 자신들의 신을 위한 사원 건축을 허용했을 뿐만 아니라, 여비까지 두둑하게 챙겨서 말이다.

함무라비가 주창한 강자가 약자를 억압하는 것을 방지하겠다는 선 언이나, 키로스 2세의 유대 노예 해방은 어쩌면 악어의 눈물과 같이 폭압적 인 제국의 눈가림일 수 있다. 실제 함무라비가 제국을 확대하고 유지하기 위 해 살육하고 잡아들였던 이민족이나, 키로스 2세의 선조들이 노예로 잡아 들여 부역에 투입했던 유대인의 수에 비하면, 이들의 관용은 폭압을 눈가림 하려는 허울에 불과할 수도 있다. 그럼에도 이후 기록된 역사에 따르면, 어 느 제국이나 어느 왕국에도 이와 유사한 지배자의 관용과 절제심이 빠지지 않고 등장한다.

제국이나 국가의 지배자는 약자뿐만 아니라 이민족에게도 포용하고 관용을 베푼다. 에이미 추아Amy Chua 교수는 『제국의 미래』를 통해 이민족에 대한 관용은 제국이 발전할 수 있는 중요한 기반이었다고 강조한다. 제국은 이민족에 대한 배타성을 드러내는 시점부터 쇠퇴의 길을 걷게 됐다는 점을 역사적으로 존재했던 주요 제국의 사례를 들어 확인했다.[30] 어쩌면 추아 교 수가 지적한 '이민족에 대한 관용'은 단순히 제국의 존립요건일 뿐만 아니라 모든 인류 사회공동체의 존립요건이었을 수도 있다.

현대 사람들은 어떤가? 고대 인류처럼 다른 나라 사람을 무시하거나 하찮게 대하지 않는다. 오히려 지구상에 누군가가 여성이나 어린이를 노예 처럼 부리고 있다는 사실이 알려지면 자신이 노예로 부림을 당하는 것처럼 공분한다. 이 지구상에는 현재 함무라비 왕이 당연하게 생각했던 노예가 존재하지 않는다. 그런데 수렵과 채집 생활을 했던 초기 호모사피엔스가 이민족이나 약자에게 관용적이지는 않았을 것이라는 점이다. 그들이 이웃 무리에게 관용적이었으면 오늘날 존재하지 못했을지도 모른다. 장애인이나 약자를 챙기는데 오늘날 사람들처럼 신경 썼다면, 아무래도 우리는 그들의 후손은 아니었을 것이다. 그들은 사냥에 실패할 확률이 높거나, 맹수의 공격에 빨리 도망가지 못해 후손을 남기지 못했을 테니까.

호모사피엔스가 이민족 혹은 다른 무리에 관용을 베풀기 시작했던 시점은 적어도 무리들 간의 협업의 필요성이 제기된 이후 등장했을 가능성이 크다. 여러 다른 무리와의 협업의 필요성이 관용이라는 관계적 행위를 추상하고, 이를 미약하게나마 그들의 질서에 포함시켰다. 관용의 다른 말은 호혜성 혹은 호혜적 행동이다. 또한 다른 무리인 상대에게 이를 이해시켜야 협업을 이룰 수 있었다. 이러한 관용과 관련된 사람 사이의 관계에 관한 추상적 개념은 농업혁명이후 급속하게 다양화됐다. 수렵과 채집 생활에서의 무리 규모와는 차원이 다른 많은 사람들이 한데 모여 살았기 때문이다.

홍보는 자신의 호혜성을 남에게 이해시키는 행위다. 이는 협업혁명과 지식혁명을 이룰 수 있는 적절한 규모의 무리를 구성할 수 있는 그릇역할을 했다. 또한 약자에 대한 보호 혹은 이민족에 대한 관용 형태로도 나타난다. 이의 연장선상에서 홍보는 인류가 농업혁명이후 서로 다른 무리나 사회가 통합되는 과정에서 기술이나 가치가 인류 구성원들에게 제대로 공유될 수 있는 신뢰의 기반을 형성한다. 화폐나 자본거래조차도 그 이전에 화폐나 자본에 대한, 혹은 이를 수급하는 사람들 간에 호혜성과 신뢰를 형성하지 못한다면 작동할 수 없다.

거래에 앞서 화폐에 대한 믿음 혹은 거래를 하는 나에 대한 믿음을 상대에게 전달하거나 이해시키지 못한다면 거래는 성립될 수 없다. '이 화폐를 받으면 너에게도 좋다'나 '나와의 거래가 너에게 득이 될 거야'라는 믿음을 주는 것이 홍보다. 이러한 과정에서 홍보는 인류가 지난 1만 년에 걸쳐 초개체로 진화할 수 있었던 신뢰와 공유의 기반을 제공했다. 그래서 홍보가 인류의 초개체 혁명을 촉진시키고 있다고 감히 말할 수 있다.

| 23 |
'사회여론', 이기성과 호혜성이 연출하는 거대한 파노라마!

갑각류인 오징어는 피부의 색깔을 통해 자신의 감정을 표출한다고 한다. 그들의 언어에 대한 구체적인 의미를 이해할 수는 없지만, 감상할 수는 있다. 이들은 무리지어 생활하며, 자신의 몸 색깔을 변화해 군무를 펼친다. 무리의 왼쪽 끝에서 움직이던 한 마리가 몸을 푸른색으로 바꾸기 시작하면, 그 옆에서 헤엄치던 오징어도 몸을 푸른색으로 바꾼다. 푸른색은 도미노처럼 옆에서 옆으로 확산되면서 오징어의 전체 무리는 대형을 바꾼다.

순간적으로 펼쳐지는 색의 마법은 황홀경 그 자체다. 무리뿐만이 아니다. 오징어 한 마리가 몸 색깔을 바꾸는 방식을 보면 대체로 무리가 색깔을 바꾸는 방식과 유사하다. 물감이 피부에 번져 나가듯이 자신의 몸 색깔을 바꾼다. 오징어의 언어를 소개하려는 의도가 아니다. 오징어와 오징어 무리의 색깔변화에 비유해 인류가 지난 1만 년 동안의 진화를 통해 하나의 유기체와 같은 모습으로 변화한 데에 대한 영감을 불어넣기 위해서다.

이기성과 호혜성

지구라는 화면에 인류라는 발광체들을 올려놓고 지난 1만 년의 시간을 저속카메라로 촬영하자. 이를 10분짜리 분량의 동영상으로 편집해 틀어보면 오징어 무리가 펼치는 빛의 향연과 다름없다. 처음에는 점처럼 군데군데 발광체들이 모여 있다. 이들은 다소 느리게 색깔을 바꾼다. 한 군데의 점에서 붉은색 점이 나타나면, 잠시 후 그 옆에 있는 불빛도 붉은 색으로 빛을 바꾼다. 붉은 빛은 점차 가는 선을 형성하며 도미노 식으로 확산돼 화면 전체의 불빛들을 붉은 빛으로 바꿔놓는다. 그것만이 아니다. 붉은 빛의 도미노가 반대편 끝까지 도달하기도 전에 새로운 처음 붉은 빛을 내 놓았던 곳 주변에서 또 다른 색깔의 불빛, 예컨대 파란색 불빛의 도미노가 시작된다.

이러한 과정을 거칠 때마다 지구화면 위에는 더 많은 불빛이 활성화된다. 영상이 6분을 경과하면 점과 점들이 모이거나 활성화되는 불빛이 더 늘어나면서 화면 위에 몇 개의 거대한 불빛의 섬들이 형성된다. 인류의 시기로 따지면 기원전 20세기를 전후한 시점이다. 그리고 8분을 지나면서 거대한 섬들은 주변의 다른 거대한 섬과 붙었다 떨어지기를 반복하며 아메바처럼 확장한다. 9분부터 마지막 10분까지는 불빛 쇼의 절정에 다다른다. 거의 화면 전역이 활성화된 불빛으로 채워진다. 순간순간 활성화되는 불빛이 늘어난다. 그리고 이곳저곳에서 새로운 색깔로 빛을 내고, 이 색깔이 새로운 도미노를 일으킨다. 어떠한 도미노는 반대편까지 도달하기도 하지만, 어떤 불빛은 중간에 사그라지기도 한다. 그러면서 점차 불빛들은 전체적으로 분홍빛 색을 띄어가며, 화면 전체를 밝힌다.

이 빛은 대체로 이기성이라는 빨강과 호혜성이라는 파랑의 향연이다. 이 또한 본질적으로는 다르지 않다. 자신의 이기성을 실현하기 위해 '남을 배려하는 마음'이라는 호혜성을 표출하는 것이다. 또한 남의 이기성을 견제하기 위해 다른 이들의 호혜성을 요구한다.

개인의 선호와 이를 추구하기 위한 선택은 이기성의 발로다. 그렇지만 자유주의 경제학자들이 생각했듯이 개인의 이기성에 따른 선택, 즉 개인의 합리적 선택이 공공적 선택과 별개의 회전축으로 돌아가지는 않는다. 이기성은 이기성의 또 다른 모습인 호혜성을 포함하는 것이다. 협업혁명을 통해 큰 무리로 살아갔던 인간은 자신의 이기심을 실현하거나, 상대를 견제하기 위한 수단으로 호혜적 행동을 활용했다. 인류의 오랜 역사는 사실상 인간의 이기심과 이의 또 다른 표출방식인 호혜성을 교묘하게 절충하며 발전시켜 왔다. 외줄타기 광대의 공연처럼. 이 사실을 구태여 생태학자들의 말로 표현하면 인간의 이기심은 '다른 사람의 이기심을 견제하기 위한 이기심'마저 공진화해 왔다. 다른 사람의 이기심을 견제하기 위한 이기심이 곧 호혜성이다. 이기성과 호혜성은 결국 같은 곳에 그 맥락과 뿌리를 두고 있다. 호혜성도 본질적으로는 인류의 '이기적 유전자'의 이기성을 실현하는 수단일 뿐이라는 것이다.

호혜성을 공자와 맹자의 말로 표현하면 남을 배려하려는 어진 마음, 즉 인仁이요, 측은지심惻隱之心이다. 한 걸음만 더 나아가자. 이를 서양의 정치사상가들의 표현방식으로 이야기하면 자유주의적 정의와 대척점에 있는 공동체주의적 정의다. 존 듀이는 이를 합리적 선택과 구별되는 공공적 선택으로 구분했으며, 경제학자인 프레스톤이 기업 본연적 책임의 밖에 있다고 구별했던 공공책임이다.

다빈치 헬리콥터

사건은 객관적이다. 그렇지만 사건을 바라본 사람들의 의식과 감정은 제각각이다. 인류는 협업혁명을 통해 초개체 메커니즘의 축을 형성한 이래 '이유 없는 사건'을 만들지 않았다. 물론 누군가의 상상을 통해 시대를 앞서가는 상상이 일어날 수도 있었고, 시대를 앞서가는 자기창조 행위가 있을 수는 있었다. 그러나 적어도 이러한 창작물마저도 초개체 메커니즘의 굴레에 직접적으로 연관되지 않으면 사장되거나 그 지식의 기록물들은 오랜 시간이 지난 후에야 제 빛을 발하게 된다. 30만 년 전에 어느 여인이 발견했을 수 있는 농작에 관한 상상이 그렇다. 그 여인의 천재적 고안, 즉 자기창조의 결과물은 적어도 인류의 역사가 29만년 이상을 더 돌아가야 빛을 발할 수 있었다. 기록이 남아있지 않으니 이를 확인할 수는 없다. 그렇지만 이를 설명할 수 있는 역사시대의 다른 사례는 충분히 많다. 레오나르도 다빈치의 천재성이 상상한 '다빈치 헬리콥터'가 그런 사례다.

이처럼 인류의 역사는 이유 없는 사건을 만들지 않았다. 이유 없는 사건이 없었다는 것이 아니라, 진화하지 않았다는 것이다. 마치 인간을 비롯한 모든 생명체들이 이유 없는 장기를 지니고 있지 않는 것처럼.

'이유 있는 사건'이란 인간의 초개체 메커니즘의 굴레에서 쟁점을 형성한 사건들이다. 본질적으로 사건은 현실의 비판이나 개선의 내용을 담고 있다. 사람들의 생활과 삶에 직간접적으로 영향을 미치는 것을 내용으로 한다. 그것이 개별 기업의 상품출시와 같은 경제적인 사건이든, 국회의원 지역구를 개편하는 정치적 사건이든 이를 막론한다.

이유 있는 사건은 초개체 메커니즘의 굴레를 통해 다른 영역에서의 변화를 유도한다. 사건과 사람을 연결하는 게 쟁점이다. 쟁점은 굴레의 중심에 있는 인간무리 혹은 사회공동체 구성원들의 쟁점에 대한 의견, 즉 사회여론이다. 사건에 따라 쟁점이 사회여론을 불러일으키는 파급력은 다를 수 있다. 또한 쟁점이 존재하지 않는 이유 있는 사건은 없으며, 쟁점을 일으키지 않는 사건은 이유 있는 사건은 아님이 명확하다.

이를 풀어서 이야기하면 이렇다. 휴대폰 제품의 보급은 기존 유선전화 기술의 비판에서 비롯된다. 유선전화 기술의 비판이라는 쟁점의 한 축은 이 현실을 극복하기 위한 기술개발 형태로 나타나며, 다른 한 축은 휴대폰 기술개발을 위한 여건을 개선하는 형태로 나타난다. 이러한 모든 행위들은 굴레의 중심에 들어있는 사회여론을 통해 움직이며, 행위와 사회여론은 쟁점으로 연결된다. 이렇게 보급된 휴대폰은 또다시 휴대폰 오남용과 같은 쟁점으로 사회여론과 연계되고, 이에 대한 새로운 기술개발이나 질서개선의 아이디어로 다시 순환된다.

이유 있는 사건,
사회쟁점의 굴레

개인적 선호 혹은 이 선호의 대중화는 어떠한 형태로든 공공적 쟁점, 즉 사회여론과 사회공동체의 질서변화로 이어진다. 또한 공동체의 질서

변화는 어떠한 형태로든 개인적 선호 대상, 즉 재화와 용역의 기술변화와 개인이 선택할 수 있는 재화와 용역의 변화를 수반할 수밖에 없다. 이의 굴레에 끼지 못하는 사건들은 적어도 이유 있는 사건의 축에 들지 못할 가능성이 크다. 재화와 용역 측면에서 이야기하면 판매에 성공하지 못하거나, 그럭저럭 판매는 되더라도 오래지 않아 사장될 가능성이 크다는 것이다. 혹은 '다빈치 헬리콥터' 상상도처럼 한참의 시간이 지난 뒤 그 빛이 발현될 상품일 수 있다.

홍보는 어떻게 '이유 있는 사건'을 만드는가? 쟁점과 여론을 축으로 굴러가는 인류의 초개체 메커니즘에 끼어들기 위해 홍보는 구체적으로 어떠한 역할을 수행하는가? 이를 위해 홍보대상을 세분화라는 명목으로 부단히 쪼개고 나누는 것만이 바람직한가? 그렇지 않다. 사회구성원을 통합적이고 입체적으로 조망하는 것도 중요하다. 인류가 속해있는 초개체 메커니즘의 작동원리를 이해하고 거기에 맞는 적절한 조치를 취해야 한다.

얼마 전 정수기 필터 생산기술을 보유하고 있는 중견기업 최고경영자를 만났다. 그는 전 세계는 물 부족에 시달리고 있다는 생각과 앞으로 우리사회를 비롯한 전 세계가 수자원 고갈에 처할 것이라는 판단에 따라 10여 년 전부터 정수기 필터개발에 투자해 왔다. 그는 이러한 노력의 결과로 전 세계에서 가장 처리수준이 좋은 필터를 가장 싼 가격으로 생산할 수 있는 기술을 개발했다. 그렇지만 자신의 생각만큼 시장에서 호응을 얻지 못해 고민하고 있었다.

그의 고민은 이랬다. 정수기가 잘 보급돼 있는 한국을 비롯한 선진국 시장에서는 고급의 처리능력을 지닌 필터를 필요로 하지 않았다. 어차피 수도관이 잘 정비돼 있어 가정으로 배달되는 수돗물이 깨끗했기 때문이다. 이 시장에서 정수기 공급업자들에게 있어서는 고급정수기 필터가 구태여 필요가 없었으며, 그러한 환경에서 이 회사의 고급필터는 오히려 가격 경쟁력만 떨어뜨리는 요인이 됐다. 처리수준을 낮춘다고 해서 가격을 크게 낮출 수 없으니까.

베트남이나 인도네시아 등 동남아 시장에서의 여건은 그 반대의 이유로 이 회사 정수기 필터에 핸디캡을 부여했다. 이 지역에서는 수돗물 노관이 오래돼 가정으로 보급되는 수질이 그렇게 좋지 않았다. 수돗물에 녹이나 석회 함량이 한국이나 미국보다 상대적으로 많았다. 그러다 보니 이 회사의 정수기 필터는 경쟁사의 다소 질이 떨어지는 필터에 비해 교체주기가 상대적으로 짧았다. 소비자 입장에서는 그 필터에서 나온 물이나 저 필터에서 나온 물이나 육안이나 맛으로 큰 차이를 못 느끼는데, 그 회사 정수기 필터의 교체 주기는 짧은 게 불만이었다. 그 최고경영자의 고민이 여기에 있었다.

서로 다른 두 개의 시장에서 어떻게 대응해야 하느냐는 그의 질문에 대해 두 시장 모두 사회구성원이 정수기 필터사용의 새로운 가치를 창작하도록 유도하는 것이 바람직하다고 충고했다. 한국에서는 정수기 필터 교체주기를 늘려도 된다는 인식이다. 베트남에서는 건강을 위해 정수기 필터 성능을 높이거나 교체주기를 단축해야 한다는 인식이다. 이를 위해 제품 측면에서는 한국에서는 오래 쓸 수 있다는 제품의 특징을 부각시키는 반면, 베트남에서는 고성능이라는 특징을 부각시켜야 한다. 제도 측면에서는 한국에서는 정수기 필터 폐기에 따른 환경부담을 높이는 쟁점을 부각시키는 반면, 베트남에서는 이를 낮추고 정수기 필터 처리기준을 높이는 규제에 관한 쟁점을 부각시켜야 한다고 조언했다.

통합적 관점

현대 경영학의 마케팅이나 홍보 지침서들은 고정관념에 빠져있다. 사회구성원과 이들의 생각인 사회여론이나, 정치, 경제, 문화, 제도 등이 각각 별개로 작동한다는 생각이다. 현실은 다르다. 학자들이 학문분야를 나누듯이 현실도 분야별로 따로 작동하지 않는다. 심지어 기업이 상대해야 할 이해관계자마저도 주주 따로, 고객 따로 움직이지 않는다. 한 걸음 더 나아가면 고객마저도 이사람 따로, 저사람 따로 움직이지 않는다. 이를 따로 구분해 보고자 한다면, 구할 수 있는 것과 구하지 못하는 것이 있다.

사회는 하나의 유기체로 진화하고 있다. 이는 전 세계 인류가 단일의 초개체로 진화하려는 흐름을 따른다. 사회구성원의 의견은 인류가 초개체로 작동하는 정보교류의 핵심 내용이다. 사회여론은 이유 있는 사건에 관한 쟁점과 이에 대한 의견이다. 이를 해체하거나 분리해 몇 가지 파편적 지식을 얻는다 해도, 이해하지 못할 것이 있다. 감성과 감정과 같은 것들이다. 통합적으로 이해해야 한다. 인간과 사회를 통합적으로 이해하는 것만이 인간을 제대로 이해하는 방식은 아닐 수 있다. 그렇지만 인간과 사회를 해체적으로 이해하는 것만으로도 인간을 제대로 이해할 수 없다. 양자의 조화가 필요하다.

이는 동양의학과 서양의학의 차이로 비유할 수 있다. 동양의학인 한의학이 인체와 병을 바라보는 관점은 서양의학의 관점과 다르다. 한의학은 인체를 자연에 속한 하나의 유기체로 보려고 한다. 서양의학은 인체를 여러 장기臟器들의 묶음으로 보는 데에서 출발한다.

병을 바라보는 시각도 서로 다르다. 한의학은 병을 인체의 균형이 깨진 상태로 본다. 병은 인체의 음陰과 양陽의 균형과 조화가 깨지면서 발생한다고 바라본다. 특정 장기가 과하게 활성화되거나, 혹은 역으로 과하게 위축될 때 병이 생긴다고 본다. 이러한 특정 장기의 변화는 시간이 지나면서 주변의 다른 장기에 부담을 주게 되며, 이로 인해 인체의 조화, 즉 기氣의 원활한 흐름이 깨지고, 병을 앓게 되는 것이다.

인체의 기氣 균형이 깨지는 이유는 다양하다. 인간이 자연환경과 기를 주고받는 과정에서 기의 균형이 깨지기도 하며, 다른 인간과의 관계나 인체 내 장기들 간의 관계에서 기 흐름의 균형을 깨는 다양한 요인이 있다고 본다. 다시 말하면, 한의학은 외부에서 침입하는 바이러스를 이러한 균형과 조화를 깨뜨릴 수 있는 여러 가지 요인 가운데 하나로 본다는 것이다. 그 보다 병을 일으키는 본질적이고 더 많은 이유는 그 사람이 생활하고 있는 삶과 그 사람의 마음에 있다고 설명한다.

현대의학은 바이러스와 같은 병원病源과 특정 장기와의 관계에 주안을 둔다. 현대의학은 과학기술의 도움으로 외부에서 인체에 침해를 가할 수 있는 병원균에 대한 지식을 넓혔고, 이를 대응하는 신약을 개발함으로써 치료의 성과를 높였다. 생물학과 화학의 지식을 기반으로 약품을 생산할 수 있는 지식은 내과적 의료기술을 발전시켰다. 물리학과 공학적 지식을 기반으로 손상된 장기를 진단하거나 제거할 수 있는 외과적 의료기술도 발전시켰다. 심지어 최근에는 유전학과 컴퓨터공학의 지식을 통해 손상된 장기를 복원하거나 기계로 대체할 수 있는 대체의학 기술을 발전시키고 있다.

현대의학은 아직도 사람의 감정이 왜 인체에 병을 일으키는 원인이 되는지를 이해해야 할 숙제를 안고 있다. 단순히 스트레스가 인간의 면역체계를 깨뜨릴 수 있다는 설명만으로는 부족하다. 보다 과학적이고 분석적으로 어떠한 스트레스가 어떠한 면역체계에 작용하는지를 밝혀야 한다. 과도한 스트레스를 일으키는 원인인 감정은 또 어떠한 원인에 영향을 받는지에 대해 인과관계를 추적해야 한다. 몸에 병이 생겼기에 그 병으로 인해 스트레스를 받을 수도 있다. 그렇지만 멀쩡했던 사람이 스트레스로 병이 생겼다면, 이는 인체 내부만의 문제는 아니다. 병자와 자연과의 관계, 병자와 다른 인간 간의 관계 속에서 그 원인을 찾아야 한다.

한의학은 다소 철학적이고 현대의학은 과학적이라고 얘기한다. 그 이유는 이러한 인체와 병을 바라보는 본질적인 차이에서 비롯됐다. 인체를 자연과 다른 인간과의 관계 속에서 생활하는 통합적인 유기체 측면에 비중을 두고 보느냐, 아니면 기능적 장기의 총합체라는 쪽에 비중을 더 두고 보느냐의 차이다. 어느 것이 옳고, 어느 것이 틀리다고는 속단할 수 없다. 양자 모두 장단점을 지니고 있기 때문이다. 그렇지만 명확한 사실은 둘 중 어느 누구의 관점만이 옳다고 칼로 무를 베듯이 결정을 내릴 수는 없다.

미국의 생물학자 에드워드 윌슨Edward Wilson은 『통섭Consilience : the unity of knowledge』을 통해 인간이 처한 사회적 상황은 인간의 심리적 상황을 바꾸고, 이는 다시 인체의 생물적 상황을 바꾼다고 설명한다. 예를 들어 사람은 뱀을 무서워한다. 물리면 죽기 때문이다. 이러한 두려움은 직접 경험에 의해서든, 부모에게 들어서든 지속적으로 뱀에 대한 두려움의 인식과 감정을 유지하게 한다. 이러한 감정은 꿈에도 뱀에게 물리는 꿈을 꾸며, 미지의 두려움의 존재를 뱀으로 연상하기도 한다. 인간의 머릿속에 있는 뉴런은 항시 이러한 의식과 감정의 기억들을 신경으로 연결하는데, 그러한 기억의 신경세포들이 뭉쳐있는 것이 뇌다. 뱀에 대한 경각심은 점차 뉴런을 통해 뇌의 변화, 즉 인체의 생물학적 변화로 이어진다. 이러한 변화는 인체가 과거와는 다른 행동, 즉 악마를 뱀의 모습으로 그리는 사회적 행위와 뱀을 보면 무조건 잡아 죽이려는 행동으로 자연에 환원된다. 윌슨이 사회생물학 sociobiology이나 통섭consilience라는 신조어를 사용하면서까지 강조하고자 했던 부분이 여기에 있다. 자연과학을 통해 인간을 자세하게 들여다보는 것은 좋으나, 자연현상 속의 인류와, 사회현상 속의 인간을 통합적으로 바라봐야 한다는 것이다.[31]

인체 밖으로 나온
또 하나의 신경조직

환경변화에 따라 생명체가 자신의 생물학적 구조를 바꾸려면 적게는 수십 세대에서 많게는 수천 세대가 걸린다. 하루에도 수십 세대를 대물림하는 바이러스는 하루 만에 자신의 유전자 형질을 바꿀 수 있다. 그렇지만 어류나 조류나 포유류 등은 다르다. 환경변화에 따라 특정 장기나 신체의 일부를 빠르게 바꿀 수 없다. 적게는 수백 년에서 수만 년의 세월을 필요로 한다. 다윈의 이야기대로 우연히 돌연변이가 나와서 대세를 차지하든, 윌슨이 주목했던 대로 뉴런의 변화를 통해 조금씩 신체를 바꿔가든 시간이 많이 필요한 것은 마찬가지다.

호모사피엔스는 생물학적 진화의 더딘 보폭을 용납하지 않았다. '환경에 맞춰 내 몸을 바꾸기…' 해버린 거다. 그리고는 꿀벌이나 개미와 같은 협업의 무리로 자연환경에 맞섰다. 거기까지는 그래도 상관없다. 무리지어 사는 동물이 인류만은 아니니까. 그런데 한 걸음 더 나아가 버렸다. 개체 몸속에 있어야 할 통제의 기능과 창작의 기능마저도 몸 밖으로 헌사했다. 통제의 기능이란 자기생산 메커니즘과 자기분배 메커니즘을 뜻한다. 창작의 기능이란 기술과 가치와 같은 생산과 통제의 수단을 스스로 개발하는 자기 창조 메커니즘이다.[32]

포유동물에게 있어서 이는 생체의 머릿속에 있는 뇌와 몸속의 신경 세포가 그 기능을 담당한다. 그런데 인간은 자기 몸속에 있는 것은 몸속에 그 대로 놓아두고, 밖에다 별도의 뇌와 신경세포를 더 만들었다. 이것이 하나의 유기체로 진화하는 인류, 즉 인류의 초개체 메커니즘의 전모다. 인간 개인 의 생물학적 신체를 바꾸기에는 많은 시간이 걸린다. 초개체 인류는 자신의 신체를 바꾸는 데에는 많은 시간이 걸리지 않는다. 오늘날에 있어서는 오징 어 무리가 순간적으로 대열의 모양을 바꾸는 수준만큼 빠르다. 환경변화에 적응하고 다시 환경을 변화시키는 쪽으로 환원하는 속도가 무척 빨라졌다.

쟁점과 사회여론 그리고 이의 소통과 확산채널은 인간이 신체 밖으 로 끌어낸 또 하나의 뇌이자 신경세포인 것이다. 사람의 생각과 행동을 이 해하기 위해서는 뇌를 해체해서 부위별로 어떠한 기능을 담당하는 것이냐 를 아는 것만으로는 부족하다. 다른 장기도 마찬가지지만 인체의 뇌를 조각 내거나 신경을 해체해서는 뇌와 신경의 본연의 역할을 이해할 수 없다. 전 체 속에서 부분의 역할을 이해해야 하고, 부분 속에서 전체의 역할을 이해 해야 한다.

사회여론의 감성적 측면을 이해하기 위해서는 현대의학이 걸어왔 던 길처럼 해체적인 방법만으로는 한계가 있다. 통합적인 관점으로 사회여 론을 이해해야 한다.

'쟁점구도', 비판은 쟁점을 만들고, 쟁점은 쟁점을 만든다

물리학자들은 우주를 작은 거품들이 모여서 형성된 거대한 비눗
방울과 같다고 비유한다. 이를 우주의 거대구조supervioe라고 한다. 우주
는 태양계와 은하계, 그리고 거대 은하단처럼 층층이 모여 구성돼 있는
데, 이를 멀리서 보면 마치 작은 거품들로 구성된 거대 비눗방울로 보인
다는 설명이다.

물리학자들이 우주를 거대한 비눗방울로 비유한 이유는 우주가 고
정된 형태가 아니라는 점을 강조하려는 데에 있다. 거대한 비눗방울 속의 작
은 거품들이 부단히 변함으로써 전체적인 모양이 바뀐다. 비눗방울을 유심
히 살펴보면 거품은 주변의 다른 거품들의 변화에 영향을 받는다. 주변 거
품이 터지면 그 거품에서 비눗물을 유입해 커지기도 하는 등 전체적인 모양

을 부단히 바꾼다.

쟁점 구도

"쟁점은 어떻게 형성되는가?"

쟁점은 사건이나 사안에 대한 논의의 대결구도를 형성한다. 이를 쟁점구도라고 한다. 쟁점구도가 형성되는 이유는 사람들이 사안에 대해 옳거나 그르거나 혹은 좋거나 싫다는 입장을 제각각으로 선택하기 때문이다.

쟁점과 쟁점구도는 그 스스로가 역동적이다. 쟁점은 스스로 변한다. 쟁점은 인간이 현재 통용되는 지배가치에 대한 비판과 대안을 모색하는 과정에서 나타난다. 쟁점은 현실 비판의 산물이요, 대안의 산물이다. 그 비판과 대안의 대상이 되는 지배가치는 기술일 수도 있고, 사회가치일 수도 있다. 변화의 결과물도 기술가치와 사회가치다.

지배가치는 변화한다. 현대사회에서 외국인을 사냥하거나 이들을 잡아서 노예로 사고 팔 수 있다고 생각하는 사람이 있다면 그는 필시 정신병원이나 교도소 안에 있을 것이다. 인권존중에 관한 보편적 믿음이 그렇게 해서는 안 된다고 얘기한다. 뿐만 아니다. 인권존중에 관한 믿음이 세상 사람들의 가치관에 공유돼 있다. 이는 법이나 규범의 형태로 현대사회의 지배가치로 자리매김하고 있다.

함무라비 왕이 살던 시절은 어땠을까? 외국인을 사냥하거나 노예로 삼는 문제는 논쟁거리가 아니었다. '당연히 외국인을 잡아서 노예로 부리지, 안 그러면 누굴 노예로 부리냐?'고 반문했을 것이다. 한걸음만 더 나아가 보자. 함무라비 왕이 통치하기 이전의 고대 바빌로니아에 서는 오히려 다른 문제가 논쟁거리였을 가능성이 있다. 바빌로니아 제국 내에서 벌어진 이웃 간의 살인을 어떠한 기준으로 처리해야 하는가와 같 은 것이다.

바빌로니아 남쪽의 한 마을에 살던 사람이 북쪽마을로 찾아와 남자 를 죽이고 그의 재산을 빼앗은 문제다. 함무라비 법전은 최소한 이 논쟁에 관해 이웃을 죽여서는 안 된다는 보편적 가치를 정립했다. 현대인이 외국인 을 죽였을 때와 똑같은 처벌의 위험을 고려해야 하니까. 이웃을 죽여서는 안 된다는 가치가 지배가치로 자리매김했고, 이를 유지하기 위한 질서가 정착 돼 있으니까 그렇다.

인류사를 한 두 걸음만 더 거슬러 올라가 보자. 협업혁명 이전의 호 모사피엔스 시절은 어떠했을까? 이 때에도 이웃마을 사람을 찾아가 죽이는 행위가 문제가 됐을까? 아니었을 것이다. 내 사냥터를 침범한 남을 죽이는 것은 어쩔 수 없는 행동이라고 생각했을 가능성이 크다. 수렵 채집인에게 있 어서 내 사냥터에 들어선 이웃은 고라니나 비둘기보다도 우선적으로 제거 해야 할 대상일 수도 있다. 상대가 수적으로 우세하거나, 보복의 우려만 없 다면 말이다. 이처럼 인류의 지배가치는 변화해 왔다.

역동적인 쟁점

"쟁점구도는 어떻게 변화하는가?"

인류는 필요에 따라 '새로운 가치'를 부단히 창작해 왔다고 할 수 있다. 관습과 질서, 법과 제도는 그렇게 인류가 새롭게 창작한 가치들이다. 새로운 가치는 기존의 지배가치가 규제하는 현실에 대한 비판과 개선의 결과다. 어느 날 누군가가 앞으로 이러한 새로운 가치가 필요할 것이라고 번뜩이는 아이디어를 제시하는 것이 아니다.

　　새로운 가치는 무수히 많은 사회적 논쟁의 결과다. 사건과 사안에 대한 쟁점이 새로운 가치 창작을 유도하고, 이를 다시 규범과 질서, 법과 제도라는 방식으로 사람들에게 따를 것을 강요한다. 현대사회에서 인류의 인간 존엄성에 관한 보편적 믿음도 이러한 여러 쟁점화 과정을 통해 지배가치로 정립된 결과물일 뿐이다.

　　인간의 기술발전도 이와 다르지 않다. 기존 기술의 한계는 부단히 새로운 쟁점을 불러일으킨다. 쟁점은 새로운 기술의 창작을 부추기고, 이는 새로이 창작된 기술의 보편적 적용을 유도한다. 쟁점화를 통해 새로운 기술의 창작과 새로운 기술의 범용화가 이뤄지는 것이다. 일부 기술은 특정 개인에 의해 돈키호테적이거나 레오나르도 다빈치처럼 시대를 크게 역진하거나 크게 초월하는 것도 있었다. 그렇지만 특정 기술이 범용성을 인정받기 위해서는 그 시대가 요구하는 조건을 맞추는 것에 한했다. 그 조건이란 기술에 관한 '현실적 쟁점'을 반영하는 것이다. 기술에 관한 현실적 쟁점은 사회적 필요에 따라 기존의 기술을 비판하고, 그 연장선에서 새로운 기술 창작을 요구하는 정도에 머무른다.

　　기존 지배가치에 반하는 새로운 가치, 기존 기술에 반하는 새로운 기술. 인류는 쟁점을 통해 기존 가치와 기존 기술에 끊임없이 문제를 제기해왔다. 그 연장선상에서 쟁점을 통해 문제를 해결하려는 대안을 창조해왔다. 쟁점을 통해 문제해결 방안을 창조했다는 것은 곧 집단지성을 활용했다는 것이요, 인체 밖의 뇌와 신경조직을 이용했다는 것이다. 현실에 대한 비판인 쟁점 그 자체가 역동적이다. 그래서 쟁점구조는 역동적일 수밖에 없다.

인류가 환경변화에 적응하기 위해 생물학적 신체 변화에 의존하지 않고, 무리와 집단을 바꾸는 적응전략을 폈기 때문이다. 무리의 생산과 분배에 관한 자기통제 메커니즘을 바꾼 것이다. 이를 위해서는 새로운 사회가치를 창조하거나 새로운 기술을 창조하는 자기창조 메커니즘이 작동해야 한다. 뇌와 신경망이 긴밀하게 작동해야 한다. 이것이 쟁점과 쟁점구도가 역동적일 수밖에 없도록 진화한 이유다.

쟁점은 스스로 역동적이다. 새로운 가치와 새로운 기술의 창작이 역동적이기에 그렇다. 그렇지 않다면 인류는 상황에 맞지 않는 제도와 필요를 충족시킬 수 없는 기술에 스스로를 끼워 맞춰 적응해야 한다. 그렇지만 인류는 이를 거부해 왔다. 인류가 이를 거부하는 가장 현실적인 수단이 쟁점화다. 불편함에 대해 시끄럽게 떠드는 구라다. 그래서 쟁점은 역동적일 수밖에 없다.

기존 지배가치에 스스로를 끼워 맞추려 했던 과묵한 인류는 지금 우리의 조상이 아니다. 오랜 인류의 역사를 통해 네안데르탈인처럼 역사의 뒤안길로 사라졌을 것이다. 한 집단이 기존 지배가치에 스스로를 끼워 맞추는 상황을 계속 유지하면, 내부의 부조화를 이기지 못하고 스스로 붕괴된다. 혹은 다른 경쟁 집단에 장악되거나 지배당했을 가능성이 크다. 또한 앞으로 모든 인류가 어느 순간부터 '과묵과 순응의 길'을 걷기 시작한다면, 뇌와 신경망 작동이 정지된 인체와 유사한 어려움을 겪게 될 것이다.

지배가치에 대한

끊임없는 도전

"쟁점은 어떻게 지배가치를 바꿔 왔는가?"

쟁점이란 사건이나 사안에 관한 사람들의 인식이다. 그 인식은 사건을 어떻게 이해하고, 감정적으로 받아들이고, 종합해 평가하느냐에 따라 제각각의 방향으로 갈린다.

사람들의 인지, 정서, 평가는 대체로 기존의 지배적인 가치관에 영향을 받는다. 예컨대 사람은 사람을 죽여서는 안 된다는 보편적 믿음에 영향을 받는다. 그렇지만 보편적 믿음이 시키는 대로만 행동하는 인조인간은 아니다. 인간은 항시 보편적 믿음이 통용될 수 없는 예외적 상황 속에서 산다. 이는 인간이 바보이거나 똑똑해서가 아니다. 자연환경과 인간사회는 인간이 기존에 만든 보편적 믿음에 의존하는 것으로만은 해결할 수 없는 복잡한 문제를 끊임없이 제시하기 때문이다. 복잡한 문제들이란 대체로 기존 지배가치의 한계에서 비롯된다. 기존의 보편적 믿음이나 지배가치와 지배적인 기술이 확장의 한계를 드러내면서 나타나는 문제들이다. 이를 쉬운 이야기로 비유하면 어린애가 몸집이 커지는 데 어려서 입던 옷을 계속 입고 있을 때의 '불편함'이다. 지배가치가 '불편함'으로 인식되는 순간부터 쟁점이 제기되며 그 쟁점은 확산된다.

가령 인간은 인간을 죽이면 안 된다는 관념은 어떻게 정착된 것인가? 인간의 생명을 존중해야 한다는 믿음 때문이다. 그런데 인간의 생명을 존중해야 한다면, 인간은 다른 생명체의 생명도 존중해야 하는가? 반려견의 생명은 어떤가? 이를 존중해야 한다면 취미로 바다표범을 사냥하는 것은 어떠한가? 강아지와 바다표범의 생명을 존중해야 한다면, 우리는 참치나 고등어의 생명도 존중해 잡아먹지 말아야 하는가? 뭔 궤변이냐는 비아냥거림이 될 수 있다. 그런데 반드시 그렇지도 않다.

이방인에 대한 잦은 접촉과 교류는 이방인도 나와 같은 사람이라는 인식을 형성한다. 이는 이방인은 노예를 삼아야 된다는 기존의 지배적 사회가치와 대립한다. 이를 문제의식이라고 한다. 이러한 문제의식은 지배가치의 개선이 필요한 현실적 요구와 맞물려 쟁점이 된다.

서기 48년 로마의 클라우디우스 황제는 야만족 이방인인 골족 원로들을 로마제국의 원로원 의원으로 받아들이려 했다. 이에 대해 원로원이 반발했다. 이방인이자 과거 우리의 적을 제국의 수뇌로 받아들일 수 없다고 반대했다. 이에 클라우디우스는 불편한 진실을 상기시켰다. 원로원의 대부분은 한때 로마의 적국 부족 출신들로 구성돼 있으며, 황제 자신도 그러한 가문 출신이었다는 사실이다. 원로원 의원들에게 있어서 클라우디우스의 제안은 어쩌면 우리에게 있어서 참치나 고등어의 생명도 존중해야 한다는 주장처럼 궤변으로 받아들였을 수도 있다. 설령 로마의 원로원은 그 정도까지는 아닐지 모르겠지만, 함무라비 왕은 그렇게 받아들였을 것이다.

인간은 개를 2만5천 년 전부터 가축화했다. 개를 오래전부터 가축화했다는 것이 소나 돼지는 먹어도 되고 개는 안 된다는 쟁점을 불러오지는 않는다. 그 보다 인간은 생활 속에서 개와 교감을 나누는 시간이 많고, 그러한 사람들이 많다는 것이 개에 대한 특별한 쟁점을 불러일으킨다. 인간은 개의 생명을 함부로 다뤄서는 안 된다는 인식이다.

기존의 지배적 기술가치와 지배적 사회가치가 지니고 있는 한계에 대한 인식은 쟁점구도를 형성한다. 지키려는 자와 바꾸려는 자의 쟁점구도다. 아브라함 링컨의 노예제도 폐지에 관한 주장이나, 클라우디우스의 골족 영입 제안 같은 것 말이다.

기존 지배가치를 바꾸려는 시도는 현실적 필요에서 나온다. 현실적 필요가 기존 지배가치의 문제를 쟁점으로 확대하는 촉매 역할을 한다. 우리는 인간이 인간을 재산으로 취급해서도 안 되며, 사고팔아서도 안 된다는 보편적 믿음을 지니고 있다. 그렇지만 이러한 인식이 보편화된 것은 불과 19세기 이후다. 인간이 인간을 사고파는 인신매매와 노예무역은 인류의 오랜 전통이었다. 수십 세기의 인류역사 가운데 인류가 인신매매와 노예무역을 하지 않는 시기는 고작 한 세기 정도에 불과하다. 닭장보다도 못한 노예선의 좁은 공간에 갇혀 수십 일에 걸쳐 수천 킬로미터를 끌려와 유럽이나 미국 노예시장으로 팔려나갔던 남미 사람들이나 아프리카 사람들을 사람으로 인정한 것이 불과 한 두세기에 지나지 않는다. 그러나 지금은 이런 일이 벌어지지 않는다.

무엇이 이러한 변화를 가져왔는가? 19세기의 이후의 인류가 18세기 이전의 인류에게는 없던 도덕관념이 갑자기 높아진 것에 원인이 있을까? 그렇지 않을 수 있다. 오히려 누군가가 제안한 이기적 필요가 새로운 가치창조를 유도했다고 봐야 한다. 골족에 대한 클라우디우스의 정치적 필요가 골족 원로를 제국의 원로원 의원으로 받아들이려는 쟁점을 제기했다. 이를 수용한 로마제국이 이민족에 대한 인권을 확대시켰듯이, 흑인을 시민으로 받아들여 산업화 인력으로 전환하기를 기대했던 링컨 지지자들의 현실적 필요가 노예해방이라는 쟁점을 불러일으켰고 기존 사회가치의 변화를 주도했다.

홍보대상인 쟁점

　　홍보의 대상은 쟁점이다. 쟁점을 어떻게 잘 다룰 수 있느냐가 곧 홍보의 과제다. 쟁점은 사건이나 사안을 사회여론과 연결한다. 쟁점구도는 사건이나 사안이 사회여론과 연결되는 방식이다. 이를 홍보주체의 입장에서 다시 정리하면, 홍보는 새로운 필요를 일깨우고 이를 새로운 가치로 정립시키기 위한 행위다. 이를 위해 쟁점을 활용한다. 논쟁을 불러일으킨다는 것이다. 또한 논쟁이 새로운 가치를 정립하는 방향으로 귀결되도록 그래서 다수의 사회여론이 새로운 가치를 따르도록 유도한다.

　　짭조름한 기존의 포테이토칩은 다른 맛을 원하는 입맛을 만족시키지 못한다. 기존 포테이토칩에 대한 불만과 비판은 하나의 쟁점을 형성한다. 뭔가 다른 맛의 포테이토칩은 없나, 포테이토칩은 꼭 짭조름한 맛이어야 하는가? 쟁점은 그 대안을 놓고 서로 다른 입장으로 갈린다. 우선 포테이토칩은 짭조름한 맛이 좋다와 싫다는 구도로 갈린다. 싫다는 입장은 쓴맛, 매운맛, 단맛 등등으로 대안에 관한 입장인 쟁점구도가 갈린다. 단맛은 그 중의 하나다. 이는 새로운 기술과 가치를 창작한다. 달콤한 맛의 포테이토칩을 만든다. 새로운 기술 혹은 재화나 용역을 창작하는 것이다. 그리고 포테이토칩은 반드시 짠 맛이 아니더라도 맛있을 수 있다는 새로운 가치도 창작한다. 사람들에게 인식을 바꿔볼 것을 제안하는 셈이다. 이것이 허니버터칩이다. 허니버터칩이 통용된다면 기존 기술을 비판했던 새로운 쟁점구도는 새로운 기술가치와 새로운 사회가치로 이어진 사례다. 그래서 인간이기에 쟁점이 역동한다고 하는 것이다.

　　홍보는 이렇게 역동적으로 변화하는 쟁점을 제대로 이해하고 다루려는 행위다. 홍보의 대상은 쟁점이요, 쟁점구도다.

| 25 |
쟁점을 어떻게 관리할까

홍보대상이 곧 쟁점이라는 주장은 설득력이 있는가? 재화와 용역은 결국 사람이 구매한다. 그런데 사람을 대상으로 삼지 않고 사람의 논의를 대상으로 삼는 것이 바람직한가라는 질문이 이어질 수 있다. 이에 대해 다음과 같이 반문해 볼 수 있다. 사람들은 어떻게 특정 재화나 용역을 구매하는가? 다른 사람의 권유로 구매할 수도 있다. 그렇지만 사람들은 대체로 '그 물건이 좋다'라는 말을 듣는 것만으로 그 물건을 사지는 않는다. 사고 싶다는 느낌을 받거나, 사는 것이 바람직하다는 판단이 들어야 실제 구매행위를 한다. 구매하면 좋겠다는 정서와 판단이 실제 행위를 이끈다.

사람들의 정서와 판단을 어떻게 이해할 수 있을까? 이를 같은 나이로 묶으면 가능할 수 있을까? 50만 명에 달하는 수능수험생들의 정서와 판단을 한데 묶어 이들은 모든 사안에 대해 항시 동일하게 행동할 것이라고 이해하면 되는가? 혹은 특정 기능적 관계나 관여도로 묶으면 될까?

쉽지 않다. 모든 수능수험생이나 삼성전자의 기존 제품을 지니고 있는 사람이 반드시 새로 나온 제품을 구매한다고 단정할 수 없기 때문이다.

쟁점과 여론

쟁점이 홍보대상이라는 말은 '사안에 관한 사람들의 의견'을 대상으로 삼자는 말이다. 기능적 관계에 얽힌 사람을 본다고 해서 사안에 관한 사람의 감정과 판단을 제대로 가늠할 수 없다. 사안에 대한 사람들의 행동을 가늠하기 위해서는 해당 사안에 대한 그 사람의 생각을 이해하는 데에서 출발해야 한다.

쟁점을 어떻게 관리할 것인가? 홍보주체가 쟁점을 관리하는 방법을 소개하기에 앞서 쟁점과 관련된 몇 가지의 설명적 개념을 정리한다.

첫째, '문제의식'이다. 문제의식이란 필요의식과 한계의식을 포함한다. 필요의식이란 사안이나 사건에 비춰 기존의 기술이나 가치의 개선이 필요하다고 느끼거나 판단하는 의식이다. 한계의식이란 현실과 필요의식과의 격차를 느끼거나 판단하는 의식이다.

둘째, '현실대안'이다. 사람들은 문제의식을 통해 현실을 개선하기 위한 방안을 상상하거나 창조한다. 이것이 현실대안이다. 필요에 따라 기존의 기술적 한계를 극복하기 위한 대안을 상상한다. 이는 새로운 기술의 형태로 나타난다. 또한 필요에 따라 기존의 사회가치를 개선하기 위한 대안을 상상한다. 새로운 질서에 대한 구상이나 새로운 법, 제도의 창작이 그러한 것들이다.

셋째, '쟁점구도'다. 사람들은 문제를 바라보는 시각, 기술과 설명방식, 제시 대안 등에 있어서 제각각의 주장을 표출한다. 또한 이러한 주장은 다른 사람들과의 주장과 어긋난다. 이렇게 특정 사건이나 사안을 둘러싼 시각, 설명, 대안의 의견과 주장이 대립되는 양상이 쟁점구도다.

넷째, '여론형세'다. 쟁점에 관해 찬성이 우세한가 아니면 반대가 우세한가에 관한 지지입장들의 판도, 즉 여론상황이다. 일례로, 최순실 국정농단 파문이후 박근혜 대통령을 탄핵 여부를 묻는 질문에 대해 응답자의 75%가 찬성하고 나머지 25%가 반대한다고 갈렸다면, 박근혜 전 대통령은 탄핵에 관한 쟁점에 관해 절대적으로 불리한 여론상황에 몰렸다고 이야기할 수 있다. 이렇게 쟁점에 관한 여론의 찬반 대결상황을 여론형세라고 한다.

스노우볼 효과

홍보를 잘 하는 것이란 무엇인가? 사안에 관한 쟁점을 잘 관리하는 것은 무엇인가? 조직에 관한 사회여론을 잘 관리하는 것은 무엇인가? 위기관리를 잘 한다는 것은 무엇인가? 대답은 같다. 여론의 흐름인 세勢를 잘 이용할 줄 아는 것이다. 대세大勢에 편승하면 적은 노력과 비용으로도 큰 효과를 얻을 수 있다. 대세를 가늠하지 못하거나 거스르면 많은 노력과 비용을 들여도 찻잔 속의 태풍과 같다.

2011년 황동혁 감독의 영화 『도가니』는 흥행에 크게 성공했다. 그 비결은 사회여론의 흐름에 잘 편승했기 때문이다. 당시 연이어 일어난 아동

성폭행 사건으로 아동과 장애인 성폭력에 대한 경각심이 사회여론의 대세를 이뤘다. 이것이 홍보나 광고에 큰 비용을 들이지 않더라도 기대이상의 흥행을 가져온 요인이다.

2016년 11월 평창동계올림픽 조직위원회는 위기에 처했다. 최순실 국정농단 파문으로 사업진행에 차질이 빚어진 것이다. 조직위원회는 동계올림픽에 대한 관심과 지원여론을 부추기려 노력했지만 크게 지지를 얻지 못했다. 대세를 거스르면 홍보가 힘들기 때문이다.

최고경영자는 사회여론의 형세形勢를 가늠하고 이를 적절히 활용해야 한다. 홍보하려는 사안뿐만 아니라 관련된 주변 쟁점구도의 형세를 이해해야 한다. 홍보를 잘 한다는 것은 사회여론의 흐름 속에서 답을 찾는 것이다.

최고경영자는 사회여론의 큰 흐름에 자신의 현안을 올려놓고, 쟁점이 스스로 유리한 방향으로 굴러가는 데에 주안을 둔다. 사안에 관한 쟁점구도를 적절히 바꿈으로써 사회여론의 우세를 활용한다는 것이다. 이는 눈 덮인 산꼭대기에서 눈덩이를 굴려 키우는 것과 같다. 이를 위해서는 몇 가지 고려해야 할 사항이 있다. 대체로 다음과 같은 다섯 가지 사항들이다.

첫째, 현안에 관한 여론형세를 냉정하게 판단해야 한다.
둘째, 현안에 관한 정확한 상황규정을 내려야 한다.
셋째, 쟁점구도를 이해하고 약세를 우세로 전환해야 한다.
넷째, 파격을 통해 국면을 전환할 수 있는 방법을 익혀야 한다.
다섯째, 대세를 형성하고 유지하는 기법을 활용해야 한다.

여론형세 판단

"현안에 관한 여론형세를 제대로 판단하라!"

현안이 향후 어떻게 새로운 사회여론의 세를 형성할지는 확신할 수는 없다. 그렇지만 유사하거나 관련된 사안으로 가늠해 볼 수는 있다. 기존의 비슷한 사안에서 쟁점구도가 어떻게 전개됐으며, 어떠한 논점이 우세한지를 파악할 수 있다.

한 식품회사가 부적합한 제품을 생산했다는 사례로 얘기를 풀어보자. 이 현안과 관련해 기존 사회여론은 두 가지의 서로 다른 쟁점구도가 형성돼 있었다.

첫째, 식품기업의 책임성에 관한 쟁점이다. 당연히 이 쟁점구도에서는 기업이 먹는 음식을 가지고 장난을 치면 안 된다는 주장이 해당 쟁점구도의 대세를 이끈다.

둘째, 언론의 부정식품 사건에 대한 보도의 신중성에 관한 쟁점이다. 식품사건에 관한 수사공개와 보도가 자칫 선의의 피해와 식품시장의 동요를 일으킬 수 있다는 점에 대한 경계심이다.

이처럼 최고경영자는 현안에 대해 서로 다른 쟁점구도가 어떻게 펼쳐 있는지를 이해해야 한다. 한 쟁점의 특정주장이 다른 쟁점의 특정주장을 약화시키거나 높일 수 있는지, 연관되는 쟁점구도들 간의 형세를 이해해야 한다. 식품사건 보도의 신중론이 식품기업에 대한 언론의 부정보도를 둔화시키는 역학관계 등이 그것이다.

적절한 상황규정

"자신이 처한 상황을 제대로 규정하라!"

논쟁의 설득력은 객관성에서 나온다. 이는 인류가 설득의 시작이 뒷 담화에서 출발했다는 것과 맥을 같이한다. 자신이 연루된 사항을 옹호하려 는 설득이 어려운 것이 이 때문이다. 주관이 개입돼서 그렇다. 자신이 처한 상황을 제대로 인식하고 정확하게 규정하기 힘들기 때문이다. 나 자신도 정 확히 모르는 내 일로 남을 제대로 설득할 수는 없다. 사기꾼도 사기를 치기 위해서는 철저히 공부한다. 전문가 뺨을 칠 정도로 분석한다. 자신이 처한 상황을 객관적으로 정확하게 인식하는 것이 쟁점관리의 출발선이다.

설득이 어려운 또 다른 이유는 객관화에 있다. 내가 연루된 일은 남들로부터 객관성을 인정받기 어렵다. 열심히 설명하더라도 잘 먹히지 않는다. 중이 제 머리를 깎기 힘들다는 것은 이를 두고 한 말이다. 내가 처 한 상황을 잘 설득하려면 내 입장을 객관화시켜야 한다. 그래야 설득력이 있다. 내가 처한 문제는 나만의 문제만이 아니라는 점을 강조해야 설득이 먹힌다. 이를 위해서는 내가 처한 상황과 비슷하지만 다른 사건들도 알아 야 한다.

앞서 식품회사의 경우를 예로 든다면, 식품사건을 신중하게 보도해 야 한다는 사회여론을 환기시키는 것이다. 이는 직접적으로 식품회사의 입 장을 옹호하지는 않는다. 그렇지만 식품회사의 현안에 대한 쟁점구도에서 부정적인 입장을 취한 사람들에게 신중해야 한다는 정서와 판단을 환기시 키는 효과가 있다.

우세와 약세 점검

"우세와 약세를 유연하게 활용하라!"

사람들은 쟁점에 관한 논의의 구도를 형성한다. 쟁점에 대한 찬성과 반대, 수용과 거부의 입장을 표출하는 것이다. 최고경영자는 쟁점구도가 어떻게 설정되는 것이 자신에게 유리한지를 미리 가늠해야 한다.

조직의 강점이 부각되는 곳에 쟁점구도를 설정해 우세를 확보한다. 약점을 드러내지 않는 곳에서 논의가 이뤄지도록 유도함으로써 약세를 보완한다. 강점을 약점인 것처럼 먼저 제기함으로써 우세를 확보하려 하거나, 약점을 일반적 사항으로 문제제기하지 않음으로써 약세를 보완한다.

쟁점구도의 변화를 꾀함으로써 조직의 약점을 강점으로 전환하는 현실 사례는 다양하다. 대우전자가 1993년 제시했던 탱크주의는 대체로 쟁점구도의 변화를 꾀함으로써 약세를 우세로 전환한 성공사례다. 대우전자는 국내 가전제품 시장에서 세련된 기술이나 애프터서비스 측면에서는 삼성전자의 상대가 되지 못했다. 그동안 '반도체 잘 만드는 기업이 텔레비전도 잘 만든다'는 삼성전자의 캠페인은 전자제품 시장에서의 쟁점을 '기술은 첨단이 좋은 것'이라는 쟁점구도로 몰고 갔다. 서비스도 좋았다.

이 쟁점구도에서 대우전자는 항시 약세국면을 벗어날 수 없었다. 당시 시장 점유율 8%에 불과했던 대우전자는 '좋은 기술은 단순하고 편리해야 한다'는 새로운 쟁점을 제시함으로써 새로운 신드롬을 형성했다.

조화와 파격의 울림

"원칙과 파격을 통해 감정을 울려라!"

최고경영자는 원칙에 입각해 현안과 상황을 이해해야 하고, 스스로를 점검해야 한다. 원칙에 입각해 쟁점을 대응하기 위한 전략과 논리, 대책과 실행방안을 수립해야 한다. 하지만 그것이 다가 아니다. 실제 반전의 성과를 거두기 위해서는 원칙보다는 변칙이 필요하다. 논리를 통한 설득과 감정적 호소를 극적으로 활용하는 것이다. 원칙과 변칙의 조화와 균형을 발휘하지 못해서는 사회여론으로부터 감동을 구할 수 없다. 울림이 없으면 여론의 지지도 기대하기 힘들다. 여론은 어차피 사람들의 반응이다. 사람은 항시 기계적이거나 논리적이지도 않다. 그렇다고 항시 감상적이지도 않기 때문이다.

홍보는 논리적 설득과 감정적 호소 두 가지를 소통의 요소로 삼는다. 그렇지만 이 두 가지 요소를 조합함으로써 무궁무진한 변화를 추구한다. 이는 소리가 일곱 개의 기본음으로, 색은 청, 적, 황, 백, 흑 다섯 개의 기본 색으로, 맛은 짜고, 맵고, 쓰고, 달고, 시다는 다섯 개의 기본 맛으로 구별되지만, 실제 이를 조합한 결과는 무궁무진한 것과 같다. 설득과 호소를 통해 사람의 마음속에 태산을 움직일 수 있을 정도의 울림을 줄 수 있는 것은 오로지 홍보주체인 최고경영자의 홍보감각에 따른 문제다. 이해가 필요한 상황에서는 논리로 설득해야 한다. 확신이 요구되면 감성에 호소해야 한다. 이해하거나 확신하는 것은 본질적으로 마음의 문제다. 설득과 호소는 수용자가 받아들일 마음을 여는데 주안을 둬야 한다.

대세 형성

"기세를 모아 대세를 형성하라!"

일반적으로 바위는 물에 뜨지 않는다. 그렇지만 격류가 집채만 한 바위를 띄우거나 움직이는 것은 기세가 있음으로써 가능하다. 최고경영자는 새로운 쟁점을 불러일으키거나, 쟁점구도의 형세를 바꾸기 위해서는 여론 기세를 잘 가늠해 이용해야 한다.

외국인투자촉진법에 따른 내국인 투자자 역차별을 문제제기함으로써 외국계 투자자본으로부터의 경영권 도전에 방어했던 에스케이는 기세를 모아 대세를 형성한 전형적인 사례. 에스케이의 지주회사 격이었던 에스케이글로벌은 분식회계 혐의로 2003년 검찰에 의해 기소됐다. 2001년 회계장부를 작성하면서 1조5천587억 원을 분식회계 처리했던 혐의가 드러난 데에서 비롯됐다. 이를 계기로 주가가 폭락하자 영국계 헤지펀드인 소버린자산운용이 ㈜에스케이의 지분을 매집해 2대주주로 등극했으며, 2004년부터는 대표이사의 등 이사 재편을 압박했다.

소버린자산운용이 에스케이의 경영권을 문제 삼을 수 있었던 근간은 1997년 이래 한국사회의 경제 불문율로 자리 잡았던 국제 표준global standard 논리에 있었다. 한국이 외국으로부터 투자를 유치하기 위해서는 기업지배구조를 투명하게 관리해야 한다는 논리다. 1998년 김대중 정부는 외환위기를 극복하기 위해 한편으로는 기업구조조정을 통해 주주들의 가치를 보호할 수 있는 투명경영을 유지하도록 유도했으며, 다른 한편으로는 외국 투자 유치 활성화를 위해 외국인투자촉진법을 제정했다. 외국인 투자자들에 대한 다양한 세금감면 혜택과 투자목적이나 투자 자금출처의 신고 예외 등 많은 특혜를 부여했다.

투자목적을 명기하지 않았던 외국계 자본 소버린자산운용이 에스케이에 대한 경영참여 의지를 보이자 사회 일각에서는 외국계 투자자본의 신고예외 등 우대에 따른 국내 자본의 역차별 문제가 제기됐다. 이는 외국인투자촉진법을 개정해야 한다는 법률안 개정 논의를 불러일으켰으며, 이는 2004년 연말 정기국회를 통해 실제 법률 개정입법으로 수렴됐다.

외국인투자촉진법이 실질적으로 소버린자산운용이 에스케이의 경영권을 넘보게 했던 직접적인 계기나 이유가 되지는 않았다. 그 보다는 에스케이 최고경영진의 분식회계와 주주들의 가치를 무시하는 불투명한 기업관리가 문제였으니까. 그렇지만 1년을 이어온 외국인투자촉진법 개정 논의는 소버린자산운용과 이를 지원했던 참여연대 등 시민단체의 입지를 위축시켰다. 외국 투자자본에게 특전을 제공해 국내 대기업을 해외로 넘기는 것은 바람직하지 않다는 여론이 대세를 형성했기 때문이다.

쟁점을 어떻게 관리해야 하는가에 대한 정해진 답은 없다. 현안에 연관된 주변 쟁점과 쟁점구도 속에서 감각적으로 대응하는 길 뿐이다.

| 26 |
'판세判勢', 상황판단을 어떻게 할 것인가

판세判勢란 조치를 실행하기 위한 상황판단이다. 현안의 상황맥락, 현안과 사회와의 관계, 현안과 주변 쟁점과의 관계를 점검해 어떻게 홍보해야 하는지를 판단하는 행위다.

중견중소기업 최고경영자와 이야기를 나누다보면 무엇을 홍보해야 하는지, 왜 홍보하려는 지를 스스로 가늠하지 못하는 경우가 많다. 그 모든 이유가 최고경영자에게 있다고 보기도 애매하다. 최고경영자가 감각적으로는 홍보의 필요성을 느끼더라도, 왜 필요한지, 문제가 무엇인지를 설명하지 못하는 경우가 많기 때문이다. 그렇더라도 현안을 다른 사람에게 이해시키기 위해서는 말로 표현해야 한다.

최고경영자는 현안의 사실관계와 전후사정에 관한 상황맥락을 나름

정리해야 한다. 이것이 상황판단의 시작이다. 상황맥락이라는 말이 복잡하고 어렵다면, '필요는 발명의 어머니'라는 말을 상기하면 된다. "불편한 현실이 있으니 새로운 필요를 느낀다. 새로운 필요를 느꼈으니 새로운 해결책을 찾았다" 이런 논리구조다. 현안의 상황맥락도 이러한 논리구조를 따르면 쉽게 정리된다. '현실적 한계'와 '개선의 필요성' 그리고 '현실대안'이라는 3자 간의 관계로 사건과 사안을 정리해 보는 것이다.

최고경영자는 현안이 사회를 위해 어떠한 의미가 있는지도 찾아야 한다. 조직에 필요한 현안이 사회를 위해서는 또 어떻게 좋은지를 설명할 수 있어야 하다. 개인에게 좋은 일이 반드시 공동체에도 좋을 수는 없다. 인간은 양면적이다. 이기적 개인과 선한 공동체 구성원이라는 이율배반적인 모습이 있다. 공동체 내에서는 이기적 개인이 이기적이지 못한 개인보다 경쟁에 유리할 수 있다. 그렇지만 이기적인 개인들만으로 구성된 공동체는 다른 공동체와의 경쟁에 유리할 수는 없다. 이타적인 개인들로 구성된 공동체가 더 유리하다. 진화생물학에서는 이를 '다수준 선택multi-level choice'이라고 한다.[33] 조직도 이와 마찬가지다. 조직에 이로움이 반드시 사회공동체의 이로움이 되지 않는다. 그렇다면 현안이 사회공동체를 어떻게 이롭게 할 수 있는지를 생각해 봐야 한다.

또한 현안이 주변쟁점과 어떻게 연관되는지도 가늠해야 한다. '소리로 알리기 위해서는 바람을 등지고 외치는 것 이상이 없으며, 깃발로 알리기 위해서는 높은 곳에 오르는 것 이상이 없다'는 말이 있다. 조직이 지니고 있는 현안은 어떠한 형태로든 사회여론이 지니고 있는 기존 쟁점과 관련돼 있다. 조직이나 현안에 대한 문제의식이 어느 날 하늘에서 뚝 떨어진 것은 아니니까. 연관되는 쟁점이 조직의 현안에 어떻게 작용할 수 있을까를 가늠해야 수고를 줄일 수 있다.

홍보방향

"현안의 상황맥락에 따라 홍보방향을 설정하라!"

홍보는 현안에 관한 우호세력을 확대하기 위한 의사소통 행위다. 상황판단은 현안과 얽혀있는 주변 여건을 점검하는 행위다. 이를 통해 어떻게 홍보 조치를 취해야 할지를 결정한다. 어떠한 방향으로 현안에 관한 의사소통을 추진하는 게 바람직한가? 최고경영자는 상황판단을 통해 홍보방향을 가늠한다. 홍보목적과 홍보수단을 설정한다는 것이다.

홍보방향, 홍보목적, 홍보목표라는 비슷비슷한 말들이 다소 복잡하다. 여기에 홍보과제와 홍보수단이라는 말까지 덧붙이면 머리에 쥐가 날 것 같다. 포기할 필요는 없다. 의외로 간단한 용어들이다. 홍보방향, 홍보목적, 홍보목표라는 것은 같은 얘기다. 무엇인가 심오한 철학적 의미들이 담겨 있어 보이지만 별반 차이가 없다. 관점의 차이일 뿐이다. 관점이 달라 전개방식을 약간씩 달리할 뿐 큰 차이는 없다. 전제를 중심으로 본 개념이 홍보방향이다. "기자들이 모른다는 전제에서는 이 방향으로 나가야 해!" 누가 똑똑하게 이렇게 얘기했다면 이는 방향에 관한 얘기다. 전개과정을 중심으로 본 개념이 홍보목적이다. 목적을 이루기 위해서는 접근방법 혹은 수단을 논의하게 된다. "기자가 우호기사를 쓰도록 하려면, 광고 집행하고 협찬 지원하고 보도 자료를 배포하면 돼!" 대략 이런 식의 논의다. 홍보목표는 결과에 주안을 둔 용어다. "기자가 우호기사를 쓰도록 하려면, 일단 보도 자료를 배포하라! 안 쓰면 접촉해서 설명해라, 그래도 안 쓰면 협찬을 지원하고, 또 안 되면 광고를 집행하라!" 가상의 목표에 도달하기 위해 하위 과제에 주안을 둔다.

상위의 홍보방향, 홍보목적, 홍보목표는 하위 홍보수단, 홍보과제들의 조합으로 이뤄진다. 또한 홍보수단 혹은 홍보과제는 또다시 그 자체가 그보다 하위 과제들과의 관계에서는 홍보방향, 홍보목적, 홍보목표가 된다. 이러한 관계를 '변증적 관계'라고 한다. 변증적 관계라는 말은 음양오행의 사상에서 비롯된 상대주의적 사고다. 일반적으로 남자는 양이고, 여자는 음이다. 그렇지만 항시 고정적이지 않다. 상대적 관계 속에서 달라진다. 아버지와 어머니와의 관계에서 아버지는 양이고 어머니는 음이다. 그렇지만 할머니와 어머니의 상대적 관계를 놓고 보면, 할머니는 양이고 어머니는 음이 된다는 식의 사고다. 홍보목표가 상위 경영목표의 수단이듯이, 하위 홍보과제의 상위목표가 된다. 하위 홍보과제는 다시 그 보다 더 하위에 위치하는 홍보과제의 목적이 된다.

단순한 논리

2000년 반도체 포토마스크를 생산하는 기업의 최고경영자로부터 홍보를 의뢰받은 적이 있었다. 이 회사는 1995년 대기업 반도체 회사의 포토마스크 사업부를 분사해 설립한 회사로서, 주식시장에 기업공개를 추진했다. 홍보도 필요로 했다. 왜 홍보가 필요하냐는 질문에 대해 최고경영자는 기업공개를 원만하게 진행하기 위해서라고 대답했다. 그의 대답에 한 마디를 더 물었다. "밖에 있는 누가 이 회사의 기업공개를 반대합니까?" 그 최고경영자는 지혜로운 사람이었다. 선문답 같은 질문의 취지를 빠르게 이해했다.

그의 설명은 이러했다. 1990년대 중반까지 국내 반도체 업계는 포토마스크를 전량 해외수입에 의존했다. 이 회사는 아남반도체 시절부터 포토마스크의 개발을 추진했으며, 최고경영자는 이를 주도했던 사람이었다. 1995년 중반부터 반도체 시장이 삼성, 엘지, 현대 중심으로 집중되면서 아남반도체는 점차 경쟁력이 떨어졌으며, 그나마 성장가능성이 있는 포토마스크 사업부문을 별도 회사로 분사했다. 그 최고경영자는 해외자본을 유치해 분사된 기업에 활력을 불어 넣었다. 반도체용 포토마스크 생산기술을 보유했던 이 회사는 1998년 평판 디스플레이용 포토마스크 개발에도 성공함으로써 포토마스크 수입대체 효과에 따른 경영성과를 구가하고 있었다. 이런 배경에서 기업공개를 진행했던 것이다.

문제는 사람들이 이를 몰라준다는 데에 있었다. 포토마스크라는 제품이 어렵다. 사람들은 반도체는 알지만 포토마스크는 알지 못한다. 포토마스크 생산기술의 확보가 지니는 의미도 이해하기 어렵다. 사람들은 일상생활에 이를 접할 이유가 없다. 그렇다고 포토마스크가 반도체 생산을 위한 제조장비도 아니다. 포토마스크는 사람들의 상상의 영역 밖일 수밖에 없었다. 그러다보니 최고경영자는 기업을 주식시장에 공개하더라도 일반인들의 투자관심을 끌지 못할 것을 우려했던 것이다.

한 참을 설명하던 최고경영자는 '뭘 그리 걱정하느냐? 사람들이 포토마스크가 뭔지만 쉽게 이해하면 나머지는 삼성전자나 현대전자와 같은 반도체 회사들이 알아서 홍보해 줄 것 아니냐?'는 이야기에 박장대소했다. 그는 사회여론의 쟁점을 불러일으킬 홍보방향을 '반도체 생산기술 안전성은 포토마스크 기술에 좌우된다'는 쟁점구도를 설정하고, 이에 대한 지지세를 확산시키는 것으로 홍보목표를 설정했다. 기업현안에 관한 여론의 논의구도를 그러한 방향으로 몰아가자고 정한 것이다. 홍보목적으로 설정한 '반도체 생산기술 안전성이 포토마스크 기술에 좌우된다'라는 명제는 사실상 논리적으로는 참의 명제가 아니다. 반도체 생산기술 안정성은 포토마스크 기술능력 뿐만 아니라 설계능력, 제조장비, 숙련도 등도 중요하니까. 그렇지만 딱히 반론을 제기하기도 애매하다.

최고경영자는 홍보방향에 따라 도달해야 할 목표와 과제들을 스스로 설정해 나아갔다. '일반인들에게 이 회사가 국내에서 유일하게 포토마스크 생산기술을 보유하고 있으며, 반도체 산업이 고속 성장하는 만큼 이 회사도 성장할 것'이라는 인식과 느낌을 불어넣는 데에 목표를 뒀다. 이 목표를 추구하기 위해 중점을 둬야할 몇 가지의 선결과제들의 설정도 이어갔다.

첫째, 포토마스크와 반도체와의 기술적 연관 관계를 이해시키는 문제다. 이는 '포토마스크를 생산하는 국내의 유일한 기업', '포토마스크는 반도체를 찍어내기 위한 사진 원판과 같은 것'이라는 기업과 제품의 정체성을 드러내면 된다.

둘째, 회사의 기술이 해외 경쟁업체와 비교해 경쟁력이 있는지를 밝히는 것이다. 삼성전자나 현대전자가 이미 이 회사의 포토마스크를 쓰고 있다는 거래 현황을 소개하거나, 도시바 등과 같은 해외 반도체 기업들이 이 회사의 기술을 인증하고 있음을 소재로 드러냄으로써 기술 경쟁력을 표출할 수 있다. 국내 기업의 입장에서는 '해외에서 포토마스크를 제작해 들여오는 것에 비해 국내 업체를 활용함으로써 반도체 개발기간을 단축하는 효과가 있다'는 점을 드러내는 것도 이 업체의 경쟁력을 드러내는

지표가 된다.

셋째, 반도체 시장과 포토마스크 시장 간의 연관 관계를 이해시키는 것이다. 한 개의 반도체 칩을 생산하기 위해서는 대략 30여개의 포토마스크가 필요하며, 반도체칩이 다양해질수록 포토마스크 수요는 이에 비례해 증가한다는 사실을 알리거나, 포토마스크 기술은 반도체뿐만 아니라 평판 디스플레이 등 정보통신기기가 늘어나는 것에 비례해 발전할 것이라는 부연의 논의가 이해를 돕는다.

대부분의 최고경영자들은 현안에 관한 홍보목적이나 홍보목표를 수립하는 일에 관해 크게 오해하고 있는 것 하나가 있다. 홍보계획을 설정하는 것은 언론매체를 잘 알고 있는 홍보전문가나 조사 분석전문가나 경영컨설턴트 혹은 언론계 종사자만이 할 수 있는 특수한 영역의 일이라는 오해다. 사실 그렇지 않다. 방법은 간단하고, 답은 오히려 내부에 있다. 최고경영자가 그 답을 내부로부터 제대로 찾지 못했거나, 이를 상황맥락에 맞게 가지런히 정리하지 못했을 뿐이다.

홍보전문가의 역할은 최고경영자가 찾거나 정리하지 못했던 현안의 상황맥락을 제대로 찾을 수 있게 하거나 설득력 있는 표현으로 정리하는 데에 있다. 최고경영자는 홍보전문가의 전문성에 현혹돼서는 안 된다. 홍보의 전문성을 무시하라는 이야기가 아니라 균형감과 중심을 잃지 말아야 한다는 말이다.

최고경영자가 변호사의 전문성을 머리위에 놓으면 수의囚衣를 입지 않을지는 몰라도 회사는 망한다. 마찬가지로 최고경영자가 홍보전문가의 전문성에 현혹되면 입소문을 낼 수는 있어도 실리를 구하지 못할 수 있다.

홍보 메시지

"현안이 지니고 있는 사회적 의미를 찾아라!"

홍보목표와 홍보과제를 논리적으로 정리했더라도 홍보가 잘 된다는 보장은 없다. 오히려 논리의 함정에 빠진다. 정교한 설득논리를 잘 전파하기만 하면 사람들이 이를 이해하고 지지할 것이라는 오해다. 사람은 이성의 동물이기도 하지만 감성의 동물이다. 방금 전 언성을 높이고 나와 싸웠던 상대가 회의석상에서 합당한 얘기를 하더라도, 나의 틀어진 감정은 그 동료의 주장을 수용하길 거부한다. 그의 주장을 논리적으로 반박할 게 없더라도 생트집이라도 잡아보고 싶다. 아니면 그의 이야기가 듣기 싫어진다. 그의 이야기를 듣지 않아 손해를 보는 한이 발생하더라도 말이다.

현안을 사회관계 속에서 이해하라는 이야기는 다음 두 가지를 고려하라는 조언이다. 첫째는 내 일이 사회에 어떠한 도움이 되는가를 포함해야 한다. 조직에 무슨 도움이 되는가의 문제만으로는 사회공동체로부터 외면 당할 수 있다. 둘째는 논리 설득과 감정 호소의 균형과 조화를 맞추라는 말이다. 상황맥락을 통해 정리한 홍보목적, 홍보목표, 홍보과제는 대체로 논리설득 구조에 따른다. 현안을 홍보주체와 홍보객체간의 관계 속에서 재검증함으로써 여기에 감정호소의 요소를 추가한다.

따뜻한 이야기

'포토마스크를 국내에서 생산하게 되면 우리나라 사람들은 뭐가 좋아지냐?'고 질문했다. 앞서 소개했던 포토마스크 생산기업의 최고경영자는 '멋지고 의미 있는 일'이라고 소개했다. 여태껏 포토마스크를 생산할 수 있는 기업은 세계적으로 두 개 업체에 불과했다. 우리나라는 명실상부하게 반도체 생산의 모든 공정을 장악하는 국가가 된다는 게 얼마나 자랑스러운 일이냐며 목에 힘을 줬다. 반도체 산업의 핵심은 설계기술에 달려있다. 삼성전자 등 국내 반도체 제작업체는 포토마스크 제작을 위해 자신의 설계도를 해외 기업에 넘겨줘야 하는 위험을 감수해 왔다. 그는 포토마스크의 국내 생산은 정보자산의 보호라는 의미가 있다고도 강조했다. 최고경영자의 진단에 따르면 그 회사는 우리나라 반도체 생산기술의 자존심을 세우는 화룡점정을 찍은 것이다.

'반도체 회사가 포토마스크를 국내에서 빠르게 제작하면 뭐가 좋아지냐?'는 질문에 대해 그는 반도체 진화 속도가 빨라진다고 강조했다. 국내에 포토마스크 전문 생산업체가 있느냐 없느냐 하는 문제는 기술진화의 속도를 바꿨다. 표면적으로는 하루 이틀의 차이로 보일지 모르지만, 국내 반도체 생산업체들이 설계를 1~2년 앞당길 수도 있는 개발과 테스트 여건을 제공하는 것이라고 설명했다. 최고경영자의 지적에 따르면, 그 회사는 우리나라 반도체 산업의 기술혁신 속도를 비약적으로 높이는 전기를 마련했다. 내 손안의 TV, 내 손안의 컴퓨터와 같은 상상이 기대했던 것보다 더 빠르게 현실이 될 수 있다는 것이다.

'포토마스크 시장이 커지면 우리나라 사람들은 뭐가 좋아지냐?'는 질문에 대해 최고경영자는 외환위기에 따른 국가경제 위기를 극복하는데 미력이나마 힘이 될 것이라고 설명했다. 그 회사는 1997년 외환위기가 닥치자 영국계 은행으로부터 투자를 유치했던 경험이 있었다. 부단히 해외 포토마스크 경쟁사와 유리한 조건의 투자협상도 진행했다. 기업공개는 이를 유리하게 끌고 가기 위한 경영전략 수단이었다. 그는 나름대로 자신이 처한 입장에서 국가공동체의 경제위기에 일조하려는 따뜻한 마음과 의지를 지니고 있었다. 최고경영자의 생각에 따라 포토마스크 기술을 국내 정보통신을 선도할 기술로 국가 경제위기를 극복해 보려는 당시 우리사회의 열망과 소망을 반영했다.

시절첨지

"현안을 연관되는 기존 쟁점과 연계시켜라!"

우리말에 시절첨지라는 표현이 있다. 세상은 급하게 돌아가며 상황이 수시로 바뀐다. 시절첨지는 과거의 관습만을 쫓고 변화에 따라가지 못하는 사람을 빗댄 말이다. 홍보목적과 홍보수단을 설정하는 것 못지않게 중요한 게 주변 쟁점을 같이 이해하는 것이다. 시절첨지처럼 주변쟁점의 변화를 고려하지 않은 상황판단은 자칫 최악의 결과를 초래하기도 한다.

반도체 포토마스크 제조업체의 사례로 다시 돌아가 보자. 2000년의 한국경제는 경제변혁기였다. 이러한 경제변혁은 이를 지지하는 수많은 하위의 쟁점에 대한 사회적 논쟁의 결과다. 1997년 김영삼 정부는 세계은행으로부터 구제금융을 받음으로써 국가 외환위기의 서막을 열었다. 김영삼 정부의 외환관리에 책임을 논하자는 게 아니다. 헌정사상 초유로 구제금융을 받는 전기를 맞았다는 상황변화다. 1998년 출범한 김대중 정부는 외환위기 극복을 위해 새로운 경제대안을 제시했고, 이는 많은 사회여론의 쟁점을 불러일으켰다. 대기업 부채비율을 강제로 200%로 낮추려는 시도도 있었다. 산업을 바라보는 시각도 바뀌었다. 제조업 중심의 기존 생산체제를 금융과 정보통신 중심으로 전환하자는 논의도 그 가운데 하나였다.

한국경제의 성장을 주도해 왔던 제조업과 건설업 이외의 제3의 영역을 통해 실물경기를 부양하자는 논의가 제기됐다. 그 대안이 정보통신과 벤처산업이었다. 이에 대해 우려와 반발도 불러일으켰다. 대우그룹 김우중 회장의 반발은 정부의 산업구조조정 기조에 대한 반발이었다. 학계도 디제이노믹스■29 라고 불리는 신정부의 경제정책에 우려를 제기했다. 당시 서울대 부총장이었던 손병락 교수의 지적은 이를 대변했다. "중소기업 육성, 정보통신산업 지향, 금융선진화를 축으로 하는 디제이노믹스의 경제체질 개선방향은 우리의 실정에 맞지 않는다. 좁쌀을 백만 번 굴려도 호박을 한 번 굴리는 만 못하다" 당시만 해도 신정부가 제시한 새로운 경제정책 방향을 대세로 확신할 수 없었다. 기존 경제관점이 경제논의를 주도하고 있었으니까.

반도체 포토마스크 제조업체의 최고경영자는 새로운 경제조류를 선택했다. 스스로를 대기업에서 분사한 제조업체로 인정하기보다는 기술로 승부하려는 기술벤처기업으로 설정했다. 당시 그 회사는 대기업으로부터 분사한 회사로서 기술개발과 기업운영 면에서 대기업적인 안정성을 확보하고 있었다. 전 세계를 통틀어 봐도 반도체 포토마스크 제조기업이 벤처기업일 수는 없다. 생산기술 개발과 설비구축을 위해서는 대규모의 투자가 필요한 장치산업이었다. 최고경영자마저도 자신의 회사를 기술벤처기업으로 분류하고 싶어 하지 않았다. 그러나 최고경영자는 회사가 앞으로 성장할 모습은 대기업적일 수 있더라도 당장은 기술하나 믿고 맨손으로 뛰어다녀야할 벤처기업 아니냐는 질문에 수긍했다.

그 회사는 대기업을 택하든, 벤처기업을 택하든 모두 가능했다. 대기업으로부터 분사된 기업으로서의 안정성을 홍보할 수 있다. 아니면 반도체 기술벤처기업으로서의 역동성을 홍보할 수도 있다. 어차피 정해진 답은 없었다. 그 회사는 내용면에서 그 두 가지 요소를 모두 지니고 있었기에 어느 방향을 선택하던 실체에서 어긋나지 않았다. 관건은 어떠한 선택이 도움이 되느냐. 소리를 멀리 보내기 위해서는 바람을 등에 지고 소리쳐야 한다. 그래서 최고경영자는 현안과 연관된 다른 쟁점을 잘 이해해야 한다.

■ 29 디제이노믹스란 김대중 전 대통령의 경제정책이라는 약어 표현이다. 당시 디제이노믹스 정책의 기조는 재벌과 대기업 중심의 산업구조를 중소기업 중심으로 전환하려는 데 있었다. 정부의 재정을 기존 건설업에서 정보통신산업과 정보통신 중소 기술기업 쪽에 우선 투입하는 쪽으로 방향을 선회했다.

| 27 |
'정세定勢', 어떻게 홍보 상황을 규정하는가

정세定勢란 홍보 조치가 필요한 상황규정이다. 홍보조치의 성과는 상황규정을 얼마나 잘 하느냐에 달려있다. 최고경영자는 사회여론이 수긍할 수 있는 적절한 시점과 지점을 잘 선택해야 한다. 상황규정이란 적절한 시점과 적절한 논의의 지점을 설정하는 일이다. 바람이 부는 날 호수에 돌을 던지면, 바람 없는 날보다 파문이 크게 인다. 수심이 낮은 지점에 돌을 던지면 파문이 작게 일지만, 수심이 깊은 곳을 택하면 파문도 크게 인다. 이러한 이치다.

법무법인 김앤장의 심준형 홍보고문은 "홍보는 상황규정에서 시작해, 상황규정으로 끝난다"고 강조한다. 홍보 실무에서 매 순간 변화하는 상황에 적절하게 대처하기 위한 상황규정이 중요하다는 말이다.

엇박자

　　박근혜 전 대통령은 2016년 최순실 국정농단 의혹이 불거지자, 세 차례에 걸쳐 대국민 담화문을 발표했다. 대국민 담화를 통해 성난 여론이 진정되길 기대했을 것이다. 그렇지만 상황은 더 악화됐다. 대국민 담화가 오히려 화를 불러온 측면도 있다. 무엇이 문제였을까? 박 전 대통령과 청와대가 민심의 화를 돋우기 위해 담화문을 발표하진 않았을 테니까.

　　박 전 대통령은 1차 담화에서 최순실과의 관계를 인정했다. 2차 담화는 검찰조사와 특검수사를 수용하겠다는 뜻을 표명했다. 3차 담화는 국회의 판단에 따라 대통령 직을 내놓겠다고 선언했다. 내용만을 보면 파격적이다. 최순실 의혹에 책임을 지고 대통령 직을 포기할 수 있으며, 검찰과 특검의 수사를 받겠다는 내용이니까. 그런데 왜 세 차례에 걸친 대국민 담화는 여론을 진정시키지 못했을까? 그 대답의 실마리는 잘못된 상황규정에 따른 조치에서 찾을 수밖에 없다.

　　담화문 발표 시점이 문제였다. 1차 담화는 특히 그렇다. 박 전 대통령은 최순실 국정농단 의혹이 만천하에 공개된 지 2개월이 지난 시점에 끌려나오듯 회견장을 찾았다. 세상 사람들은 이미 날마다 최순실 모녀의 행각을 보도해온 언론기사로 충격을 받은 상황이었다. 10월 25일 1차 대국민 담화는 시점 설정만으로도 실패가 예견된 드라마였다. 그 내용도 어눌했다. 박 전 대통령이 최순실과 개인적인 친분이 있다고 인정하는 수준이었다. '최순실, 알기는 알지만 그냥 지인이다. 그 사람이 무엇인가 잘못했으면 검찰이 성역 없이 수사하면 된다.' 대략 이런 얘기를 담화문에 담았다. 대통령의 담화는 세상 사람들이 이미 다 알고 있는 내용을 확인하는 것 이상의 아무런 내용이 없었다. 사회여론은 이미 최순실 국정농단 의혹에 대해 성역 없는 수사를 요구했으며, 그 배후에 박근혜 전 대통령과의 은밀한 접촉이 있었음을 확인하고 있었는데도 말이다.

박 전 대통령이 2차 대국민 담화를 발표한 것은 11월 4일이다. 1차 담화를 발표한지 9일만의 일이다. 이날 무슨 일들이 일었나? 검찰이 최순실 국정농단 의혹을 수사하겠다고 발표했다. 검찰이 수사에 착수했고, 대통령이 2차 담화를 발표하는 형식은 그럴싸한 모양새를 갖췄다. 그런데 여론상황과 비춰보면 엇박자였다. 검찰은 시민단체가 고발한지 40일 만에 수사하겠다고 발표했다. 누가 보더라도 눈치보고 있음을 드러냈다. 검찰의 수사지연에 반발한 사회여론은 1차 담화이후부터 이미 대통령 퇴진을 외치고 있었는데 말이다. 박 전 대통령의 2차 담화는 최순실 국정농단에 대해 특검을 수용하겠다는 내용이었다. 여론은 화살을 자신에게 겨누고 있는데, 박 전 대통령의 담화내용은 겨우 최순실을 희생시키는 데에 머물러 있었다.

박 전 대통령은 11월 29일 3차 담화를 발표했다. 사람들은 6차례에 걸친 대규모 집회를 통해 대통령의 즉각 사퇴를 요구했다. 국회에 대통령 탄핵도 압박했다. 추운 겨울 광화문에 애들까지 나와 퇴진을 외쳤다. 박 전 대통령은 이러한 상황에서 3차 대국민 담화를 발표했다. 개인적으로 3차 담화문의 내용은 1차와 2차와는 달리 박 전 대통령의 진정성이 담겨 있었다고 평가한다. 그 진정성이란 '이렇게 방치해서는 안 되겠구나!' 하는 위기감이다. 담화문은 위기를 해결하기 위한 나름의 조치를 포함하고 있었다. 이날 박 전 대통령이 발표한 담화문의 내용은 자신의 거취 문제를 국회에 일임하겠다는 것이었다. 대통령 직에서 물러나겠다는 점을 시사했다. 그 구체적인 일정과 방식을 여야 정치권이 합의하면, 그대로 따르겠다고 고개를 숙였다. 이는 내용만을 놓고 볼 때는 영국 제임스 2세의 명예혁명에 준하는 결단이다. 이승만 전 대통령의 하야선언도 유혈사태를 배경으로 한다.

박 전 대통령의 취지와는 달리 이에 대한 여론의 반응은 싸늘했다. 싸늘하다 못해 냉랭했다. 여론은 '괜히 꼼수 피우지 말고 당장 대통령 직에 물러나 죄의 대가를 치루라!'는 쪽으로 흘렀다. 그리고도 박 전 대통령이 탄핵되기까지는 많은 일이 있었다. 그 많은 일들을 홍보적 관점에서 점검해 한마디로 요약하면 '엇박자'다.

역사에 대한 가정법은 의미가 없다. 그렇지만 '만약 박 전 대통령이 1차 대국민 담화에서 2차 대국민 담화에 담겨진 내용을 발표했다면, 아니면 2차 대국민 담화에서 3차 대국민 담화에 담겨진 내용을 발표했다면 상황 전개가 같았을까?'라는 의문이 든다. 박 전 대통령과 그의 참모진은 홍보에 있어서는 엇박자의 명수들이었다. 대국민 담화를 기획하는 중에 왜 사회여론의 쟁점을 미리 고려하지 못했을까? 왜 여론보다 한 걸음 더 나아간 선제적 조치를 취하지 못했을까? 적절한 상황규정을 내리지 못했거나, 하기 싫었기 때문이라는 비판 이외에는 어떠한 설명도 내리기 힘들다. 박 전 대통령이나 청와대가 사회여론에 따라 상황을 제대로 규정했다면, 합당한 조치를 취하는 데에 신경을 썼더라면 애초 최순실 국정농락 같은 사건은 존재하지도 않았을 테니까.

나침반과 지도

좋은 계획과 좋은 조치만으로 좋은 성과를 기대할 수 없다. 홍보는 고정된 과녁에 화살은 맞히는 경기가 아니다. 변화하는 상대와 겨루는 경기다. 정해진 목표와 정해진 방향에 정해진 화살을 날려 보내는 게임이 아니다. 나의 입장이 시시각각 달라지고, 사회여론이 바뀌고, 나와 사회여론간의 관계가 바뀌어가는 속에서 치루는 게임이다. 최고경영자는 항시 현재의 상황규정에 따라 홍보계획을 재조정해야 한다. 기존의 상황판단과 이에 따른 홍보계획, 즉 기존의 홍보과제에 얽매여서는 안 된다.

상황판단과 상황규정을 구별한다면 나침반과 지도, 먹줄과 삼각자에 비유할 수 있다. 가야할 방향을 찾기 위해 나침반이 필요하다. 막상 길을 찾기 위해서는 지도에 의지한다. 목수가 큰 나무를 곧게 자르기 위해서는 먹줄이 필요하다. 정교한 톱질을 위해서는 삼각자에 의지해야 한다. 상황판단의 중심인 판세는 홍보가 추구하는 목적을 정한다. 가야할 곳이 어디에 있는지를 알게 한다. 상황규정인 정세는 시시각각으로 변화하는 상황을 가늠한다.

정세와 판세 사이의 관계도 변증적이다. 정세는 판세를 기본으로 한다. 상황판단은 단순히 실행성과를 가늠하는 시각만을 제시하는 게 아니다. 중요하게 봐야 할 현상과 그렇지 않아도 될 상황을 가늠케 한다. 상황판단에 따라 설정한 홍보방향은 단순히 목표를 제시하는 데 그치지 않는다. 우선순위에 따라 주변 상황을 볼 수 있는 눈을 틔운다. 구체적으로 일어나는 상황을 규정할 수 있는 시각을 일깨운다.

판세는 정세를 통해 구체화된다. 상황판단을 기초로 한 상황규정이지만, 상황규정은 역으로 상황판단을 보강한다. 상황규정은 상황판단의 현실감을 강화한다. 상황판단은 다소 추상적이다. 수많은 가정과 전제, 예상하지 못한 변수 발생 가능성을 전제로 한다. 이를 현실감 있는 조치로 구체화시킬 수 있는 것은 상황규정이다. 왜 이 시점, 이 상황에서 이러한 조치를 취하는가는 상황규정을 통해 내리기 때문이다. 그래서 정세는 판세를 기본으로 하며, 판세는 정세를 통해 구체화된다고 말한다.

공자는 좋은 정치가 무엇이냐는 동일한 질문에 대해 형荊나라 섭공葉公에게는 '가까운 사람과는 가깝게 지내고, 먼 곳의 사람은 오게 하는 것近者說遠者來'이라고 이야기한 반면, 노나라 애공哀公에게는 '신하를 잘 아는 것論臣'이요, 제나라 경공景公에게는 '절약하는 것節用'이라고 각기 달리 얘기했다. 공자의 제자인 자공子貢이 이유를 묻자, 섭공이 지배하는 형나라는 땅은 넓으나 사람이 흩어져 있어, 먼 곳에 사는 사람들이 모이는 것을 중요하게 본 때문이며, 애공 주변에는 간신이 있어 현인들의 명석함을 가로막기에 그렇게 대답했다고 이야기한다. 또한 제나라 경공의 경우는 사치와 향락을 좋아해 절약으로 스스로를 경계해야 할 필요가 있어 그렇게 충고한 것이라고 설명한다. 형나라에서 추구하는 정치의 본질이 노나라나 제나라에서 다를 리 없다. 그렇지만 공자가 각 나라 군주들에게 서로 다른 점을 강조했던 것은 각 나라 군주가 당장에 처한 상황을 서로 달리 규정했기 때문이다.

| 28 |

'우세와 열세', 쟁점구도를 바꾸려는 다양한 조치들

홍보를 잘한다는 것이란 무엇인가? 결국 쟁점과 관련된 여론 흐름을 자신에게 유리하게 이끄는 것이다. 결과로만 놓고 본다면 열세를 우세로 전환하고, 우세를 대세로 굳히려는 노력이다. 홍보 전략을 짜거나 설정된 홍보 전략에 따른 적당한 조치를 실행하는 것, 보도 자료를 잘 배포하거나 기자들을 잘 관리해 유의미한 기사를 게재하려는 등 홍보조치를 실행하는 본질적인 이유가 여기에 있다.

여론의 흐름을 어떻게 열세에서 우세로 전환하고, 우세를 대세로 굳힐 수 있는가? 이 또한 정해진 정답이나 매뉴얼이 없다. 돛단배가 바람과 파도에 맞서거나 따름으로써 항진하듯이 주어진 상황과 나의 여건에 따라 대응을 달리해 나아갈 뿐이다.

"쟁점관리는 공공정책의 성립만이 목적이 아니다!"

홍보를 다른 말로 규정하면 '쟁점관리'다. 현대 홍보이론들은 쟁점관리를 위기관리 혹은 공공정책 개선을 위한 조치들과 연관해서 바라보는 경향이 있다. "쟁점관리는 법과 규제사항을 낳는 공공정책 과정을 다루기에 개념상 공공문제 관리기능의 한 부분이며, 넓은 의미로 적극적인 사전 반응적 피알의 한 부분에 속한다"는 최윤희 전 교수식의 설명이 대체로 이러한 주장을 반영한다.[34]

이러한 의미규정은 쟁점관리를 공공정책 관리나 위기관리 영역으로만 국한시킨다는 아쉬움이 있다. 칼은 과일을 깎는 것만이 목적이라는 말과 같다.

쟁점관리는 말 그대로 사회쟁점을 관리하는 행위다. 개인이나 조직이 자신의 행위에 영향을 미치거나 미칠 수 있는 사회여론을 관리하는 홍보행위다. '공공정책 성립'이라는 말은 정부의 정책이나 법률을 개정하거나 옹호하는 행위다. 여론관리 목적이 정책이나 법률의 개정이나 옹호에만 있을까? 그렇지 않다. 그 보다 포괄적이다. 공공정책 성립 목적 이외에 위기관리를 위한 목적 하나를 더 붙여도 마찬가지다. 인간이 사회쟁점을 왜 관리하는지를 호도해도 크게 호도한 의미규정이다.

윤리적 쟁점

모든 사회쟁점이 공공정책 성립을 위한 정책쟁점이라고 간주해서는 곤란하다. 정책쟁점만이 쟁점관리의 대상이라는 생각은 편협하다. 예컨대 공공정책 성립에 이르지 못하는 윤리적 쟁점은 쟁점이 아닌가? 종교적 쟁점은? 그러면 그런 쟁점에 관여하는 행위는 쟁점관리라고 부르면 안 될까? 딸아이가 초등학교 다닐 때 인사에 관해 토론했던 적이 있다. 엘리베이터에서 마주치는 동네 어른들께 인사를 잘 했으면 한다고 딸에게 주문했다. 그러자 딸아이는 학교에서 그렇게 행동하지 말라고 얘기했단다. 낯선 사람에게 섣불리 호감을 표시하면 안 된단다. 성폭력을 예방하기 위한 차원에서 학교에서 그렇게 가르치고 있었다.

딸아이와 나 사이에는 동네 어른들에게 인사를 하느냐 마느냐로 쟁점을 형성했다. 비단 이는 딸과 나 사이에만 있었던 논쟁이 아니다. 교육계에서도 이러한 논의가 있었다. 이는 공공정책 성립과는 전혀 관계없는 윤리적 논쟁이다. 노인에게 자리를 양보해야 한다. 지하철에서 임산부를 보면 일어나야 한다. 무거운 짐을 지고 가는 노인의 짐을 거들어 들어줘야 한다. 혹은 그러면 안 된다는 찬반의 논의는 공공정책 성립과 직접적으로 연관되지는 않는다.

모든 공익 캠페인이 공공정책 성립을 목적으로 두지 않는다. 그래도 공익 캠페인은 사회여론의 쟁점을 불러일으킨다. 오래전 에스컬레이터를 한 줄로 서자는 캠페인이 있었다. 천천히 올라가도 되는 사람은 오른편 줄에 섬으로써, 급히 걸어서 올라갈 사람에게 통로를 내주자는 캠페인이었다. 어느 중학교 학생들의 캠페인 아이디어를 공중파 방송이 공개하면서 사회적으로 빠르게 확산됐다. 그런데 문제가 생겼다. 에스컬레이터 줄이 한쪽으로 치우치다보니 고장률이 높아졌다. 에스컬레이터 길이가 제법 긴 5호선 여의나루역이 특히 심했다. 이 역이 당초 학생들이 캠페인을 시작했던 곳이다. 얼마 지나지 않아 서울 지하철공사는 에스컬레이터에서 걷지 말자는 캠페인을 다시 전개했다. 이러한 캠페인은 분명 쟁점을 형성했다. 에스컬레이터에서 걷게 놔둬야 하느냐, 그냥 놔둬야 하느냐 같은 것이다. 이런 쟁점관리는 공공정책 성립과는 크게 관계가 없다.

인간은 왜 자신이 살고 있는 사회공동체의 사회쟁점에 신경을 쓰는가? 왜 사회쟁점에 관여하고자하는가? 이 포괄적인 목적을 미셸 푸코Michel Foucault, 1926~1984는 '담론談論'이라는 단어로 개념화했다. 담론이란 주체와 객체, 그러니까 사회공동체 구성원들 사이에 어떠한 의미나 의도 혹은 영향 등을 교환하거나 교류하는 '이야기' 혹은 '메시지'들이다. 동일한 이야기라고 할지라도 누가, 어떠한 상황에서, 누구에게 전달했느냐에 따라 그 의미는 천차만별로 달라진다. 이처럼 담론은 단순히 기호가 아니라 사회적이거나 상황적 맥락에 따라 그 의미를 달리한다. 기호를 전달하고 전달받는 사람들 사이의 주관적 사고와 그들이 속해있는 집단의 의식과 정서를 포함하고 있다. 그렇기에 담론은 객관적이거나 중립적인 것만은 아니다. 또한 개인과 개인의 주관적 의견이 항시 수렴되지도 않는다. 서로 다른 의견은 항시 쟁점을 불러일으키고, 쟁점은 대립한다.

가치의 인정

사람들은 담론의 쟁점에 개입한다. 그 본질적인 이유는 다른 사람들로부터 자신이 지지하는 담론을 인정받고 싶기 때문이다. 그 담론의 주제는 기술가치나 사회가치다. 기존의 지배가치를 유지하려는 힘과 이에 도전하려는 새로운 비판은 서로 세 대결을 벌인다. 쟁점을 형성한다는 것이다. 이 과정에서 요구되는 것이 사람들의 지지다. 사회구성원들로부터 더 많은 지지를 얻기 위해서는 더 많은 사회구성원이 인정할 수 있는 '창의적 대안'이 필요하다. 기존 지배가치에 대한 명확한 한계의식과 비판, 그리고 보다 유의미한 대안이 필요하다. 역으로도 마찬가지다. 기존의 지배가치를 유지하기 위해서는 이에 반하는 비판을 응징할 수 있는 지지가 필요하다. 비판에 맞대응하거나 스스로를 부분적으로 개선함으로써 지지의 우세를 유지하려고 한다.

'공공정책 성립', '정책개선' 등은 이러한 담론의 쟁점화를 통해 제시되는 창의적 대안들 가운데 법률과 제도의 개선이라는 극히 부분적인 영역에 해당하는 것들이다. 사람들이 자신과 관련된 쟁점을 관리하는 이유에는 그 보다 더 많은 '목적'이 자리매김하고 있다.

유선전화기가 불편하다는 쟁점은 부단하게 무선전화기 기술개발의 필요성에 관한 담론을 이끌어 왔다. 유선전화기가 범용화된 사회에서 유선전화기의 편의성에 관한 한계인식은 부단히 무선전화기 개발에 관한 쟁점을 불러일으켰다. 이는 저궤도 위성망을 통한 이리듐 프로젝트, 공중전화박스를 무선중계기로 활용한 씨티폰, 기지국과 정보통신망을 활용한 피씨에스폰 등 다양한 기술적 대안들을 개발하는 쪽으로 수렴됐다. '공공정책 성립'이라는 말만으로는 명확하게 포괄하지 못할 수많은 쟁점관리의 이유가 존재하는 것이다.

"담론을 구성하는 이야기는 반드시 객관적이고 논리적이지 않다!"

홍보는 곧 의사소통이다. 개인의 주관적 의사를 다른 사람들과 소통하는 쟁점관리다. 사람들은 나의 주관적 의사를 다른 사람들에게 전달한다.

또 다른 사람들의 주관적 의사를 수용함으로써 쟁점을 관리한다. 의사意思란 다른 사람들의 주관적 의사마저도 객관적 사실로 반영한다. 여기에 나의 주관을 개입시킨 것이다. 나의 의사는 나의 주관적 의견이다. 홍보는 이러한 자신의 주관적 의사를 제3자와 소통하는 것이다. 의사소통을 위한 '정보' 혹은 '이야기' 혹은 영어로 표현해 '메시지'는 이를 말이나 글로 표현한 이야기다. 본질적으로 객관적 사실과 주관적 정서와 평가로 구성돼 있다.

객관성의 함정

'보도 자료를 객관적으로 기술해야 한다'는 지침이나 '기자는 객관적인 입장에서 사건을 다뤄야 한다'는 주장의 행간을 냉정하게 읽어야 한다. 이러한 주장은 보도 자료와 언론이 다루는 기사는 본질적으로 '객관적이지 않다'는 현실을 반영한 것이다. 좀 더 냉정하게 꼬집자면 보도 자료나 언론의 기사는 발제 자체부터 편집자의 주관이 개입될 수밖에 없다. 편집자는 보도 자료를 작성하려는 기업일 수도 있으며, 언론사의 기자일 수도 있다. 이들은 단지 설득력을 높이기 위해서거나, 혹은 보도 자료나 기사가 다루는 정보에 관해 더 많은 사람들의 지지를 구하기 위해 이야기를 객관적인 것처럼 풀어갈 뿐이다. 그 이야기는 오롯이 논리적이거나 객관적일 수만은 없다. 기자에게 있어서도 '비록 문제는 객관적일지라도 문제의식은 철저하게 주관적이기 때문'이다.

이야기를 '논리적 표현'과 '수사적 표현'을 어떻게 조화시켜 구성하느냐가 쟁점관리의 성패를 가르는 첫 번째 단추다. 정형화된 원리나 원칙은 없다. 설득이 필요한 상황에서는 논리적이고 객관적으로 설득해야 한다. 공감이 필요한 상황이면 감정에 호소해야 한다. 논리적 설득을 기대하는 상황에서는 오히려 감성적 이야기로 큰 울림을 줄 수도 있다. 감정적으로 격양된 상황에서는 반대로 차분한 설득 논리로 맞대응함으로써 반전을 가져오기도 한다. 맥락을 따르거나 맥락을 거스르는 것 모두 유능한 홍보전문가가 익히고 취해야 할 역량이다.

제나라 경공을 설득시킨 안자의 일화가 있다. 하루는 경공이 아끼던 말이 죽었다. 그러자 경공은 대노해 말을 관리했던 사람을 죽이려했다. 경공은 주변 사람들의 만류를 듣지 않았다. 그러자 안자가 나섰다. "임금이 말 관리자를 이렇게 죽이면 그는 무슨 죄로 죽는지 영문도 모릅니다. 청컨대 제가 임금을 위해 죄인의 죄를 일러준 후 죽이도록 하겠습니다." 창을 잡아들고 말 관리자 앞에 다가선 안자는 그의 죄목을 이렇게 설명했다. "너는 우리 임금이 사랑하는 말을 죽게 했다. 이것이 첫 번째 사형죄목에 해당한다. 또한 너는 우리 임금으로 하여금 고작 말 한 마리 때문에 사람을 죽이게 만들었다. 이것이 두 번째 죄목에 해당한다. 그리고 너는 우리 임금이 말 때문에 사람을 죽인 임금이라는 오명을 남기게 했다. 이것이 세 번째 죄목이다." 안자가 설명을 마치고 관리의 목에 창을 들이대려 했다. 그러자 경공이 황급히 나섰다. "선생, 풀어주시오. 나의 평판에 손상이 가지 않게 해 주시오."[35]

안자의 주장은 논리적인가? 그렇지 않다. 어차피 논리적으로 설득해봐야 성난 왕을 자제시킬 수 없는 상황이었다. 안자는 극단의 궤변을 제시함으로써 경공의 결정이 잘못됐음을 충고했다. 고대 중국의 모든 신하들이 안자와 같지는 않았다. 오히려 그 반대였다. 안자처럼 이야기했다가는 목이 날아간 경우가 더 많았다. 그래서 안자와 같은 명신이 역사에 오래 기억되는지도 모르겠다.

"이야기만 설득적이라고 설득력이 높아지는 게 아니다!"

이야기의 내용과 형식 못지않게 소통에 영향을 미치는 요소는 공신력이다. 그런데 이야기의 공신력을 높이기 위해서는 이야기 자체의 진실성만으로는 한계가 있다. 사람들은 동일한 정보라고 하더라도 보통 그 이야기를 누구로부터 전달 받았느냐에 따라 신뢰감을 달리한다.

전달자의 공신력

고대 그리스 철학자 아리스토텔레스는 자신의 저서 『수사학』을 통해 연설가가 갖춰야할 중요한 자질로서 '에토스ethos, 윤리 혹은 도덕관'를 강조했다. 이는 사람들이 연설가에 관해 평소 지니고 있는 공신력이 이야기를 수용하는데 큰 영향을 미친다는 점을 강조한 것이다.

아리스토텔레스는 연설가의 전문성과 순수성, 신뢰성이 공신력을 결정한다고 지적했다.

전문성이란 연설가가 이야기하려는 주제에 관해 연설가의 전문적 식견과 통찰력이다. 이를 사람들이 인정할 때 생기는 믿음이다. 순수성은 연설가의 평소 이야기가 숨겨진 다른 이해나 저의가 없다는 믿음이다. 신뢰성은 연설가가 과거에 전달했던 이야기가 거짓되지 않고 사실로 들어맞았다는 믿음이다. 동일한 이야기라도 공신력이 높은 사람이 이야기하면 설득력이 더 높아진다. 아리스토텔레스는 이에 따라 사람들이 이야기에 받아들이는 정도를 달리한다고 강조한다.

수년전 시중에 화제를 불러일으켰던 우민호 감독의 『내부자들』이라는 영화가 있다. 정치인의 비자금 스캔들을 둘러싼 기업인과 언론인의 야합을 폭로하려는 정치건달과 일선 검사의 영웅담을 소재로 다룬 영화다. 극중 언론인인 이강희는 정치깡패인 안상구가 스캔들을 폭로하려 하자 '네가 폭로해 보았자, 사람들은 정치깡패인 너의 애기를 믿으려하지 않을 것'이라고 비웃는다. 이후 줄거리는 정치깡패와 일선 검사와의 연합이라는 반전과 응징으로 귀결된다. 검사가 직접 스캔들을 폭로함으로써 사회적 반향을 일으킨다. 영화조차도 정보 전달자의 공신력이 정보의 진위여부 못지않게 정보의 수용에 지대한 역할을 미치는 현실을 의연 중에 인정하고 있는 것이다.

수용자의 관여도

공신력만이 설득력을 높이거나 낮추는데 영향을 미치는 요인은 아니다. 이야기를 듣는 사람들이 어떠한 상황여건에 처해 있느냐에 따라서도 동일한 이야기의 수용도가 달라진다. 자신이 처한 시간적 상황이나 물리적 여건 등 환경에 따라 동일한 이야기에 대해 관심이 달라진다. 이야기에 대한 해석도 달라진다. 이를 이야기 주제에 관한 관여도 차이라고 표현한다.

관여도는 관심의 차이다. 주제에 대해 사람마다 중요하다고 인식하는 정도의 차이다. 사람들마다 관심을 달리하는 원인은 대략 세 가지 이유에서 비롯된다.

첫째, 듣는 사람이 이야기 주제와 직접 혹은 간접적으로 관계하고 있는지 여부다. 삼성전자의 고객이나 주주, 채권단, 하청업체 등으로 이해관계를 맺고 있는 사람들은 그렇지 않은 사람들과 삼성전자에 관한 이야기에 대한 관심에 차이를 보인다.

둘째, 듣는 사람이 이야기 주제를 사전에 알고 있는지 여부다. 이야기 주제를 충분히 인지하고 있는 사람들은 그 주제를 처음으로 접하는 사람들과 이야기에 대한 관심의 차이를 보인다. 초등학생들에게 플라톤의 철인정치를 설명하는 것은 대학생에게 설명하는 것 이상의 힘이 든다. 초등학생들은 플라톤의 철학에 관한 주변지식이 없을 수 있기에 그렇다. 플라톤의 철인정치에 관한 동일한 이야기에 대해서 초등학생들의 관심은 대학생의 관심에 미치지 못한다.

셋째, 듣는 사람이 이야기 주제와 연관된 쟁점을 알고 있는지 여부다. 이야기 주제를 직접적으로 알지는 못하더라도 주제와 유사하거나 연관돼 있는 다른 주제를 알고 있는 사람과 그렇지 못한 사람 간에는 동일한 이야기에 대한 관심이 달라진다. 2015년 4월 자살한 고 성완종 경남기업 회장은 많은 화제를 남겼다. 그 가운데 흥미를 끌었던 사례가 비타500이라는 음료수가 갑자기 판매호황을 누린 일이다. 언론이 이완구 전 총리에게 3천만 원을 비타500박스 담아 전달했다는 성 회장 측의 주장을 보도하면서 인터넷에는 각종 비타500 패러디물이 게재됐다. 또한 다른 사람에게 비타500 한 박스를 건네는 것이 마치 현금다발을 안겨주는 것으로 패러디한 영상이 회자되면서 비타500 매출이 급등하는 해프닝이 벌어졌다. 광동제약 입장에서는 비타500과 연관된 쟁점이 부각됨에 따라 비타500에 대한 사람들의 관심이 높아진 경우다.

홍보전문가는 자신의 이야기를 듣는 사람에게 잘 전달하고 소통하기 위해서는 이처럼 쟁점에 관해 이야기를 듣는 사람들이 처한 관계상황마저도 충분히 고려해야 한다. 이야기 주제를 그들과 관련이 있는 사안과 어떻게 연계할 수 있는가가 중요하다. 그들이 기존에 알고 있는 내용으로부터 이야기를 풀어나갈 수 있는가, 그들이 기존에 잘 알고 있는 다른 주제와 잘 연계해 이야기를 풀어갈 수 있는가 등이 이야기에 대한 사람들의 관심을 끌거나 관심을 높이는 길이다.

이야기를 듣는 사람의 상황과 입장을 고려한 설득은 쉽지 않다. 또한 정해진 원칙이나 교범도 있을 수 없다. 그래서 한비자는 『한비자』를 〈난언難言, '말하기의 어려움'〉으로부터 시작하는데, 상소문 형식으로 설득의 어려움을 이렇게 표현한다.

신 한비는 말하는 것을 어려워하지는 않지만, 이러한 연유로 말하는 것을 어려워합니다. 제 말이 주상의 뜻을 따라 유창하고 조리 있게 줄줄 이어지면 화려하지만 실속이 없다고 여겨질 것입니다. 공경스럽고 삼감이 깊으며 강직하고 신중하면, 서투르고 순서가 없다고 여겨질 것입니다. 말이 많고 번번이 다른 사물을 거론해 비슷한 것을 열거하고 다른 사물에 비유한다면, 그 내용은 공허하고 쓸모가 없다고 여겨질 것입니다. 세밀한 부분만을 꼬집어 요지를 설명하며 간략히 말하고 수식을 덧붙이지 않는다면, 미련하고 말재주가 없다고 여겨질 것입니다. 주상의 측근에 있는 자를 비판하며 다른 사람의 속마음까지 살펴 알려고 한다면, 남을 비방하며 겸손을 모른다고 여겨질 것입니다. 말하는 뜻이 넓고 크며 오묘하고도 깊어서 헤아릴 수 없으면, 과장돼 쓸모없는 것으로 여겨질 것입니다. 자기 집안의 이익을 계산해 세세하게 이야기하고 구체적인 수치를 들면, 소견이 좁다고 여겨질 것입니다. 또한 속된 말솜씨로 상대방의 뜻을 거스르지 않는 말만을 가려서 한다면 목숨을 부지하려고 주상께 아첨하는 것으로 여겨질 것입니다. 그리고 말하는 것이 세속과 동떨어져 괴이하고 허무맹랑한 사실 만을 늘어놓는다면, 엉터리라고 여겨질 것입니다. 민첩하고 말재주가 뛰어나며 문채가 번다하면 사관 나부랭이로 여길 것입니다. 일부러 문학적인 것을 버리고 사물의 바탕 그대로만을 말하면 천하다고 여겨질 것입니다. 수시로『시경』같은 경전에 있는 말을 인용하고 고대 성왕의 법도를 본보기로 한다면 옛 사실들만 들먹인다고 여겨질 것입니다. 이것이 신 한비가 말하기를 꺼리며 근심 걱정하는 까닭입니다.

의견을 올리는 법도가 올바르다 해서 반드시 들어주는 것은 아니며, 도리상으로 완전하다고 해서 반드시 채택되는 것은 아닙니다. 오자서伍子胥는 지략이 뛰어났지만 오왕吳王은 그를 처형했고, 공자孔子는 다른 사람을 설득하는 능력이 뛰어났지만 광匡 땅의 사람들은 그를 억류했으며, 관중管仲은 진실로 현명했지만 노魯 나라는 그를 죄인으로 취급했습니다. 세 대부가 어찌 현명하지 않았겠습니까. 그들의 세 왕이 명석하지 못한 때문입니다.

군주가 명석하다고 해서 지혜로운 사람을 다 받아들이는 것도 아닙니다. 상고시대 탕왕湯王은 성군이었고, 이윤伊尹은 매우 지혜로웠습니다. 농부였던 이윤은 뛰어난 지혜로 탕왕을 일흔 번이나 유세했으나 받아들여지지 않았습니다. 그 뒤 이윤은 솥과 도마를 들고 요리사가 돼 탕왕과 친해지고 나서야 비로소 탕왕이 그의 현명함을 알아차리고 요직에 등용했습니다. 뛰어난 지혜로 훌륭한 성군을 유세한다 해도 반드시 받아들여지는 것은 아니라는 말은 이윤이 탕왕을 설득한 이 일을 말합니다.[36]

05

홍보사회

그래서 홍보란 무엇인가

"인간의 역사는 우리에게 '역사는 인류를 위한 것이 아니다'라는 사실을 가르치고 있다. 역사 그 자체는 미리 결정된 것이 없으며, 특정한 누구를 위해 선택된 것도 아니다. 그렇다고 비관할 필요도 없다. 밝고 정의로운 미래를 기대한다면, 이를 꿈꾸고 서로 공유하면 된다. 역사는 호모구라쿠스의 이러한 소박한 꿈이 미래의 역사가 될 것이라는 점도 일깨우고 있으니까."

그래서 홍보란 무엇인가

이제 홍보가 무엇인가를 알아보려는 긴 여정을 마무리할 단계다. 이 책의 마지막 장인 이 장에서 다룰 이야기는 인간의 본성과 인간의 미래에 관한 얘기다.

홍보의 본질은 무엇인가? 인간은 왜 홍보하는가? 그리고 홍보는 인간을 어떻게 바꿔왔으며, 또 앞으로 어떻게 바꿔갈 것인가?

이야기, 그 위대한 서곡

홍보는 자신의 우호세력을 만들기 위한 의사소통 행위다. 사회성 동물, 사회생활을 해야 살아갈 수 있는 인간에게는 다른 사람들과 의사소통이 주요한 생존수단이 돼왔다. 적어도 협업을 통해 큰 짐승을 사냥하는 능력을 갖췄던 10여만 년 전의 호모사피엔스에게 있어서 의사소통은 다른 어떠한 생존 수단 이상으로 중요했다.

　인류는 말과 이야기를 의사소통의 주요한 수단으로 진화시켜 왔다. 신체적으로는 청각기관과 발성기관과 같이 언어소통을 위한 신체기관을 개선시켜왔다. 뇌의 신피질이나 전두엽과 같이 대인관계나 언어관계에 관한 신경기관도 개선시켰다. 어느 한 개체가 어느 날 언어관련 기관의 중요성을 인식해 의도적으로 신체의 일부분을 개선시킨 게 아니다. 언어와 관계된 신체기관이 발달된 개체가 잘 살아남거나 더 많은 후손을 남겼을 가능성이 크다. 다분히 진화적 관점에서의 분석이다.

　뿐만 아니다. 언어 자체를 부단하게 개선시켰다. 언어의 기호체계가 유연해지고 다양해졌다. 물과 돌과 같이 단순히 사물을 나타내는 기호뿐만 아니라 '신'이나 '행복' 등과 같이 존재하지 않는 사물을 기호로 추상했다. 이를 타래처럼 엮어 자신의 생각과 의지를 다른 사람들에게 전달할 수 있는 '이야기'를 만들어 사용했다. 계시, 말씀, 교화, 선전, 선동, 광고, 소통 등등을 이루는 공통적인 내용이 있다. 담론, 즉 이야기다.

　'이야기'는 인간이 의사소통을 위해 이용하는 가장 세련된 수단이다. 의사소통의 종합예술이다. 이 종합예술을 잘 펼치는 사람은 우호세력이 많아진다. 자신의 주장을 지지하거나 따르는 사람들도 많아진다. 이들을 거느리거나 이들로부터 도움을 받을 수 있게 된다. 곧 자신이 속한 사회에서 정치적 영향력이 높아진다. 정치적 영향력이라는 말을 복잡하게 생각할 필요가 없다. 자신의 생각대로 다른 사람을 교화하거나 설득할 수 있는 힘이다. 그러한 힘은 사회공동체의 기준을 세운다. 그 힘은 또 설정된 기준에 따라 다른 사람을 구속하거나 통제한다. 더 나아가서 부를 모으거나 존경을 받는 등 제반의 사회 영향력의 밑거름이 된다.

공자는 군주에게 힘으로 다스리거나 법으로 다스리기에 앞서 교화로써 다스리는 것이 참된 정치임을 강조했다. 정치 혹은 통치의 본질은 '이야기를 통한 교화'에 있음을 갈파했던 것이다. 이처럼 '이야기를 다루는 기법인 홍보'는 인간의 가장 본질적인 사회적 특성인 정치적 성향과 밀접하게 관계하며 진화해 온 본성이다.

아브락삭스

"우물을 벗어나지 못하면 현실을 알 수 없다!"

인간은 왜 홍보하는가? 이는 인간이 왜 정치적 행동을 하느냐는 문제와 다름없는 얘기다. 꿀벌은 벌통을 진동하는 춤의 언어로 다른 꿀벌들과 소통한다. 마찬가지로 홍보는 인간의 사회성에서 비롯된 행위다. 인류 진화의 과정에서 습성화된 행동양식일 뿐이다. 명확한 것은 경영학 이론이나 현대 홍보이론이 믿고 있는 것처럼 홍보의 역사가 1830년대 미국의 언론대행업의 시작과 함께 출발됐다는 주장[37]은 허위다

인간을 이성과 합리적 선택에 따라 행동할 것이라는 전제에 휘말린 사회과학적 방법론만으로는 인간의 홍보적 본성을 제대로 이해하지 못한다. 우리는 인간 이성, 경험주의, 합리주의, 사회과학적 방법론으로 연계되는 과학적 패러다임 모델의 한계를 인식해야 한다. '경제적 인간the economic man' 혹은 '합리적 인간the rational man' 모델을 통해서는 인간의 홍보적 본성

과 그 본성이 요구하는 행위를 설명하거나 예측할 수 없다. 이에 관해서는 중앙대 문승익 명예교수가 『주체이론』에서 지적한 '합리성 개념의 변질'에 관한 대목을 정리해 인용한다.[39]

고전적 의미에서 인간의 이성적 행위 즉, 합리성rationality은 인간의 고유한 특성으로 이해됐다. 이성ration이야 말로 인간을 다른 동물로부터 구별하는 가장 대표적인 속성으로 이해됐다. 따라서 고전적인 의미에서의 인간은 '사색하는 이성적 동물'이었다.

그런데 근대에 들어서면서 자연과학의 발전은 인간 이성의 개념에 변질을 가했다. 16세기에서부터 18세기에 이르는 기간 동안 인간의 이성을 새롭게 조망했던 소위 계몽주의자들에 의해 인간의 이성은 고전적 의미와는 크게 달라진 것이다. 이러한 시도는 합리주의자들에 의해 일차로 변질됐으며, 경험주의자들에 의해 다시 심화됐다. 소위 계몽주의에 있어서 이성은 믿음과 신념과 같은 정신적 개념의 반대여였다. 또한 이들에게 있어서 이성은 감정, 감상, 동정, 직관 등에 대해서도 대치되는 개념으로 이해됐다. 실제 이 당시 이성이 이와 같이 이해되지 않았다면 낭만주의가 계몽주의적 이성에 반기를 들고 발생할 근거가 없었을 것이다.

그러나 인간은 매일의 일상생활 속에서 불가피하게 감정, 감상, 동정 등에 얽히게 마련이다. 이는 합리주의자들이 인간은 합리적 행동보다 더 많은 행동을 비합리적인 이유에서 비롯함을 부인할 수 없었던 현실과 관련이 깊다. 이러한 현실에 직면했던 합리주의자들은 이를 절충했다. '매일 매일의 일상생활에서 찾아볼 수 있는 순수한 합리성은 극히 드물다'는 선언이 그것이다. 이러한 선언에서 합리주의자들이 근거로 삼은 것은 '자연의 진공 상태'처럼 현실적으로 존재하지 않는 인간의 '기계적 합리성'이다. 즉, '흠잡을 데 없는 합리성', '흠잡을 데 없는 일관성', '흠잡을 데 없는 대칭성'이다. 그런데, 이러한 이성과 합리성 개념의 재규정은 이성이 인간성으로부터 이탈해 기계로 그 본적을 옮기게 됐음을 시사한다. 순수한 이성에 따른 합리적 행동이란 결국 감정과 감성이 철저히 배제된 '택시 요금기'와 같은 판단과 행동이 되는 것이다.

이는 행정학이나 경영학에서 사용하는 합리화란 개념에서 잘 드러난다. 대규모 조직체의 합리화는 그 조직의 운영이 기계적 능률표준에 접근하는 정도만큼 합리화된다는 전제가 그러한 것이다. 운영과정에서 내부 구성원들의 인간적 원인으로 발생하는 마찰과 잡음을 통제하는 수준만큼 조직은 합리화된다. 실제, 우리는 조직운영과정에서 감정과 격정에 따라 행동하는 인간의 행동에 대해 비합리적이라고 표현한다. 이처럼 합리주의자들에 의해 인간의 순수한 이성은 기계적 특성으로 변질됐다.

현대 경험주의는 합리주의자들이 인간으로부터 기계로 자리 옮긴 합리성 거점을 좀 더 심원한 수준으로 자리매김했다. 경험주의자들은 인간의 모든 행동을 철저하게 기계적 합리성 모델에 비춰 규정함으로써 '합리성을 수축된 인간의 이미지 속으로 재수입'했다. 이러한 결과가 '경제적 인간the economic man' 또는 '합리적 인간the rational man'과 같은 허위적 인간상이다.

여기서 재미있는 사실은 현대 경험주의자들은 기계적 합리성 모델이 인간의 현실적 행동을 설명하지 못할 때마다 모델이 불합리하다고 이해하지 않고, 오히려 그 모델로 설명되지 않는 인간의 행동이 불합리하다고 주장하는 점이다.

합리주의자들과 경험주의자들이 변질시킨 합리성 개념은 현대사회에 들어서면서 그 마지막 단계에 도달한다. 합리성의 사회 전체화다. 합리성이 전체화한다는 것은 다음과 같은 의미를 갖는다.

첫째, 합리성이 사회 전체적으로 제도화된다는 것이다. 합리성이 전체적 시스템을 형성함으로써, 그 시스템 안에 존재하는 사람들로 하여금 시스템 내의 풍토에 순응하도록 힘을 행사한다.

둘째, 제도화된 합리성이 사람들의 의식구조를 변화시키는 것이다. 전체적으로 제도화된 합리성이 유지될 수 있는 지속성과 궁극성을 부여한다. 사람들을 전체적으로 제도화한 합리성에 따라 재규정함으로써 사람들의 의식구조 속에 제도된 시스템의 일부라는 의식을 주입한다.

전체적으로 제도화된 합리성에 전체적 궁극성마저 부여된 시스템은 하나의 '밀폐된 시스템'이다.

매트릭스의 압력

'밀폐된 시스템'은 스스로를 보호하고 유지하려 한다. 밀폐된 시스템 내에 있는 사람들이 당연하다고 여겨야 할 사실에 대해 의심을 지니는 순간부터 밀폐된 시스템은 위기를 맞는다. 워쇼스키 남매가 제작한 『매트릭스』라는 영화가 있다. 주인공 네오가 매트릭스의 실체를 목도하는 순간부터 네오에게는 현실이 '인공지능이 통제하는 가상현실'로 전락한다. 매트릭스는 그 순간부터 위기에 처한다. 밀폐된 시스템이 스스로를 보호하는 방법은 대략 두 가지다. 사람들의 생각이 철저하게 밀폐된 시스템 안에서 움직이도록 제한을 두려한다. 또한 부단히 밀폐된 시스템에 근거해 사람들의 일거수일투족에 맞대응한다. "19세기 이전의 홍보는 홍보가 아니라 유사홍보요"라는 식의 선언적 규정이 전자에 해당한다. 선전, 광고, 마케팅, 교화, 퍼블리시티, 판촉 등 연관된 개념을 마치 비슷하지만 홍보와는 다른 유사 개념으로 규정해 나누는 것이 후자에 해당한다.

현대의 홍보연구자들은 '순수한 합리성'을 찾아 나섰던 선배들의 전통을 이어받아 '순수한 피알'의 아성牙城을 축조하려 했다. 그들이 그 성에 담으려는 인간의 본성은 인간성이 아니다. 인간의 본성과 상관없는 기계적 특성, 조직의 부속품으로서의 특성임을 이해해야 한다.

'순수한 피알'의 모델이 설명하지 못하는 사례는 부지기수다. 미디어라고 하는 대중매체 또한 자신의 조직생존의 입장에 따라 사회적 쟁점을 취사선택한다. "언론은 사회의 책임을 지닌 기관으로서 건전한 사회비판자로서의 역할을 충실히 수행한다." 이는 미디어 현실에서 선언적 구호에 불과하다. 언론사는 자신의 광고수입을 위해 부정 기사의 취재와 보도를 서슴지 않는다. 광고나 협찬으로 기사 보도여부를 거래하는 경우도 비일비재하다. 심지어는 썩은 만두 파문처럼 취재과정에서 실체적 진실이 기존 보도와 차이가 있음을 확인했음에도 의도적으로 부정보도를 이어간다. 정의나 사실관계보다 언론 스스로의 입장을 먼저 고려한다. 기사로 수사기관의 수사를 지휘하려한다. 관련기업을 사회적으로 매장시키려하거나, 치명적 상처를 입히는 보도도 서슴지 않는다.

이에 대한 홍보연구자들의 입장은 어떤가? "이러한 언론의 행위는 합리적이거나 정상적인 행동이 아니라 예외적 현상이다"라며 외면한다. 왜? 설명할 수 없기 때문이다. 해롤드 라스웰Harold Lasswell, 1902~1978이 기초한 커뮤니케이션 구조기능론에 따른 언론매체에 관한 언급과 그 언급이 지니는 학술적 권위를 부정할 수 없기 때문일 수도 있다. 매체는 전달자의 메시지를 수용자에게 전달하는 채널로서의 역할을 수행하는 데 기능적 역할이 있으며, 그 이외의 일탈적이거나 역기능적인 행위는 제대로 된 언론의 행위가 아니라는 고정관념이다. '매체의 정치화'라고 이야기되는 언론매체 자체의 경영 목적을 위한 메시지 생산 및 유통은 라스웰이 바라본 시스템적 기능에서는 설명하기가 애매한 '일탈적 현상' 혹은 '예외적 행위'들로 분류하고 있기 때문이다.

그런데 어떤가? 우리는 홍보현실 속에서 무수한 예외적 현상들을 목도하고 있다. 학자들이 지적했던 예외로 뒤덮여 있는 현실들이 문제인가? 아니면 무수한 예외에 눈 감고 있는 '허구적 이론 모델'이 문제인가? 개구리가 어느 한 순간 큰 마음을 먹고 우물 밖으로 나와 보지 않으면, 진짜 세상은 어떠한지 한 치도 가늠할 수 없다.

스스로 존엄해지는 인류

"말씀은 인간을 인간이게 만든다!"

인간은 '이야기'를 통해 지구상에서 가장 영향력이 센 사회적 동물로 거듭났다. 이야기를 교환하는 행위가 곧 의사소통이며, 의사소통을 통해 자신의 우호세력을 만드는 행위가 곧 홍보다.

인간은 이야기로 인해 문화와 문명을 만들고 도시와 국가와 제국을 건설했다. 인간은 있는 사실만을 소재로 이야기를 만드는 게 아니다. 없는 사실, 즉 허구마저도 이야기로 창작하고, 이를 다른 사람들과 공유한다. 허구는 거짓일 뿐만 아니라 꿈과 상상과 같은 기대와 욕망이기도 하다. 이처럼 이야기를 통해 인류는 꿈과 상상을 공유한다. 이러한 상상을 현실로 실현하는 방안들마저도 이야기로 공유하며 문명을 일으켰고, 진화해 왔다. 이야기가 인간을 인간이게 만든 것이다.

인간은 이야기를 통해 스스로 존엄하고 따뜻해졌다. 인간이 위대한 이유는 인간이 다른 인간이나 생태계의 다른 모든 종을 제거할 수 있거나, 우리에 가둘 수 있기 때문이 아니다. 오히려 그 반대다. 그렇게 해서는 안 되는 것을 스스로 깨우치고 공유하며, 이를 점차 문화와 규범과 같은 가치체계로 정착하며 스스로를 절제해 왔다는 데에 있다.

철학자들 중에는 이러한 인간의 능력을 '철인의 능력' 혹은 이에 준하는 인간 '이성의 힘'으로 간주하기도 한다. 생태과학자들은 이성이나 철인이 이러한 문화와 규범을 일군 것이 아니고 주장한다. 상대의 이기심을 억제시키려는 나의 이기심이 작동한 진화의 결과물이라고 지적한다. 진화생물학자의 관점에서는 정치와 정치적 타협, 규범과 제도 등과 같은 것들은 특정 개인이나 초월적 철인이 제시한 게 아니다. 타인의 이기적 행동을 견제하려는 인류의 이기심에서 비롯된 것이다.

진화심리학자로서 범죄심리학을 연구한 데이비드 버스David Buss 교수는 『이웃집 살인마』에서 이를 이렇게 설명한다.

살인은 인간의 본성에 내재해 있는 진화의 산물이며, 가장 유리한 경쟁 전략이다. 보복을 우려할 필요 없다면 형제를 제거하는 것이 부모의 지원을 독차지하고 자신의 유전자를 길이 남길 수 있는 가장 유리한 선택이다.

특히 경쟁자에 의한 반격이나 경쟁자 주변 세력으로부터의 사후 보복, 사회적 비난과 같은 평판의 실추, 관습적이거나 제도적 처벌 등으로부터 자유로울 수만 있다면, '경쟁자 제거'라는 유혹은 뿌리치기 힘든 인간의 본성적 욕구다.

그렇지만 사람들은 함부로 경쟁자를 제거하지 못한다. 경쟁자에 의한 살해를 방지하려는 욕구 또한 인간의 본성으로 공진화해 왔기 때문이다. 복종과 타협, 견제와 위협, 무시와 비난, 응징과 처벌 등과 같은 공존을 위한 살해 방지 노력 또한 살인을 저지르는 행위만큼이나 인류가 진화시켜 왔기 때문이다.[39)]

이러한 진화심리학적 관점에 따른다면 살인에 관한 기존의 관점이 바뀌어야 한다. 살인과 폭력을 추구하는 행위는 비인간적이고, 인간존엄성과 상호공존을 추구하는 행위는 인간적이라는 주장은 편견이 된다. 모두 인간본성에 따른 행위다.

인간 이성의 발전에 의해서든, 상대의 이기적 행동을 견제하려는 나의 이기적 행위의 공진화 결과물이든 간에 오늘날 인류는 스스로의 존엄성을 지키는 쪽으로 빠르게 변화했다. 우리는 오늘날 노예제도가 사라졌고, 여자와 아이들의 생명을 보호하는 시대에 살고 있다. 보편인 인권존중의 사상이 현실로 실현된 사회다.

인간이 점차 초개체로 진화해 왔다는 비유적 표현을 사용하지 않더라도, 인권존중의 가치는 전 지구사회의 보편적 가치로 실천되고 있다. 실천하지 못하는 일부 지역사회가 있더라도, 이들은 국제사회로부터 부단히 비판과 견제를 받는다. 국지적인 부침은 있더라도 인류사에서 국가사회가 부족사회로 역진하는 경우가 없었듯이, 인권존중의 큰 기류가 인권유린 쪽으로 역진하는 경우도 없다. 지난 200여년의 인류역사를 통해 그런 사례는 찾아보기 어렵다.

홍보는 인류를
존엄하게 만든다

　　무엇이 이를 가능하게 했는가? 논의, 즉 이야기다. 지난 수백 년에 걸쳐 진행된 인간의 자유와 평등에 관한 무수한 논의들과 현실적 모순을 타개하기 위한 수많은 대안에 관한 논의가 이뤄졌다. 이러한 논의들이 소통된 결과다. 이러한 이야기는 인간을 스스로 존엄하게 만들었으며, 보다 따뜻한 사회를 만들었다.

　　진화생물학자들은 오래 전부터 인간종이 지니고 있는 배타성에 주목해 왔다. 인류는 진화과정에서 부단히 자연환경을 심각하게 파괴해 왔다. 다른 종들의 멸종도 주도해 왔다. 지구라는 단일의 생태계 환경에서 인간은 하늘에서 뚝 떨어진 존재가 아니다. 인간은 자연환경이나 치밀한 먹이사슬 구조로 이뤄진 생태계 환경을 벗어나서는 한시도 제대로 살아갈 수 없는 자연의 일부다. 그럼에도 인간의 생태계 파괴행위는 돌이킬 수 없는 결과를 초래하는 수준에 이른다.

　　진화생물학자들은 인간의 이러한 자연 파괴행위와 다른 종을 말살하는 행위의 결말이 오래가지 못할 것이라고 예측한다. 인간의 이러한 파괴행위가 계속될 경우 인류가 수만 년 이후에도 오늘날과 같이 번성할 것이라고 확신하는 생물학자들은 그리 많지 않다. 점잖게 표현할 때 그렇다. 대부분의 생물학자들은 앞으로 수만 년 이후에도 인류가 생존할 가능성은 극히 작다고 입을 모은다.

　　인간은 스스로 파괴한 자연환경과 다른 생명체들을 말살시킨 대가로 멸망의 길로 들어설 것인가? 진화생물학자들의 지적대로 수만 년 이후까지 인류가 지금과 같은 모습으로 생존할 수 없을 것이라는 데에 동의한다. 그렇지만 그러한 결과를 초래할 수 있는 이유에 대해서마저 동의하지 않는다. 적어도 인간은 자연환경을 심각하게 파괴하지 않을 것이라고 기대한다. 다른 생명체 종을 심각하게 말살하기보다는 보호하고 공생하는 지혜를 찾을 것이라고도 기대한다. 이러한 용감한 기대심의 근저에 '이야기를 통해 인간 스스로의 존엄을 지킨 인류'에 대한 믿음이 있다.

베르나르 베르베르의 소설 『개미』는 어린이들에게 개미에 대한 인식을 바꿨다. 길가다 무심히 밟아 죽일 수 있는 개미를 다시 바라보게 하는 힘이 그 이야기에 있었다. 내 아들의 어렸을 때 경험이니까 적어도 이는 경험적 사실이다. 강아지에 관한 이야기는 강아지를 친형제와 같은 가족으로 존중하도록 이끈다. 돌고래의 아픔에 관한 이야기는 해양환경에 관한 우리의 인식을 바꾸고 해양 생태계를 보존하려는 건설적 움직임으로 전환될 것으로 기대한다. 인류가 초개체적으로 소통하고 있는 만큼, 그 변화의 움직임도 빨라질 것이다. 문제는 우리 모두가 지켜야 할 것이 무엇인지를 소통하고 공유해야 하는 것이다. 그래서 홍보가 중요하다.

인류는 허구인 이야기를 통해 로봇을 만들고, 우주로 로켓을 쏘아 보냈다. 어쩌면 인류는 머지않아 유인우주선을 머나먼 우주를 향해 쏘아 보낼 수도 있다. 인간이 살 수 있는 별을 찾을 수 있을지도 모른다. 머지않은 장래에는 아이작 아시모프가 상상했던 수십억 광년의 별들을 영토로 삼는 은하 제국을 건립할 지도 모른다.

이러한 용감한 낙관은 오로지 '이야기를 만들고 집단지성으로 공유하는 인류의 소통 능력'에 대한 믿음에 근거한다. 집단지성을 통해 바르게 초유기체로 진화하고 있는 인류, 홍보적 인간으로서의 저력에 대한 믿음에 기초한다. 홍보는 인류로 하여금 미래에 대한 상상과 허구적 사실을 실현시키는 힘을 지니고 있다. 사람들 가운데 어느 한 사람이 상상한 허구가 이야기가 되고 소통됨으로써 한 사람의 꿈이 모든 사람의 꿈이 되고, 모든 사람의 꿈이 어느새 모든 인류의 현실로 탈바꿈한다. 인류가 홍보를 망각하지 않는 한 인류는 그렇게 진화해 나아갈 것이다. 그렇게 믿고 싶다.

1) 신인섭, 「홍보와 PR의 차이」, 인터넷 더피알, 2014.7.

2) 실제 한국PR학회는 2015년 추계정기학술대회에서 '퍼블릭릴레이션즈'를 'PR'이라는 용어로 대체하기보다는 '공중관계'라는 우리말로 대체하자는 논의도 있었다. PR, 홍보, 커뮤니케이션 등 다양한 용어로 혼용해 사용하지 말고 '공중관계'로 통일하자는 것이다. 이에 대해 국내학계가 '홍보'에서 'PR' 로 바꾼지 얼마 되지 않아 또 '공중관계'로 바꾸자는 것은 학계와 사회 내에 또 다른 혼선을 초래한다는 측면을 고려해 퍼블릭릴레이션즈의 국내 학술적 공식용어를 'PR'로 유지하자는 쪽으로 의견을 모았던 바 있다. 이윤주, 「PR·홍보, '공중관계'로 용어 바꾸자」, 인터넷 더피알, 2015., 11. 30. 기사 참조.

3) 신인섭, 「홍보라는 낱말에 대한 고찰」, 홍보학회 봄철 정기 학술대회 발표논문(2007), 재인용, 최윤희 지음, 『현대 PR론(개정 3판)』, 나남, 17쪽.

4) 제임스 그루닉과 토드 헌트 교수는 PR행위가 미국에서 19세기 이후 모습을 드러냈다고 소개했다. 이들은 1850년에서 1900년 사이에 등장한 언론대행 모형이나, 1900년 경 등장해 1920년대까지 유지된 공공정보 모형, 1920년대 등장했던 쌍방 불균형 모형, 1960년대와 1970년대에 등장해 오늘날까지도 PR 실무자들이 이용하는 쌍방 균형 모형이 퍼블릭릴레이션즈 역사의 기원이자 주류라고 설명한다. 이러한 주장을 이론적 전제로 수용한 국내 학자들은 국내에서의 PR이 8.15 광복이후 미군정시대를 거치면서 국내 도입됐으며, 5.16 쿠데타를 거치면서 정치와 행정, 기업경영으로 확산됐다고 정리한다. 제임스 그루닉, 토드 헌트 지음, 박기순, 박정순, 최윤희 옮김, 『PR의 역사와 개념』, 커뮤니케이션북스, 21~32쪽.

5) 카를 슈미트 지음, 김효전, 정태호 옮김, 『정치적인 것의 개념』, 살림, 38~40쪽.

6) 존 듀이(J. Dewey)는 미국의 대표적인 철학자다. 그는 자신의 저서 『공중과 그 문제(The Public and its Problems)』를 통해 공중의 개념을 재정립했다. 현대 민주주의의 발전을 위해서는 공중이 공공적 현안에 대한 자신의 의사를 제대로 개진하고, 이를 수용하는 적절한 과정을 갖춰야 한다는 대안을 제시했다. 공중의 건전한 커뮤니케이션만이 대중들의 탈정치화 혹은 정치로부터 소외되는 상황을 극복하고, 공공성의 침식 위협을 받고 있는 공동체의 공공성을 복원하는 길임을 강조했던 것이다. 이러한 논의구도 속에서 듀이 교수는 관념적으로 사회구성원들은 '사적인 영역에서 행동하는 사람들'인 대중(mass)과 '대중들의 상호작용이 사적인 영역을 넘어서 다른 사람들에게 영향을 미칠 때 이를 관리 감독하도록 통제하거나 이에 관한 의견을 표출하는 사람들' 즉 공중(public)으로 구분했다. 존 듀이 지음, 정창호, 이유선 옮김, 『공공성과 그 문제들』, 한국문화사.

7) 최윤희 지음, 『현대 PR론(개정 3판)』, 나남, 23쪽.

8) 최윤희 지음, 앞의 책, 24쪽.

9) 최윤희 지음, 앞의 책, 219쪽.

10) 공동가치와 관련된 개념을 말끔하게 정리하기 위해서라면 고려대 박길성 교수의 다음 저서를 읽어보길 권한다. 박길성 지음, 『사회는 갈등을 만들고 갈등은 사회를 만든다』, 고려대학교출판부, 195~198쪽.

11) 평판에 관한 이러한 해석은 리처드 도킨스 지음, 홍영남 옮김, 『이기적 유전자』, 을유문화사., 매트 리드리 지음, 신좌섭 옮김, 『이타적 유전자』, 사이언스북스 참조.

12) Baumeister, R. F., & Leary, M. R. (1995). The need to belong: Desire for interpersonal attachments as a fundamental human motivation. Psychological Bulletin, 117(3), 497-529.

13) 매트 리드리 지음, 신좌섭 옮김, 『이타적 유전자』, 사이언스북스. 매트 리들리는 해밀턴(William Hamilton)의 '혈연선택론(theory of kin selection)'과 트리버즈(Rovert Trivers)의 '상호호혜 이론 (theory of reciprocal altruism)', 폰 노이만(Johann von Neumann)의 '게임이론(game theory)'을 적용해 인간의 이타심의 근원인 호혜성의 본질을 알기 쉽게 설명해준다. 진화생물학에 관심이 없더라도 사회과학적 상상력을 높이기 위해서라도 한번쯤은 꼭 읽어보길 추천한다.

14) Preston, Lee E., and James E. Post, Private Management and Public Policy: The Principle of Public Responsibility (Englewood Cliffs, N.J :Prentice-Hall, 1975) pp. 52-53.

15) 제임스 그루닉, 토드 헌트 지음, 『PR의 역사와 개념』, 커뮤니케이션북스, 87~91쪽.

16) 마이클 센델 지음, 안기순 옮김, 『돈으로 살 수 없는 것들』, 미래앤, 29쪽.

17) 김위찬, 르네 마보안 지음, 강혜구 옮김, 『블루오션 전략』, 교보문고.

18) 2010년 2월 9일 일본 도쿄 본사에서 토요타 아키오 도요타 사장은 렉서스 급발진 사고로 촉발된 대량 리콜사태에 대해 사과했다. 그는 같은 달 24일 미국 의회 청문회에도 참석해 공식 사과했다. 미국 캘리포니아에서 렉서스 ES350 차량 급발진으로 일가족 4명이 숨진 사고가 난 지 6개월만의 일이었다. 이 사건의 여파로 토요타는 미국 내에서 각종 비난 여론에 시달렸으며, 2009년 세계 1위에 올랐던 판매량이 2011년 4위로 추락했다.

19) 삼성전자는 2016년 말 새로 출신한 갤럭시노트7이 미국에서 폭발하는 사건이 발생했다. 직접적인 폭발원인은 밝혀지지 않았으나, 삼성전자가 경쟁사인 애플을 의식해 무리하게 제품출시 시점을 앞당겼다가 문제를 야기했던 것으로 알려진다. 삼성전자가 토요타와 달랐던 점은 후속대응이 토요타와 달랐던 점이다. 도요타가 초기 사건발생 이후 방어와 해명을 거듭하며 6개월이 지나서야 공식사과하고 리콜 조치를 취했던 반면, 삼성전자는 폭발사고 발생 6일 만에 갤럭시노트7 생산을 중단하고 단종 조치했으며, 사건발생 9일 만에 전량 리콜조치를 단행했다. 갤럭시노트7의 단종으로 삼성전자는 천문학적인 규모의 손실을 감당해야 했으나, 시장을 지킬 수는 있었다. 2017년 상반기 기준 삼성전자의 전세계 휴대폰 판매실적은 1위로 올라섰다.

20) 정치적 감각에 관한 이러한 해석은 최영진 교수가 개인적인 대화에서 피력한 내용이다. 아직까지 최 교수가 이러한 내용을 저널이나 저술에 공식적으로 게재한 바는 없으나, 이 책을 저술하는 과정에서 이 해석을 최 교수로부터 메모를 받아 게재한다.

21) 행복한 인조인간' 혹은 '즐거운 인조인간'이라는 말은 미국의 정치철학자 밀즈(C. Wright Mills)가 개념화한 표현이다. 오랜 기간 동안 완벽한 통제구조 속에서 살아온 결과 인간성이 완전히 소멸된 사람을 뜻하는 말이다. C. Wright Mills, 『The Sociological Imagination』, Grove Press, 171쪽. 문승익 지음, 『주체이론』, 아인각, 13쪽 재인용.

22) 김대영 지음, 『평판이 전부다』, 매일경제신문사, 121쪽.

23) 신장섭 지음, 『김우중과의 대화』, 북스코프, 204~207쪽.

24) 김수길 외 지음, 『금고가 비었습니다』, 중앙M&B, 290쪽.

25) 김영욱 지음, 『PR 커뮤니케이션 이론의 진화』, 커뮤니케이션북스.

26) 구태여 '아직까지'라고 강조하는 이유는 인류가 '시장을 가진 사회'를 제안했던 초기에 구상했던 상상속의 질서를 앞으로 어떻게 발전시켜갈지를 아직까지 가늠할 수 없기 때문이다. 사실상 존 스튜어트 밀이 『자유론』에서 갈파했던 '자유'와 애덤 스미스가 『국부론』에서 상정했던 초기의 구상은 '시장을 가진 사회'가 아니라 '시장이 사회인 사회'였다. 아직까지는 그들이 바라봤던 이상이 완공되지는 않았으나, 불과 수백 년에 이르는 기간에 인간은 시장이 사회인 사회로 모든 질서들을 빠르게 탈바꿈하고 있다. 이러한 변화의 속도를 고려할 때 앞으로 사회가 어떻게 바뀔지 아무도 확언하기 힘들기 때문이다.

27) 유발 하라리 지음, 조현욱 옮김, 『사피엔스』, 김영사, 「제1부 인지혁명」.

28) 이 표현은 '초개체 생태학'이라는 표현을 사람들에게 널리 알린 독일의 생태학자 위르겐 타우츠가 사용한 것을 이용한 것이다. 위르겐 타우츠는 그의 저서 『경이로운 꿀벌의 세계』에서 "19세기에 이르러 꿀벌은 척추동물의 지위를 얻는다. 목수이자 양봉가였던 요하네스 메링의 노골적인 비유 때문이다." 라고 표현했던 바 있다. 위르겐 타우츠 지음, 유영미 옮김, 『경이로운 꿀벌의 세계』, 이치사이언스, 3쪽.

29) 위르겐 타우츠 지음, 앞의 책, 3~4쪽.

30) 이민족에 대한 관용이 제국의 흥망의 주요한 요인이라는 점은 에이미 추아 교수의 저서 『제국의 미래』 전체에 흐르고 있는 중심주제다. 에이미 추아 지음, 이순희 옮김, 『제국의 미래』, 비아북.

31) 에드워드 윌슨 지음, 장대익 외 옮김, 『통섭』, 사이언스북스.

32) 자기생산, 자기분배, 자기창조 메커니즘이라는 표현은 위르겐 타우츠가 사용한 '자동조절시스템'이라는 개념을 참고해 새로 착안한 것이다. 위르겐 타우츠 지음, 앞의 책, 305~312쪽.

33) 에드워드 윌슨 지음, 이한음 옮김, 『인간존재의 의미』, 사이언스북스, 26~27쪽.

34) 최윤희 지음, 앞의 책, 247쪽.

35) 유향 지음, 임동석 옮김, 『설원 2권』, 946쪽.

36) 한비 지음, 김원중 옮김, 『한비자』, 현암사, 28~30쪽.

37) 그루닉과 헌트는 PR은 언론대행 홍보 모형, 공공 정보 모형, 쌍방 불균형 모형, 쌍방 균형 모형 등 네 가지의 모형 형태로 발전됐다고 지적하면서, PR의 역사적 기원이 미국에서 언론대행 홍보 모형의 사례가 등장했던 1830년 전후라고 지적한다. 제임스 그루닉, 토드 헌트 지음, 앞의 책, 42~70쪽.

38) 문승익 지음, 앞의 책, 65~67쪽.

39) 데이비드 버스 지음, 홍승효 옮김, 『이웃집 살인마』, 사이언스북스.

| 찾아보기 |